HISTOIRE
DE LA GÉOGRAPHIE
DU NOUVEAU CONTINENT.

IV.

A. PIHAN DE LA FOREST,
IMPRIMEUR DE LA COUR DE CASSATION,
Rue des Noyers, n. 37.

EXAMEN CRITIQUE

DE L'HISTOIRE

DE LA GÉOGRAPHIE

DU NOUVEAU CONTINENT

ET DES PROGRÈS DE L'ASTRONOMIE NAUTIQUE

AUX QUINZIÈME ET SEIZIÈME SIÈCLES.

PAR

ALEXANDRE DE HUMBOLDT.

TOME QUATRIÈME.

PARIS,

LIBRAIRIE DE GIDE,

RUE SAINT-MARC, 23.

1837.

EXAMEN CRITIQUE

DE

L'HISTOIRE DE LA GÉOGRAPHIE

DU NOUVEAU CONTINENT

ET DES PROGRÈS DE L'ASTRONOMIE NAUTIQUE

DANS LES XVe ET XVIe SIÈCLES.

SECTION DEUXIÈME.

DE QUELQUES FAITS RELATIFS A CHRISTOPHE COLOMB ET A AMÉRIC VESPUCE.

Nous avons suivi Colomb depuis le lieu de sa naissance et sa première jeunesse jusqu'à cette triste époque de sa vie où, abandonné par la fortune, il ne le fut point encore par la force de son caractère et la puissance de son génie. J'ai recherché dans ses actions et dans le peu qui nous reste de ses écrits, tout ce qui peut conduire à un jugement impartial; je me suis plu à peindre cette grande figure historique sous ses véritables traits comme un homme du quinzième siècle représentant les vieilles mœurs de la Ligurie et de l'Espagne, non d'après les opinions et les sentimens qu'a fait naître la civilisation des temps modernes. Colomb avait conçu en même temps que le Florentin Paul Toscanelli le projet hardi d'arriver à l'Inde par la voie de l'ouest et de s'aventurer dans la *Mer Ténébreuse* des géographes arabes; il avait exécuté en marin habile et instruit ce qui jusque là n'avait été qu'une stérile spéculation de cabinet. C'est ainsi qu'il devint l'instrument imprévu, presque involontaire, de la découverte d'un Nouveau Continent. Il reconnut progressivement, comme nous l'exposerons dans la Troisième Section de cet ouvrage, la connexité ou la liaison mutuelle des terres qui d'abord n'avaient paru que des îles éparses dans l'immensité de l'Océan, ou voisines de la côte orientale de l'Asie; mais l'amiral mourut fermement persuadé que s'il avait touché à un continent à Cuba (au cap

Alpha et Oméga[1], cap du *commencement et de la fin*), à la côte de Paria et à celle de Veragua, ce continent faisait partie du grand empire du *Khatai*, c'est-à-dire de l'empire Mongol de la Chine septentrionale. Il suffit pour le moment de citer une seule phrase[2] de la lettre de Colomb écrite en juillet 1504, à la fin de sa quatrième et dernière expédition. « J'arrivai le 13 mai dans la province de Mago[3], qui est limitrophe de celle de *Catayo*. De Ciguare dans la terre de Veragua il n'y a que dix journées de chemin à la rivière du Gange. » Colomb mourut dix-huit mois après cette qua-

[1] Voyez l'explication de cette dénomination ingénieuse, tom. III, p. 192, note 1.

[2] Nav. t. I, p. 304.

[3] Erreur de copiste pour *Mango*, comme Colomb dit dans la même lettre, Nav. t. I, p. 306, et dans la pièce officielle du serment de Cuba, t. II, p. 144. Marco Polo distingue Mangi (Mandji), la Chine méridionale au sud de la rivière Jaune ou Hoang-ho, du Khatai (Catayo), ou Chine septentrionale (livre II, chap. 35). Le Mangi que Toscanelli nomme *Mango* comme Colomb, est, selon le voyageur vénitien, « la province la plus magnifique et la plus riche du monde oriental. » (Livre II, ch. 55, édit. de Marsden, note 934.)

trième expédition, et jusque là aucune nouvelle découverte n'avait pu changer son opinion. Il n'y eut de 1504 à 1508, où Pinzon et Solis[1] partirent pour longer les côtes orientales jusqu'au parallèle de 40° sud, aucune expédition de quelque importance ; car celle que Vespuce et Juan de la Cosa préparèrent en février 1507 n'eut pas lieu, par des motifs politiques. Les idées de cosmographie systématique dont l'amiral était imbu depuis sa jeunesse, et qu'il avait principalement puisées dans les Pères de l'Église et les ouvrages du cardinal d'Ailly, l'empêchaient d'ailleurs de mesurer toute la grandeur de sa découverte et d'en reconnaître le véritable caractère. Nous possédons de la main de don Fernando Colomb, la copie d'une lettre du père[2], adressée au pape Alexandre VI, dans laquelle il est dit : « Je découvris et pris possession (*gané*) de quatorze cents îles[3] et trois cent

[1] Voyez tom. I, p. 318.

[2] Archives du duc de Veragua. (Nav. t. II, Doc. CXLV, p. 280.)

[3] Dans la *hoja suelta* qui existe de la main de l'amiral et qui a été écrite à la fin de l'année 1500, lorsqu'il arriva à Cadiz, chargé de fers, ces 1400 îles augmentè-

trente-trois lieues de la *terre ferme d'Asie*. »
Cette lettre est écrite quatre ans avant le décès
de l'amiral. Telle a été la grandeur de la découverte, que celui à qui elle est due n'a pu
la comprendre et n'a deviné qu'une faible
partie de cette gloire immortelle dont la postérité a environné son nom.

J'ai développé plus haut combien les pros-
pérités de Colomb ont été de peu de durée.
Sa longue carrière offre à peine six ou sept
années de contentement et de bonheur. Il a
vécu assez long-temps parmi les hommes pour
éprouver amèrement ce que la superiorité a
d'importun, combien il est difficile d'illustrer
sa vie sans la troubler et en compromettre le
repos. Les terres qu'il avait découvertes « par
la volonté divine et de miraculeuses inspira-

rent encore de trois cents. C'est une vague évaluation
de l'archipel du *Jardin du Roi et de la Reine*, au sud de
Cuba, évaluation qu'on pourrait croire tenir à un souvenir des 1378 îles (Maldives?) que Ptolémée (lib. VII,
cap. 4) place près de Taprobane, et que dans sa première navigation, le 14 novembre 1492 (Nav. t. I,
p. 58) l'amiral crut déja voir vis-à-vis de la côte septentrionale de Cuba *en fin del Oriente*. Behaim les porte
avec Marco Polo à 12700.

tions, » étaient devenues la proie de ses ennemis. Ces *Nouvelles Indes* qu'il nomme sa propriété (*cosa que era suya* [1], un bien qui était à
lui), cette partie du continent d'Asie qui se
présente à son imagination comme une conquête plus grande que « l'Europe et l'Afrique [2]
réunies, » étaient inabordables pour celui qui
« les avait refusées à la France, à l'Angleterre
et au Portugal. » Le vieillard voyait le mé-
compte de ses vœux les plus purs. Les Indiens

[1] *Testament du* 19 *mai* 1506.

[2] Lorsque Colomb, dès le mois de novembre 1500,
par conséquent long-temps avant d'avoir visité la côte de
Véragua, se vante «que allí (en las Indias) ha puesto so
el Señorio de sus Reyes mas tierra *que non es Africa y
Europa*, allende la Española que boja mas que toda España » (Nav. t. II, p. 254), on doit le croire porté à
cette expression singulièrement hyperbolique par la
conjecture de la connexité du cap Paria avec le cap Alpha y Omega de Cuba. Au moment d'arriver comme
prisonnier en Espagne, il ne pouvait certainement
pas avoir connaissance de l'issue des deux grandes expéditions de Vicente Yañez Pinzon et de Diégo de Lepe,
dont l'un avait atteint le Brésil avant Cabral, par les
8° 19′ de latitude australe, et l'autre l'embouchure de
la rivière des Amazones.

qu'il regardait « comme la richesse de l'Inde[1], » disparaissaient par l'excès du travail qu'on leur imposait et par la déraison des institutions coloniales. Les lettres que l'amiral adresse à sa famille et à ses amis depuis l'année 1502, ne respirent que la douleur. On sent en les lisant tout ce qu'il y a de touchant dans la tristesse d'un grand homme et qui plus est, d'un homme vertueux. Cependant, malgré ses souffrances physiques, le repos paraissait insupportable à Colomb. Au milieu des tribulations qui contristaient son cœur, il formait de nouveaux projets, et il les formait sans croire à leur exécution. C'est une des grandes misères de la vie d'arriver à cet âge où il reste

[1] Cette belle expression dont la justesse est encore sentie de nos jours par tous ceux qui ont habité long-temps le Mexique, Quito, le Pérou et Bolivia, se trouve dans la défense des droits et privilèges de Christophe Colomb présentée à la cour par ses avocats et retrouvée à Gênes (*Cod. Col.–Amer.* p. 280). Je crois que la défense sans date est postérieure à l'année 1497, parce qu'il y est question du voyage à Burgos de l'archiduchesse Marguerite, fille de l'empereur Maximilien I, lors des noces de cette princesse avec l'infant don Juan, fils unique de Ferdinand le Catholique.

encore des désirs lorsque les illusions qui sou-
tiennent l'espérance sont depuis long-temps
évanouies.

Colomb sentit ses forces défaillir sans appré-
hender d'être si près du terme de ses souffrances. Nous avons vu que peu de semaines
avant sa mort il parle encore dans la lettre à
l'archiduc Philippe et à la reine Jeanne de
Castille « des services sans égaux (*servicio que
no se haya visto su igual*) qu'il peut leur
rendre , malgré la goutte qui le tourmente
sans pitié, et le dénûment extrême dans lequel
il a été placé[1], contrairement à toute équité
et raison. » Cette lettre est, selon mes recherches, des premiers jours du mois de mai 1506.
Il envoya son frère Barthélemi pour la porter
à la Corogne, où les souverains avaient débarqué peu avant le 7 mai, si l'on ôse se fier
aux dates des lettres de Pierre Martyr Anghiera[2]. Le 19, l'amiral déposa son testament
entre les mains de l'*Escrivano de Camara de
Sus Altezas*, et le 20 il mourut, probablement

[1] «Estos revesados tiempos e otras angustias, en que
yo he sido puesto contra tanta (toda?) razon, me han
llevado a gran extremo. »

[2] Lib. XIX, p. 304.

entouré de ses deux fils, car dans la lettre à l'archiduc Philippe, il dit devoir garder Diégo avec lui. Il avait ordonné que les fers dont Bovadilla l'avait chargé et qu'il conservait comme des reliques et comme le prix des services qu'il avait rendus à l'Espagne, « fussent placés dans sa tombe. » Je les vis, dit Ferdinand Colomb, toujours dans son cabinet de travail, *los vi siempre en su retrete y quiso (el Almirante) que fuesen enterrados con el*[1]. » J'ai visité à la Havane le tombeau de Christophe Colomb, à Mexico celui de Fernand Cortez. Par une coïncidence bizarre d'événemens, on a pu assister, à la fin du dernier siècle et à des époques très rapprochées, à la translation des cendres de l'un et de l'autre de ces grands hommes. A Mexico, le duc de Monte–Leone a consacré à son aïeul Cortez un monument érigé dans une nouvelle chapelle de l'hôpital de *los Naturales*[2]. A la Havane, c'est la cathédrale, édifice somptueux, qui possède depuis 1796 les restes de Colomb. Il

[1] *Vida del Alm.* cap. 86, et Manuscrit de Las Casas, *Hist. de Ind.*, lib. I, cap. 180.

[2] *Essai politique* (sec. édit.), t. II, p. 60.

y a eu en moins de trois siècles quatre transla-
tions de ces vénérables restes.

Comme Colomb mourut à Valadolid, le 20 mai 1506, son corps y fut enterré dans le couvent de Saint-François. En 1513, il fut transféré à la Chartreuse de *las Cuevas* [1] à Sé-ville, et de là, en 1536, conjointement avec le corps de son fils don Diégo [2], à la Capilla

[1] Dans la chapelle de Santa Ana appelée aussi del Santo Cristo. Plus tard la même Chartreuse reçut les restes du *second amiral* don Diégo, et du frère de Christophe Colomb, l'adelantado Barthélemi. Ferdinand, l'historiographe de l'amiral, fut aussi enterré à Séville, mais dans la cathédrale et non dans la Cortuja de las Cuevas.

[2] Il paraît que la famille de Colomb a été dans l'erreur en faisant demander en 1795 à la *Real Audiencia* de Santo Domingo les cendres de Christophe et de Bar-thélemi Colomb. La relation officielle de ce qui s'est passé dans la translation des restes de Christophe Co-lomb, publiée par M. Navarrete (t. II, Doc. CLXXVII, p. 366), ne parle pas du corps de don Diégo, mais « de la exhumacion de las cenizas del adelantado don Bartolomé que tambien se debia solicitar. » Il est ce-pendant établi par le témoignage de l'archiviste du *Cabildo* de Séville, « qu'en 1536 les corps de Christo-phe et de Diégo furent envoyés à Haïti, « quedando en

mayor de la cathédrale de Santo Domingo, dans l'île d'Haïti. Lorsque selon le traité de paix de Bâle de 1795, la partie espagnole de cette île fut cédée à la France, le duc de Veragua, héritier des biens de Christophe Colomb, voulut que les cendres du héros reposassent dans une terre soumise à l'Espagne; il envoya à cet effet deux commissaires, MM. Oyarzabal et de Lacanda, à Santo Domingo pour traiter avec les autorités qui allaient quitter le pays. Ces commissaires trouvèrent un puissant appui dans les sentimens patriotiques de l'amiral don Gabriel de Aristizabal, dont l'escadre était réunie sur ces côtes. Le 20 décembre 1795, la translation des cendres eut lieu avec la plus grande pompe. On ouvrit [1], dit un rapport officiel,

el monasterio de las Cuevas el cadaver de don Bartolomé. » (NAV. t. I, p. CXLIX.) J'ai trouvé cette même erreur très répandue pendant les deux séjours que j'ai faits à la Havane.

[1] Je dis à regret avoir vu à Mexico, dans le cabinet du capitaine D*** une côte du corps de Fernand Cortez que, lors d'une ouverture semblable, pendant la translation des ossemens à la nouvelle chapelle dans l'hôpital de *los Naturales*, on avait soustraite « par un

une voûte de trois pieds de largeur, qui se trouvait dans la cathédrale de Santo Domingo, dans le chœur du côté de l'Evangile, au mur principal et près du marche-pied du maître-autel [1]. On y découvrit quelques planches de plomb, restes d'un cercueil, mêlées à des fragmens d'ossemens (*pedazos de huesos de canillas y otras varias partes de algun defunto*). Le vaisseau *San Lorenzo* porta ces restes à la Havane, où le 19 janvier 1796 il y eut une autre pompe funèbre dans le port, au môle de la *Caballeria*, à la Plaza des Armas, près de l'obélisque où la première messe a été célébrée lors de la fondation de la ville, et dans la cathédrale. Sur le territoire des Etats-Unis dont la découverte maritime est due à Sébastien Cabot, à Corteral, Ponce de Léon, Aillon et Verrazano, il y a plus de vingt endroits qui portent le nom de Columbus, Columbia et Columbiana. Bolivar, après avoir fondé l'indépendance de l'Amérique du sud,

excès de vénération pour le *conquistador* et le législateur de la Nouvelle Espagne. »

[1] « Se abrió una boveda que estaba sobre el presbiterio al lado del Evangelio, pared principal y peana del Altar Mayor. »

a relevé l'éclat de ses victoires en attachant le grand nom de Christophe Colomb à une république dont la surface excède six fois celle de l'Espagne ; mais ces marques bien tardives de la reconnaissance publique rappellent un genre d'hommage prodigué trop souvent à des noms qui commandent peu le respect de la postérité. Qu'on traverse le Nouveau Continent, depuis Buénos-Ayres jusqu'à Monterey, depuis l'île de la Trinité jusqu'à Panama, et nulle part on ne rencontrera un monument national de quelque importance élevé à Christophe Colomb. Cette ingratitude est partagée par l'Espagne et l'Italie[1].

[1] Des regrets de ce genre sont déja vivement exprimés dans la première décade d'Antonio de Herrera (lib. VI, cap. 16), qui a paru en 1601. Le portrait que le premier historiographe de l'Inde trace de Christophe Colomb mérite, pour la noblesse du langage, l'attention de tous ceux qui savent apprécier dans l'idiome castillan ce qui le caractérise le plus, la grave simplicité des formes. Le morceau dont je parle commence par les mots : *Fué varon de grande animo, esforçado y de altos pensamientos. Era grave con moderacion, gracioso y alegre, con los estraños affable, con los de su casa suave e placentero ; representava presentia y aspecto de venerable persona, de grand estado y autoridad........*

IV.   2

J'ai demandé souvent pendant mon séjour à la Havane à l'amiral Aristizabal si, en ouvrant la voûte qui renfermait les restes de Colomb, on n'avait point trouvé les fers (grillos) qu'il avait ordonné, selon le témoignage du fils, de placer dans sa tombe. L'amiral Aristizabal et d'autres personnes qui avaient suivi l'exhumation avec le plus vif intérêt, m'ont assuré que rien n'a été vu qui annonçât la présence de fer oxidé. Les a-t-on ôtés à la translation de Valladolid à Séville, ou de Séville à la ville de Santo Domingo ? Peut-être n'a-t-on pas obéi à un ordre verbal dont l'exécution pouvait bleser la susceptibilité d'une cour qui prétendait avoir été étrangère aux violences exercées par Bovadilla , et qui exigeait des témoignages d'affection de ceux même qu'elle opprimait secrètement. Dans les différens testamens de Colomb il est bien question de la construction d'une chapelle dans la Vega de la Conception d'Haïti, destinée à faire dire journellement des messes « pour le repos de son ame, de ses parens et de sa femme; » mais le lieu de son enterrement n'est pas désigné. Ferdinand Colomb ne connaît pas la translation des restes de son père à Haïti, ce qui sert encore à

prouver que son histoire fut terminée avant
1536.

Les trois grandes figures auxquelles on s'arrête avec un vif intérêt dans l'histoire du Nouveau Monde, avant la gloire de Washington et
de Franklin, sont Christophe Colomb, Cortez
et Raleigh. Hommes du quinzième et du seizième siècle, appartenant par leur origine à
trois nations différentes, ils offrent chacun
une physionomie particulière : Colomb dans la
carrière des découvertes, par l'audace du navigateur; Cortez comme conquérant et pro-
fond politique; Raleigh, par l'influence immense qu'il a exercée sur les destinées du
genre humain, par la colonisation de la Virginie. Tous ont éprouvé de grandes adversités
à la fin de leur carrière. Cortez, après avoir
erré long-temps dans la Mer du Sud, s'est vu
exposé comme Colomb, près d'une cour dis-
simulée et ingrate, à un injurieux oubli. Plus
malheureux qu'eux et né cinq ans après la
mort du conquérant du Mexique, Raleigh se
présente sous l'influence d'une civilisation et
d'une dépravation de mœurs plus modernes.
Des victoires maritimes qui ont illustré son
siècle, des découvertes géographiques, l'éta-

blissement de colonies dont la latitude favorise
ces mêmes cultures auxquelles s'adonne la
métropole, tels sont les titres de gloire de
sir Walter Raleigh. Mêlé aux intrigues san-
guinaires de deux règnes, ami des lettres et du
géomètre Harriot, nous voyons cet homme
extraordinaire partager son temps, dans la prison du Tower, entre l'étude de l'*Histoire du
monde* qu'il retrace, et les opérations chimi-
ques d'un laboratoire[1]. Il y a loin de ces compositions théologiques de Christophe Colomb
que renferme le *Livre des prophéties* aux
compositions poétiques et aux grandes vues
d'homme d'état de Raleigh. Si ce n'est l'effet
des progrès du temps, c'est du moins celui de
la différence des temps, des mœurs et des opinions depuis 1501 jusqu'en 1618, où le fonda-
teur de la mémorable colonie de Roanoke fut
décapité à l'âge de 66 ans. Christophe Colomb,
Cortez et Raleigh ont éprouvé « que le génie
ne règne que sur l'avenir et que sa puissance
est tardive. » Ils ont, pendant quelque temps,
excité au plus haut degré l'admiration de leurs

[1] « He spend all the day in distillations. » Voyez les
lettres de sir WILLIAM WADES dans *Life of Raleigh by
Patrick*, 1833, p. 312.

contemporains ; mais la bienveillance publique
a abandonné leur vieillesse : on ne s'est sou-
venu d'eux que pour les affliger dans leur isolement. Le siècle qui les a vus naître n'a pas
compris ce que leur action successive a produit et préparé de changemens dans l'état des
peuples de l'occident. L'influence que ces
peuples exercent sur tous les points du globe
où leur présence se fait sentir simultanément,
la prépondérance universelle qui en est la
suite, ne datent que de la découverte de l'Amérique et du voyage de Gama. Les événemens
qui appartiennent à un petit groupe de six années (1492–1498) ont déterminé pour ainsi
dire le partage du pouvoir sur la terre. Dès-
lors le pouvoir de l'intelligence, géographi-
quement limité, restreint dans des bornes
étroites, a pu prendre un libre essor ; il a
trouvé un moyen rapide d'étendre, d'entre-
tenir, de perpétuer son action. Les migrations
des peuples, les expéditions guerrières dans
l'intérieur d'un continent, les communications
par caravanes sur des routes invariablement
suivies depuis des siècles, n'ont produit que
des effets partiels et généralement moins du-
rables. Les expéditions les plus lointaines ont

été dévastatrices, et l'impulsion a été donnée
par ceux qui n'avaient rien à ajouter aux trésors de l'intelligence déja accumulés. Au contraire, les événemens de la fin du quinzième
siècle, qui ne sont séparés que par un intervalle de six ans, ont été longuement préparés
dans le moyen-âge, qui à son tour avait été
fécondé par les idées des siècles antérieurs,
excité par les dogmes et les rêveries de la géographie systématique des Hellènes. C'est seulement depuis l'époque que nous venons de
signaler que l'unité homérique de l'océan s'est
fait sentir dans son heureuse influence sur la
civilisation du genre humain. L'élément mo-
bile qui baigne toutes les côtes en est devenu
le lien moral et politique, et les peuples de
l'occident, dont l'intelligence active a créé ce
lien et qui ont compris son importance, se
sont élevés à une universalité d'action qui détermine la prépondérance du pouvoir sur le
globe.

La gloire populaire de Christophe Colomb
s'est conservée dans tout son éclat jusqu'à la fin
de sa troisième expédition, celle à la terre ferme
de Paria. La quatrième expédition, dans laquelle l'amiral a déployé le plus l'énergie de son

caractère et l'habileté d'un marin, ne pouvait produire un grand effet. Quoiqu'elle répandît les premières notions certaines d'une mer à l'occident de Veragua, elle manqua son but principal, la découverte d'un passage direct, du *secret du détroit*. Deux années plus tôt, Rodrigo de Bastidas [1], après avoir poussé au-delà du *Cabo de la Vela* et découvert les côtes de Ste.-Marthe, le Rio Sinu et le golfe de Darien, avait déja été dans l'isthme de Panama jusqu'au Puerto de Escribanos et à Nombre de Dios. L'importance des découvertes qui se succédaient rapidement depuis 1497, le voyage de Gama à Calicut, dont les suites se faisaient sentir bien plus rapidement dans le commerce du monde que la tardive accumulation des métaux précieux de l'Amérique, les travaux de Cabral et de Solis, la découverte de la Mer du Sud par Balboa, sept ans après la mort de Colomb, détournèrent l'intérêt public et firent oublier pour long-temps celui qui avait donné l'impulsion à ces merveilleuses entreprises. Pierre Martyr d'Anghiera, comme le prouve la date de plusieurs de ses lettres, se trouvait à Valladolid du 10 février au 26 avril, dans le

[1] Parti de Cadix en octobre 1500.

même endroit qu'habitait alors Colomb, son
ami, déja atteint d'une maladie mortelle, et il
ne fait mention ni de cette maladie, ni de la
mort du grand homme, dont la nouvelle a dû
l'atteindre à Astorga ou à la Corogne [1]. Le naufrage de Philippe d'Autriche, son arrivée à la
Corogne et les querelles entre le gendre et le
beau-père paraissent avoir seuls attiré l'intérêt
d'Anghiera. De même Fracanzio da Montalboddo ne connaît pas jusqu'en 1507 le quatrième voyage de l'amiral, commencé en 1502,
et bien moins encore son décès. Fracanzio
vivait cependant à Vicence, et des communications entre l'Espagne et l'Italie n'étaient
malheureusement que trop fréquentes, la Lombardie ayant subi le joug des Français, comme
les Deux-Siciles celui des Espagnols. Je trouve
dans la traduction latine dont Madrignano a
signé la préface du 1er juin 1588, « que *jusqu'à ce jour* Christophe Colomb et son frère [2],

[1] Epist. 296-306.

[2] *Itiner. Portug.* cap. CVIII : *Inque regum regia
splendidissima usque in diem præsentem non inhonori
degunt.* De même je trouve dans l'ouvrage de Ruchamer (*Unbekanthe Landte*, cap. 108), dont l'impression
a été terminée le 20 septembre 1508 : *Vnd als Christoffel*

après avoir été délivrés de leurs fers, vivent en honneur à la cour d'Espagne. » Ce dédaigneux oubli du grand homme ne fit que s'accroître dans toute la première moitié du seizième siècle, lorsque la renommée factice de Véspuce, les exploits de Cortez [1] et les senguinaires conquêtes de Pizarro absorbèrent tout l'intérêt de l'Europe commerçante, surtout lorsque l'accumulation de l'argent qui a suivi la découverte des mines du Potosi (1545) et de Zacatecas (1548), fit tripler le prix du

Dawber mit sampthe seynem bruder kumen waren gen Cades, vnd di grossmächtigste künge ditz vernamen, schaffihen siesie ledig zu lassen, vnd hiessen sie williglich vnd freye zu hoff gan. Daselbst sein sie noch auf den gegenwertigen tag.

[1] Je pense que Colomb doit avoir vu Cortez à Santo Domingo lorsque le premier, de retour du quatrième voyage, y séjourna depuis le 13 août jusqu'au 12 septembre 1504. Cortez, âgé alors de 19 ans, était arrivé dans l'île le jour de Pâques de la même année. Parent du gouverneur Nicolas de Ovando, logé dans la maison du secrétaire du gouverneur (HERRERA, Dec. I, lib. VI, cap. 12), il a dû se faire remarquer par l'amiral, et d'autant plus que le noble courage qu'il avait déployé dans une dangereuse navigation, avait déja attiré l'attention publique sur lui.

blé[1] et changer subitement toutes les valeurs nominales. Les *conquistadores* d'un continent si riche en métaux précieux effacèrent peu à peu le souvenir de celui qui leur avait tracé la route. Le héros qu'à son retour du premier voyage, en 1493, Anghiera nommait[2] encore « un *certain* Colomb de Ligurie, » fut insulté quarante ans après sa mort, lorsque l'importance de sa découverte brillait de tout son éclat, dans le célèbre ouvrage de Juan Barros sur l'Asie. Le grand historien portugais, laissant un libre cours à la haine nationale et au chagrin de voir passer tant de trésors entre

[1] *Essai politique*, t. III, p. 414 et 445. *Jacob on the precious métals*, t. II, p. 79 et 87.

[2] Voyez t. II, p. 293. Tacite, Tacite lui-même, quatre cents ans après sa mort, est aussi nommé, mais par un roi des Ostrogoths, *Cornelius quidam*. Je fais allusion à la réponse que Théodoric donne aux ambassadeurs des Æstiens qui lui avaient porté de l'ambre de Prusse. Le roi veut les endoctriner sur l'origine de l'ambre, qui, selon sa physique, est un *sudatile metallum ex arbore defluens*. Il dit dans sa lettre : « Hoc, *quodam Cornelio* scribente, legitur in interioribus insulis Oceani. » C'est l'indication du passage connu de Tacite, *Germania*, cap. 45, mêlé à des notions tirées de Pline, XXXVII, 3.

les mains des Espagnols, le dépeint comme un homme [1] « *fallador e glorioso em mostrar suas habilidades, e mais fantastico et de imaginacões com sua Ilha Cipango.* » L'Italie seule semblait veiller sur la gloire de Christophe Colomb : la belle prose latine du cardinal Bembo et de sublimes stances de la *Jérusalem délivrée* en font foi. Bembo a consacré presque un livre entier de son *Histoire de Venise* à Colomb et à une découverte qu'il appelle « la plus grande des choses que dans aucun âge les hommes soient parvenus à exécuter. » Le Tasse célèbre Colomb par la bouche de la *fatidica Donna , condottiera di Ubaldo.* « Hercule, malgré sa vaillance et sa grande ame, déja vainqueur des monstres d'Afrique et de l'Ibérie

[1] « Homme fallacieux, se glorifiant de sa capacité, fantastique, poursuivi par le rêve de son île Cipango. » *Da Asia de João de Barros e de Diogo de Couto.* Lisboa, 1778, Dec. I, lib. III, cap. 11 ; t. I, p. 250. Il est assez remarquable que Barros, dont les premières décades, d'après les recherches de M. Correa de Serra, furent publiées en 1552, ne parle, dans aucune partie de son bel ouvrage, de Colomb comme d'un homme de quelque importance.

Non osò di tentar l'alto Oceano :
Segnò le mete, e 'n troppo brevi chiostri
L'ardir ristrinse dell' ingegno umano.

Ces liens qui enchaînaient la volonté de l'homme
et l'arrêtaient dans ses courses aventureuses,
on les verra brisés par le nautonier ligurien : »

Tempo verrà, che fian d'Ercole i segni
Favola vile ai naviganti industri :
E i mar riposti, or senza nome e i regni
Ignoti, ancor tra voi saranno illustri.
— Un *uom della Liguria* avrà ardimento
All' incognito corso esporsi in prima ;
Nè'l minaccevol fremito del vento,
Nè'l inospito mar, nè il dubbio clima....
— Faran che'l generoso entro a i divieti
D'Abila angusti l'alta mente acqueti.
Tu spiegherai, *Colombo*, à un nuovo polo
Lontane sì le fortunate antenne ;
Ch' appena seguirà con gli occhi il volo
La Fama, ch'ha mille occhi e mille penne.

Tasso, XV, 25, 30-32.

La dernière lettre que nous possédons parmi
celles que l'amiral adressa à son fils don Diégo,
fait mention d'Améric Vespuce comme d'un

homme de confiance chargé des intérêts de la
famille Colomb. Une autre lettre qui la précède de vingt jours et qui est datée de Séville,
du 5 février 1505, est plus expressive encore.
L'amiral parle d'*Amerigo Vespuchy* (c'est
ainsi qu'il écrit le nom en espagnol) avec un
ton d'intérêt et de bonté peu conforme à la
réserve et à la gravité habituelles de son caractère. « Mon cher fils ! Diégo Mendez [1] est
parti d'ici lundi trois de ce mois. Depuis son
départ j'ai parlé à Amerigo Vespuchy qui va à
la cour (à la *ciudad de Toro*), où il est appelé
pour être consulté sur des objets relatifs à la
navigation. Il a toujours eu le désir de m'être
agréable (*el siempre tuvo deseo de me hacer
placer*) : c'est tout-à-fait un homme de bien ;
la fortune lui a été contraire, comme à beaucoup d'autres. Ses travaux ne lui ont pas porté
profit comme il avait droit de s'y attendre. Il
va là (à la cour) pour moi et dans le vif désir
de faire, si l'occasion se présente (*si a sus
manos esta*), quelque chose qui m'avienne à
bien (*que redonde a mi bien*). Je ne sais d'ici
lui spécifier en quoi il peut nous être utile,

[1] Voyez sur ce serviteur fidèle de Christophe Colomb
la note F, t. II, p. 352.

puisque je ne sais ce que l'on lui veut là-bas ;
mais il est bien résolu de faire en ma faveur
tout ce qu'il est possible de faire. Tu verras
de ton côté en quoi tu peux l'employer, car il
parlera et mettra tout en oeuvre ; je veux que
ce soit secrètement, afin que l'on ne soupçonne rien. Quant à moi, je lui ai dit tout ce
que je pouvais lui dire sur nos intérêts. » Ces
paroles bienveillantes furent tracées au moment où Vespuce, en quittant Lisbonne, venait de terminer ses deux derniers voyages
aux côtes du Brésil, à une époque où, pour
le moins l'avant-dernier, qu'il appelle le troisième, et dans lequel il fait mention de *deux
autres voyages entrepris d'après les ordres
du roi de Castille*, était publié depuis long-
temps, je ne dis pas par lui, mais pour le
moins sous son nom. Ce même *homme de bien*
(*mucho hombre de bien* [1]) que Colomb avait
connu depuis 1492 comme fondé de pouvoirs
de la riche maison de commerce Berardi, avec
lequel il avait souvent traité d'affaires et que
probablement il n'avait perdu de vue qu'après

---

[1] *Cartas* n° 13. (Nav. t. I, p. 351.)

l'expédition d'Hojeda[1], pendant les quatre ans
que Vespuce avait navigué avec les Portugais, comment ce même homme peut-il
être regardé presque généralement aujour-
d'hui comme l'ennemi de la gloire de Colomb, comme un vil imposteur qui, par des
expéditions fictives, s'est arrogé la découverte
du continent, et a inscrit le premier le nom
d'Amérique (terre d'*Amerigo*) sur les cartes
marines qu'il traçait comme *piloto mayor* de
la *Casa de Contratacion* de Séville? Ce n'est
que depuis sept ans que nous possédons des
matériaux précieux sur le séjour de Vespuce
en Espagne et ses fréquens rapports avec la
cour et avec Christophe Colomb. Nous con-
naissons les pièces du procès entre le fisc et
les héritiers de l'amiral relatives à la première
découverte de la côte de Paria, de même que
le témoignage prêté par Sébastien Cabot en
faveur de la détermination de latitude du cap
Saint-Augustin attribuée à Vespuce. Ces matériaux historiques, qui avaient échappé à la sagacité d'Herrera, sont dus aux solides et labo-
rieuses recherches de Muñoz et de Navarrete.

[1] En juin 1500.

Ce sont des documens officiels tirés des archives de Séville et de Simancas. Grace aux chroniqueurs, on connaît tous les détails de la vie et des voyages d'Aboulabat, du fameux éléphant que le calife Haroun al Raschyd envoya à Charlemagne; mais on ignorait, jusqu'à la publication de l'ouvrage de Muñoz, l'époque de la mort de Vespuce, que Guilio Negri de Ferrare, Robertson et Canovai placent en 1508; Bandini et Tiraboschi en 1516, dans les îles des Açores. Cette mort eut lieu [1] à Séville le 22 février 1512. Les deux hommes respectables à qui nous devons tant de nouveaux documens sur Améric Vespuce, don Juan Bautista Muñoz et don Martin Fernandez de Navarrete, ont cru voir dans ces documens de nouvelles preuves de la fraude du Florentin. Je serais d'autant plus enclin à déférer à leur autorité que le premier de ces savans, qui m'honorait de son amitié, m'a sou-

[1] Voyez les Documens n°s 10 et 11. (NAV. t. III, p. 302-305.) Muñoz avait déja publié le résultat de ses travaux en 1793 dans la *Hist. del Nuevo Mundo*, Prologo, p. X, mais sans insérer les documens mêmes. Comparez aussi NEGRI, *Istoria degli Scrittori Fiorentini*, Ferrara, 1722, p. 31.

vent parlé à Madrid, lors de mon départ pour
l'Amérique méridionale, de son intime persuasion d'une falsification intentionnelle des
dates dans les voyages de Vespuce. Une étude
consciencieuse de tout ce que nous possédons
jusqu'à ce jour, loin de me donner cette même
assurance, m'a fait sentir au contraire la nécessité d'une grande réserve dans une affaire
aussi compliquée. J'ai été assez heureux pour
découvrir très récemment le nom et les rapports littéraires du personnage mystérieux qui
le premier (en 1507) a proposé le nom d'*Amérique* pour désigner le Nouveau Continent, et
qui se cachait lui-même sous le nom *grécisé*
d'*Hylacomylus*. L'ouvrage extrêmement rare
de cet auteur : *Cosmographiæ Introductio
cum quibusdam Geometriæ ac Astronomiæ
principiis*, avait fixé long-temps avant Canovai, Cancellieri et Navarrete, l'attention de
Marco Foscarini dans son grand *Traité de la
littérature vénitienne*, imprimé à Padoue en
1752 ; mais les causes qui ont motivé la prédilection d'Hylacomylus pour Vespuce, comme
son influence sur les éditions de la Géographie
de Ptolémée et l'accroissement rapide de la

IV.   5

célébrité du voyageur florentin , sont restées entièrement inaperçues. Il résulte de mes recherches que, pour le moins , le nom d'Amérique a été inventé et répandu à l'insu de ce voyageur.

En tâchant de porter dans cette discussion l'esprit d'analyse dont la philologie hellénique offre de brillans modèles , en pesant minutieusement toutes les données numériques et les circonstances qui se rattachent aux rapports de Vespuce avec Christophe Colomb et ses héritiers, avec Pierre Martyr d'Anghiera et Hojeda, avec la maison régnante de Lorraine et les savans cosmographes allemands qui, favorisés par cette maison , travaillaient aux éditions de la Géographie de Ptolémée , on finit par se convaincre d'un fait positif, c'est que les difficultés dans lesquelles on tombe en admettant comme une fiction coupable de Vespuce le premier voyage à la côte de Venezuela et au cap Paria, sont plus inextricables encore que celles qui se présentent dès qu'on regarde Vespuce comme entièrement innocent. Il existe dans l'histoire de la littérature plusieurs époques également remarquables par l'intérêt que l'on avait de forger des livres sous le nom d'hommes célèbres. Cet intérêt naissait toujours d'un besoin du moment, de l'esprit du temps qui dominait sur les opinions. Les motifs qu'avait trouvés la fraude dans le goût pour les livres rares chez les Ptolémées et les rois de Pergame, dans le désir de donner une vie nouvelle aux mythes des premiers âges pendant la lutte savante et prolongée du polythéisme contre la religion du Christ, renaissaient dans le quinzième et vers la fin du seizième siècle, lorsque Annius de Viterbe croyait ressusciter Berose, et que l'élan donné aux découvertes maritimes et au commerce des nations rivales encourageait la publication de petits extraits ou de volumineuses compilations de voyages. Dans la question qui nous occupe et qui a exercé la sagacité de plusieurs savans qui ignoraient des faits récemment avérés, il y a quatre modes de solution possibles et entièrement distincts. Améric Vespuce a-t-il découvert le continent de l'Amérique avant le 1er août 1498, époque à laquelle Christophe Colomb l'a vu un peu au sud du promontoire de Paria ? Cette découverte est-elle une fiction d'Améric créée dans le dessein de nuire à la

gloire de Colomb? Des compilateurs de voyages ont-ils commis cette fraude à son insu, ou
enfin n'est-elle qu'apparente, effet d'une rédaction confuse et de dates mal indiquées? Les
quatre modes de solution que je viens de signaler doivent être simultanément présens à
la mémoire de ceux qui ont la patience d'examiner le détail des faits et de prêter leur attention au simple exposé des données que je
présente à la fin de cette *Section*. Il s'agit
d'examiner de quel côté est la probabilité mo-
rale : lorsque les faits ne sont pas entièrement
concluans, il faut avoir le courage d'avouer
qu'on ne sait pas et qu'il y a là un mystère
que peut-être un jour de nouvelles recherches
littéraires ou historiques feront disparaître. La
réserve devient surtout un devoir dans une
question dont la solution peut flétrir le caractère d'un homme qui sans doute a eu « plus
de renommée que de gloire, » que l'on doit
placer loin de Christophe Colomb, après Sébastien Cabot, Magellan, Vicente Yañez Pinzon
et Pedro Alvarez Cabral, mais dont la considération que lui accordaient tous les navigateurs instruits de son temps, semble avoir été
très méritée. C'est un travail dangereux et in-

grat à la fois de tracer l'histoire des premières découvertes : la tâche est d'autant plus ardue que la gloire nationale y semble compromise, et que les accusations portent moins encore sur le talent que sur la moralité des adversaires. J'en appelle à cette lutte de priorité renouvelée de nos jours, sur la découverte de *l'analyse transcendante*, de cet autre *monde nouveau* dû au génie de Newton et de Leibnitz. La philosophie assigne sans doute à ces nobles révélations de l'intelligence humaine, aux *fluxions* et au *calcul différentiel*, un rang supérieur à celui que peuvent occuper des découvertes géographiques fruits du hasard ou d'une persévérante intrépidité ; mais lorsque ces dernières embrassent un continent entier ou qu'elles fixent la prépondérance des peuples occidentaux dans toutes les parties du monde maritime, alors, par leur étendue et par leurs effets, elles méritent les labeurs d'une scrupuleuse investigation.

On a dit avec raison qu'on a pu regarder comme assurée la découverte de toute l'Amérique dès que Colomb eut débarqué à Guanahani, le vendredi 12 octobre 1492. La découverte d'un petit îlot environné d'une plage de sable[1] devait nécessairement conduire à la connaissance de tout le contour et de la forme du Nouveau Continent. Cette connaissance a été à peu près terminée dans l'espace de 42 ans, en ne remontant sur les côtes occidentales que jusqu'à la Vieille Californie vues, non dans l'expédition de Diégo Hurtado de Mendoza, mais dans celle que Hernando de Grixalva fit en 1534 aux frais particuliers de Cortez[2]. C'est

[1] En parlant plus haut de la véritable position de Guanahani, j'ai oublié de citer un fait que Barros, l'ennemi acharné de Colomb, a probablement tiré de la *Historia natural y general de las Indias* d'Oviedo (Ramusio, t. III, libro XVII, p. 148 c). « Les premières terres que vit l'amiral, dit Oviedo, furent appelées les *Iles Blanches*, à cause du reflet du sable ; il les nomma aussi *Iles des Princesses*, et débarqua à une d'elles, que les indigènes appelaient Guanahani, « Barros dit qu'aux *Islas Brancas dos Lucayos, Colom le pez nome as Princezas por serem as primeras que se viram.* (*Da Asia*, Dec. I, lib. III, cap. XI ; t. I, p. 251.) D'après la vraie position des solstices et des équinoxes dans l'année solaire, la découverte de l'Amérique devait être célébrée le 22 octobre.

[2] *Essai politique*, t. II, p. 258. Les extrémités du continent vers le nord et vers le sud n'ont été décou-

presque dix ans de moins qu'il n'en a fallu depuis les voyages de Cook jusqu'à celui du
capitaine King pour déterminer le contour du
petit continent de la Nouvelle Hollande [1].
L'activité qui régnait parmi les nations commerçantes depuis les dernières vingt années
du quinzième siècle, augmentait la chance de
ces découvertes qu'on pourrait appeler *invo-
lontaires*, parce qu'elles n'étaient dues qu'à
des déviations causées par la force des courans
et l'impétuosité des vents. J'ai déjà fait obser-

vertes que bien tard : car même en reconnaissant la
vérité des conjectures de Fleurieu (*Voyage de Marchand*, t. III, p. 178) sur les travaux de Francis Drake,
on ne peut faire remonter la découverte de la partie occidentale de l'archipel appelé Terre de Feu (*Iles Eli-
sabethides de Drake*) et celle du cap *Horn de Schouten*,
qu'à l'année 1578.

[1] Détermination plus détaillée sans doute, et d'un
pays qui inspirait plus d'intérêt aux Européens. Je me
suis arrêté à l'époque où les *découvertes* ont été *conti-
nues ;* car sans compter les voyages des Portugais
antérieurs à 1542 et consignés dans l'*Hydrographie* de
Rotz, il y a depuis la navigation bien avérée du vaisseau hollandais *Duyfhen* au golfe de Carpentarie jusqu'au temps de Cook, un intervalle de 165 ans.

ver ailleurs que l'atterrage inopiné de Cabral[1] sur les côtes du Brésil prouve clairement que, sans la tentative courageuse de Colomb, celle d'une navigation directe vers l'ouest, les progrès que firent les Portugais sur les côtes occidentales d'Afrique en cherchant la route de l'Inde autour du cap découvert par Diaz, auraient nécessairement amené la découverte de l'Amérique au sud de l'équateur. Telle est la complication du mouvement des eaux dans ces *fleuves pélagiques* qui parcourent la grande *vallée* de l'Atlantique, que lorsqu'on voulait longer un des bords de cette vallée on devait être emporté insensiblement vers le bord opposé. D'après les considérations qui précèdent, la véritable gloire de Colomb, je le répète avec M. Washington Irving[2], est

[1] Voyez tom. I, p. 317.

[2] Voyez un excellent article de ce littérateur sur Améric Vespuce, dans le supplément n° IX de sa *Vie de Christophe Colomb* (t. IV, p. 190). Déja Voltaire avait porté un jugement semblable, guidé par cette justesse et cette admirable pénétration d'esprit qu'à tort on lui refuse souvent dans les recherches historiques : « Quand même il serait vrai, dit-il, que Ves-

peu compromise dans la question sur la priorité de la découverte du cap Paria. L'Amérique est à celui qui en a vu le premier la plus petite portion de terre ; mais dans l'histoire de la géographie du quinzième siècle, qui est l'objet de cet ouvrage, il ne s'agit pas seulement de la gloire et du degré de mérite des navigateurs, il s'agit d'éclaircir les *faits* et de peser le degré de certitude qu'on doit leur attribuer après un mûr examen.

Améric Vespuce, de quinze ans plus jeune que Christophe Colomb [1], appartenait à une famille considérable et très aisée de Peretola, près de Florence. Né à Florence même, il était troisième fils d'Anastase Vespucci, notaire public, *notajo de' Signori*. Un de ses ancêtres, enrichi par le commerce, Simone di

puce eût fait la découverte de la partie continentale, la gloire n'en serait pas à lui ; elle appartient incontestablement à celui qui eut le génie et le courage d'entreprendre le premier voyage, à Colombo. La gloire, comme dit Newton dans sa dispute avec Leibnitz, n'est due qu'à l'inventeur. » (*OEuvres complètes*, 1785, t. XIX, p. 428.)

[1] En supposant la naissance de Colomb en 1436, d'après Bernaldez, le *Cura de los Palacios*.

Piero Vespucci, avait fondé peu avant 1383, dans une des maisons des Vespuce, un hôpital sous le nom de *Santa Maria dell' umiltà*. Cet hôpital avait passé, au commencement du dix-septième siècle, sous la direction des frères de St.-Jean de Dieu. Comme on suppose avec beaucoup de probabilité qu'Améric y est né, les religieux ont fait graver, en 1719, au-dessus de la porte, l'inscription suivante : *Americo Vespuccio, Patricio Florentino*, OB REPERTAM AMERICAM, *sui et patriæ nominis illustratori, amplificatori orbis terrarum : in hac olim Vespuccia domo a tanto viro habitata*, etc. On ne peut être surpris qu'une inscription, qui a été placée aux frais des anciens donataires et dans les murs qu'ils ont élevés, tranche un peu lestement la grande question de la découverte du Nouveau Continent. La phrase *ob repertam Americam* ne laisse pas même les îles Lucayes et les Antilles à Colomb. Des érudits qui semblaient tenir moins à la priorité des découvertes qu'à une latinité classique, ont blâmé[1] l'expression *amplificatori orbis terrarum*. Ils y ont vu « un pouvoir créa-

---

[1] CANCELLIERI, *Notizie storiche*, p. 42.

teur. » S'il ne s'agissait pas de la défense des
religieux de St.-Jean de Dieu, j'aurais recours
à l'autorité de Voltaire qui loue Christophe
Colomb « d'avoir doublé les œuvres de la
création. »

L'oncle d'Améric, le savant Giorgio Antonio
Vespucci, religieux de la congrégation de
St.-Marc, ami du Platonicien Marsile Ficin
de Florence, donna des soins assidus à l'éducation du futur voyageur. Bandini, auteur
d'un magnifique éloge d'Améric, loue les progrès précoces que fit le jeune homme dans la
latinité et les belles-lettres. J'entre dans ce
détail de circonstances si peu importantes en
elles-mêmes, parce que le nom de l'oncle,
qui se trouve dans une lettre d'Améric, est regardé comme une preuve que cette lettre
n'est point adressée au roi René d'Anjou, et
parce que l'on nie qu'Améric ait pu rédiger ses
voyages en latin. Une autre lettre du jeune
homme écrite en 1476 et publiée par Bandini [1], n'offre pas une preuve bien convaincante de la précocité de son savoir [2]. Il avait

[1] *Vita di Amer.* p. XXVII.
[2] TIRABOSCHI, t. VI, P. I, p. 187.

déja 25 ans accomplis, et encore il avoue d'ê-
tre forcé de consulter les rudimens de la grammaire latine : il craint même de composer
quelques lignes en latin peïdant l'absence de
son oncle Giorgio Antonio [1]. Le seul des contemporains de Christophe Colomb qui ait vécu
assez long-temps pour se croire en droit de

[1] Améric écrit avec une naïve simplicité à son père
(*viro ser Anastagio de Vespuccis, patri suo honorando*) :
« Absente patruo nondum audeo latinas ad vos litteras
dare, vernacula vero lingua nonnihil erubesco. Fui
præterea in exscribendis regulis, ac latinis, ut ita lo-
quar, occupatus, ut in reditu vobis ostendere valeam
libellum in quo illa colliguntur. In Trivio Mugelli die
XVIII oct. 1476. » Améric était né le 9 mars 1451.
Giulio Negri, dans l'*Histoire des hommes de lettres florentins*, distingue (p. 297) Giorgio Antonio Vespucci,
l'ami de Ficino et le précepteur du Gonfalonier To-
maso Soderini, d'un savant professeur de Pise, Giorgio Vespucci, ami et défenseur de l'enthousiaste Fra
Girolamo Savonarola, chef du parti démocratique des
Piagnoni de Florence. Comme Bandini, dans la *Vie
d'Améric Vespuce*, ne parle (p. XX) que du premier
qu'il désigne aussi comme attaché à Fra Girolamo, il
me reste le soupçon de l'identité de ces deux hommes,
tous deux dominicains et hellénistes.

dire du mal d'Améric Vespuce, don Bartho-
lomè de Las Casas [1], le nomme, malgré sa
haine, *latino y eloquente*. L'évêque a pris sans
doute une traduction latine de Giocondo pour
le texte original, et s'est laissé séduire par le
mouvement du style et les fréquentes citations
des grands noms de Virgile, de Pline et de
Mécène, du Dante et de Pétrarque, que renferment les écrits d'Améric.

Une lettre de son frère Girolamo, que le
commerce paraît avoir attiré dans le Levant,
prouve qu'il résida à Florence jusqu'en 1490;
car cette lettre est du 24 juillet 1489. Des entreprises mercantiles le conduisirent en Espagne, qu'il avait même déja envie de quitter [2],
au commencement de 1493. Ce projet ne fut
pas exécuté, et des documens découverts par
Muñoz nous montrent Améric employé comme
commis (*factor*) dans la puissante maison de
commerce du Florentin Juanoto Berardi établi [3] à Séville depuis 1486. Comme cette mai-

----

[1] *Hist. gen. de Indias*, Mss. lib. I, cap. 146.

[2] Lettre de Donato Nicolini, compagnon d'Améric, dans BANDINI, p. XXXVI.

[3] NAV. t. III, p. 315.

son jouissait de la confiance de la cour et faisait les avances pour l'armement de la seconde
expédition de Colomb, on peut croire que
Vespuce a connu l'amiral pour le moins depuis
cette époque. Il n'est cependant pas probable,
comme le supposent le géographe Sébastien
Munster [1] et l'abbé Canovai, qu'il l'ait accompagné dans son premier ou dans son second
voyage. Juanoto Berardi étant décédé en décembre 1495, pendant que Colomb était absent
d'Espagne et faisait le second voyage, Vespuce
fut placé à la tête de la comptabilité de cette
maison [2]. Le premier document des archives

[1] *Cosmogr. univ.* p. 1108, et Canovai, p. 95; Irving, t. IV, p. 159. J'oppose deux dates à l'assertion de
Canovai. Colomb est revenu du premier voyage le
15 mars 1493; du second voyage, le 11 juin 1496. Or,
la lettre de Nicolini, écrite en Espagne le 30 janvier
1493, est signée en même temps par Améric Vespuce;
et Muñoz a trouvé dans les archives de la *Casa de Contratacion* un document d'après lequel le trésorier Pinelo
a payé à *Amerigo*, à Séville, 10,000 maravedis le 12
janvier 1496. Les pièces alléguées prouvent donc
l'*alibi* pour les deux voyages de Colomb.

[2] *Vespuche* (dit une pièce officielle) *se encargó de*

espagnoles dans lequel il soit désigné *par son nom*, est, selon M. Navarrete, du 12 janvier 1496.

Avant d'entrer dans la discussion des quatre voyages attribués à Vespuce et commencés, selon les différentes lettres imprimées, en 1497, 1499, 1501 et en 1503, je m'arrête pour présenter quelques réflexions nouvelles sur la filiation étymologique de ce nom d'*Amerigo*, devenu si célèbre par la bizarre application géographique qui en a été faite en 1507. La préférence donnée dans cette application au prénom ou nom de baptême sur le nom de famille, a eu sans doute sa source dans le son du dernier peu agréable à l'oreille, sous la forme de *Vespuccia*, comme dans l'usage si commun en Italie et en Espagne de désigner des personnes marquantes par le prénom seul. Les livres de comptes dans les archives de Séville portent souvent : « Doit avoir (*ha de haber*) *Amerigo*. » Ce nom très rare, peut-être entièrement inusité en Espagne, pouvait même être pris par le peuple pour un nom de famille.

tener la cuenta con los maestros del flete y sueldos, etc. (Nav. t. II, p. 317.)

Étant très sonore, il offrait l'avantage d'être
toujours correctement écrit dans les documens.
Je ne trouve qu'une seule fois dans le procès du
fisc contre les héritiers de Colomb, que Hojeda,
sous lequel Vespuce avait fait le voyage de
Paria, en 1499, le nomme *Morigo*. Muñoz[1] observe que le plus souvent le voyageur florentin signe *Amerrigo*. Nous verrons bientôt que
c'est presque une preuve d'érudition que de
doubler la lettre *r*. Il était plus aisé aux Espagnols d'altérer l'orthographe du nom de famille
de Vespuce. On rencontre le plus souvent
Amerigo Vespuche; mais une *cédule* royale
du 11 avril 1505 porte *Amerigo de Espuche*,
vecino de la cibdad de Sevilla; la lettre de
naturalisation donnée 13 jours plus tard porte
Vezpuche (Nav. t. III, p. 292); dans les
patentes de *Piloto Mayor*, on lit *Vispuche* et
Despuchi (III, 298 et 299). Colomb écrit
dans ses lettres assez correctement *Vespuchy*.
On voit par ces variantes et par cette difficulté

---

[1] *Prologo*, p. X. On trouve aussi écrit en Italie,
au lieu d'Amerigo : *Damerigho* de Rossi (BANDINI,
p. XXXIX), et *Amerigo Corsini* (GIULIO NEGRI, *Istor.
degli Scritt. Fior.* p. 357).

de saisir le nom de famille, que si l'ami de Colomb n'avait pas eu le nom d'Amerigo, nom harmonieux et peu commun à la fois; que s'il avait été baptisé, comme plusieurs de ses ancêtres[1], Michel, Romulus ou Blaise (Biagio) Vespucci, le savant cosmographe de St.-Dié, Hylacomylus, n'aurait pas pensé à chercher dans ces prénoms la dénomination d'une nouvelle partie du monde. Il en cherchait, disait-il, qui pût figurer dignement à côté des noms mythiques de l'Europe et de l'Asie. Les contemporains de Vespuce ont traduit Amerigo en latin, non par *Amalricus*, comme ils auraient dû le faire, mais par *Albericus*. On en a la preuve dans une édition latine du voyage de 1501 imprimée à Paris par *Jehan (Johann?) Lambert*, et par l'*Itinerarium Portugallensium*, cap CXIV, publié en 1508. Ce nom d'*Albericus* rappelait beaucoup d'hommes

[1] Voyez la table généalogique des Vespucci à la fin de l'ouvrage de Bandini. Cette table remonte jusqu'au commencement du 14e siècle. J'y trouve que le seul grand-père de notre Vespuce a porté le nom d'Amerigo. Il n'est guère surprenant que ce nom ait obtenu plus de faveur dans la ligne descendante.

IV. 4

célèbres du moyen-âge qui l'ont porté, même la secte des philosophes *Albéricains*, nommés d'après Albéric de Rheims, élève d'Anselme de Laon. Il a été adopté dans la traduction allemande que Ruchamer a faite dans la même année du *Mondo Novo di Montaboddo* (Vicenza, 1507). Telle est la confusion que fait naître la traduction des noms propres, que de nos jours encore le savant Meusel s'est plaint de ce que les voyages de Vespuce ont été primitivement attribués « à un certain Albéricus » (*Bibl. hist.* t. III, pars I, p. 221), et que Ruchamer prend naïvement l'illustre maison des *Medici* pour une famille de *médecins* établie à Florence[1]. Gomara, dans son *Histoire de l'Inde* (Çaragoza, 1551), réunit le nom italien au nom latin. Le passage dans lequel il est question du voyageur florentin est d'autant plus remarquable, qu'il renferme une allusion à l'é-

---

[1] Voyez *Unbekanthe Landte* (Buch. V). « Copia eines sendtbriefes so Albericus Vesputius gesandt hat Laurencio Petri artzte zu Florentia. » C'est la lettre qu'on croit adressée à Lorenzo di Pierefrancesco de' Medici, personnage que le traducteur désigne comme un certain *Laurent Pierre, médecin dans la ville de Florence.*

dition de la Géographie de Ptolémée publiée
par Servet en 1535. « Il y en a, dit Gomara,
qui se plaisent à noircir (*tachar*) la réputation
d'*Americo* ou *Alberico Vespucio*, comme on
peut le voir dans quelques Ptolémées[1] de Lyon. »
Le traducteur français de la célèbre collection
de voyages de Vicence (*Mondo Novo*, 1507),
Mathurin du Redouer, a confondu *Eméric*[2] et
Alberico. Le titre de son ouvrage, qui a plusieurs éditions[3], dont une est de 1516, porte

[1] « Tolomeos de Leon de Francia. » GOMARA, fol. 49, *a.*
Les éditions de Servet sont de 1535 et 1541. Elles sont,
comme nous le verrons bientôt, aussi contraires à la
gloire de Vespuce que l'édition de Ptolémée publiée à
Strasbourg en 1522 était exagérée dans les louanges.

[2] Parfois le savant Giorg' Antonio Vespucci désignait
aussi son neveu par le nom d'Emeric. On trouve dans
une de ses lettres (probablement de 1476) : « *Emericus
hæc scribens hac nocte apud nos est.* » (BANDINI,
p. XXVIII.)

[3] CAMUS, *Mém. sur les collections de voyages des
De Bry et de Thévenot*, 1802, p. 346. Comparez aussi
les observations curieuses que M. Biddle a faites sur
un passage de cette traduction ancienne relative à la
première apparition des vagabonds *bohémiens* en Europe en 1416, et de leur ressemblance avec les indi-

Le Nouveau Monde et navigations faictes par Eméric de Vespuce. Pierre Martyr d'Anghiera et Hylacomylus conservent en latin, l'un dans ses *Décades Océaniques*, l'autre dans les *Quatuor Navigationes*, le véritable nom d'Amerigo, en le traduisant par *Américus*. On peut croire que le cosmographe Hylacomylus, natif de l'Allemagne méridionale, ne se doutait pas (comme l'a judicieusement remarqué un littérateur profondément versé dans l'étude des langues, M. *von der Hagen*) qu'en inventant le nom d'Amérique pour distinguer le Nouveau Continent, il lui donnait un nom *d'origine germanique*. Je pense qu'il sera utile de consigner ici un extrait très concis de l'intéressant mémoire [1] que le savant professeur de l'université de Berlin a publié récemment à ma prière.

gènes américains amenés par le capitaine Gaspard Co-trad (Cortereal). *Memoir of Sebastian Cabot*, 1831, p. 240-244.

[1] *Amerika, ein ursprünglich Deutscher Name* (l'Amérique, un nom originairement germanique). *Lettre de M. von der Hagen à M. Alexandre de Humboldt*, dans le *Neuem Iahrbuch der Berliner Gesellschaft für deutsche Sprache*. Heft I (1835), p. 13-17.

« Le nom italien *Amerigo* est d'origine tout aussi germanique que le sont *Federigo* et *Arrigo* : il se trouve dans le haut-allemand ancien, sous la forme d'*Amalrîch* ou d'*Amelrîch*, ce qui est dans le gothique *Amalareiks*, comme Frithareiks du calendrier ecclésiastique des Goths. Les formes variées données à Amalrîch sont (d'après Neugart, *Cod. dipl. Alemann.* des années 740 à 933) : *Amalric, Amalrih, Amilrich, Amulrich*. Les incursions et les conquêtes des peuples du Nord, celles des Goths et des Longobards surtout, ont répandu le nom d'Amalrîch, duquel dérive *Amerigo*, dans la patrie des langues romanes. Un grand nombre d'hommes illustres ont porté ce nom. Il suffit de citer ici *Amalricus*, roi des Goths occidentaux, fils d'Alaric, *Amalricus*, archevêque de Narbonne, et *Almaricus*, comte de Montfort, fils de ce Simon de Montfort qui sévit si cruellement contre les Albigeois. Les Français de ce temps ont traduit Amalric par *Amaury*[1], comme ils ont

---

[1] Par un second retranchement de lettres, *Amaury* est devenu *Maury*. Le nom d'*Aimery* n'est pas de même origine. Il tient à *Aimo, Haimo* (enfans d'Haimon), ou, par une double altération, à *Helmerich* et *Helmrich*, noms dont les documens alémanniques de Neugart offrent de nombreux exemples. (*Note de M. de Hagen.*)

substitué *Baudouin* à *Baldewin*, *Gondebaud* à *Gundebald*, *animaux* à *animals*.

« Lorsqu'en italien Vespuce emploie le double *r* en signant *Amerrigo*, c'est par *assimilation* de deux consonnes rapprochées; c'est *Amerrigo* pour *Amelrigo*, ou *Amelrico* (nom d'un évêque de Côme en 865). Ainsi on dit en italien *vorrei* pour *voluerim*, *Corrado* et *Arrigo* pour les noms allemands *Konrad* et *Heinrich*. Il y a plus : dans la chronique italienne de Pise qui finit en 1406 (*Tartini, Script. Ital. t. I*, p. 424), le roi *Amalrich* (Amaury) de Jérusalem, frère de *Baldewin* (Baudoin), au secours duquel étaient venus les Pisans en 1169, signait lui-même *Amerigo*, exactement comme fit Vespuce le Florentin.

« Il ne faut pas confondre *Albericus* et *Emericus* avec *Amalricus* ou *Amerigo*, quoique Vespuce, ou pour le moins une grande partie de ses contemporains aient employé comme synonyme d'Amerigo le premier de ces noms. Ils ont même cru par erreur que *Amerigo* était une transformation italienne du mot *Albericus*, nom qui leur rappelait *Alba*, *Albanus*, *Albius*, et paraissait pour cela d'une latinité moins contestable. M. de Humboldt a déja fait observer ailleurs que Christophe *Colombo*, après avoir *espagnolisé* son nom italien en

Colon, se plaisait à le rendre en latin par *Colonus*,
ce qui, selon la biographie écrite par le fils, était le
nom du procurateur du Pont par lequel Mithri-
date fut conduit à Rome. D'ailleurs *Amalric* n'est
pas plus un nom de saint que Albéric. Ce dernier
se présente dans le dialecte *allemannique*, d'après
l'utile recueil de Neugart, sous les formes diverses
d'*Albaric*, *Albirih* et *Alberich*, italianisé en *Al-
berigo*. C'est dans la sphère poétique le nain
Alberich de l'épopée des *Niebelungen*, c'est l'*El-
berich* du *Heldenbuch*. En français, Alberic est
identique avec *Aubery*, d'où *Auberon*, dans le
Huon de Bordeaux, et le *Petit Auber* que Isaye
le Triste appelle fils de Jules César et de la fée Glo-
riande. D'ailleurs *Albericus* est d'origine germanique, tout comme *Amalricus* : on y trouve la racine *Alp* [1] (*alb*), montagne et rivière. *Alberich*
signifie qui est *riche* (*reich*) en *Alben*, *Alpes*.
C'est l'expression du pouvoir, de la seigneurie territoriale, des *ricos hombres*.

« *Emericus*, également confondu par erreur avec
Amerigo (par exemple dans la traduction française

[1] GRAFF, *Althochdeutscher Sprachschatz*, t. I, p. 242 :
Alba, Elbe, *elf*, rivière ; puis dans un sens mythique,
les *Elfen*, esprits de la terre, de l'eau et de l'air, les
pygmées *Erd* et *Wasser-Elfen*, *Licht-Alfen*, etc.

du *Mondo Novo* par Mathurin du Redouer, 1516), est un nom de saint. Il tient à *Ermenric* (dans les dialectes scandinaves, *Iormunrekr*), ou, en y ajoutant l'aspiration, à *Hermanrich* [1], tandis que *Amalrich* dont *Amerigo* est l'altération moderne italienne, nous conduit historiquement vers la célèbre dynastie ostrogothique des *Amala*, qui donna au peuple entier des Goths le nom d'*Amelungen*. J'ai déja signalé plus haut les variations d'Amalrich qui sont *Am-al, Am-il* et *Am-ul-rich*. La racine *am*, très répandue dans l'islandais et dans toute la Scandinavie, se retrouve dans *ama*, accabler, *ami*, peine, charge, *ambl*, labeur, travail qui fatigue [2]. La racine sanscrite *am* réunit les signifi-

---

[1] *Hĕrmanrich*, aussi peu que *Armin* (*Hermin, Irmin*), trouvent leur explication dans *Hermann* (*Heer-Mann*); la véritable racine est *ar-m* ou *ir-m*, la terre qui se trouve dans *airtha, ërtha, hertha,* jörd (Erde, ἔρα, terra.) La ville d'*Emmerich*, dans le duché de Clèves, n'est pas *américaine :* car elle n'a pas de filiation avec *Amerigo.* Déja dans le septième siècle, elle portait le nom d'*Embrica*, qui rappelle le nom héroïque d'*Imbreck*, neveu du roi puissant *Ermenrich* (*Iŏrmunrikr*), célébré dans le poème *Reineke Voss.*

(Note de M. de Hagen.)

[2] Une autre étymologie très ingénieuse d'*Amala* (de *a* et *mal*, sans tache) a été donnée par M. de Schlegel

cations *ire, colere, œgrotum esse, sonum edere.* Il en résulte que *Amalo, Amalung* et *Amalrich* indiquent celui qui *endure des labeurs,* expression qui, par une réunion de circonstances fortuites, caractérise bien le navigateur auquel on a voulu attribuer la découverte d'un Nouveau Continent. »

Comme dans les éclaircissemens qui précèdent, il est question d'une racine, *sanscrite,* je n'aurai pas besoin d'excuse si j'appuie ce raisonnement étymologique de la grande autorité de M. Bopp, le célèbre auteur de la *Grammaire comparative.* « Dans le nom d'*Al-malrich,* dit-il, la seconde partie se réduit avec assez de certitude à l'ancienne langue de l'Inde. La forme gothique est *reikjis,* qu'on écrit aussi *reikis,* et qui signifie *riche, puissant.* L'idée de la richesse est liée à celle du pouvoir; car *reiks* est le dénominateur, le chef. Ulfilas l'emploie en traduisant ἄρχων. Aussi *imperium* (ἀρχή) est le substantif de *reiki, das Reich* de l'allemand d'aujourd'hui. Ce mot

dans la *Bibliothèque indienne,* t. I, p. 233. M. de Hagen oppose l'absence d'un *a* privatif dans le gothique, et d'autres raisons que je dois supprimer ici.

nous porte sur le sol indien, car son *théme,* c'est-à-dire le mot, en faisant abstraction de la désinence des cas, est *reikja,* dont le datif pluriel est *reikja-m,* entièrement analogue, par une mutation des lettres usitée dans le sanscrit et le gothique, à *rádschja,* proprement *rágya* (en prononçant le *g* comme en italien devant *e* et *i*). Quant à la première partie du nom d'*Amalrich,* dont dérive *Amerigo,* j'aimerais presque ne pas dépasser le domaine des langues germaniques pour remonter vers le sanscrit. La racine *am* ne me paraît indiquée par les grammairiens indiens que pour y réduire systématiquement des substantifs d'un usage assez rare; *amata,* maladie, souffrance; *amati,* temps; *amani,* chemin. » Le nom de l'Amérique ayant pénétré chez tous les peuples civilisés de la terre, il n'est pas sans importance de suivre, pour ainsi dire, jusqu'au dernier terme, dans les divers embranchemens de la grande famille des langues *indogermaniques* (à laquelle appartiennent aussi le persan, le grec et le latin), la filiation du prénom de Vespuce. Il n'y a que les habitans du *Céleste Empire* qui ne paraissent pas avoir, dans leur langue, un nom général pour désigner le Nouveau Continent. La *Cosmographie chinoise*[1] dont nous devons la publication à M. Klaproth, ne désigne l'Amérique, dans son style figuré, que comme « face postérieure de la terre. » Cependant aujourd'hui les *Poils rouges*[2], après avoir côtoyé ce pays, arrivent en foule à Canton, et les cartes chinoises semblent vouloir abréger à ces *barbares* la navigation de l'Inde en leur montrant l'isthme de Panama *percé* sur deux points par des détroits océaniques.

Nous avons rappelé plus haut que les documens conservés dans les archives d'Espagne, sans faire mention des deux premiers voyages d'Amérique Vespuce en 1497 et 1499, offrent souvent son nom, mais altéré de diverses manières, d'abord de l'année 1496 à celle de 1499, et puis de 1505 à 1512. Pendant l'intervalle des cinq années qui ont précédé celle de

[1] *Haï Kouë wen Kian lou,* dans la *Notice d'une map-monde chinoise,* 1833.

[2] La famille nombreuse et commerçante de ces *barbares* du nord-ouest ou *Poils rouges* (*Houng-mao*) comprend outre les Hollandais, les habitans de l'Angleterre (*Iag-ki-li*), de la France (*Fau-lang-si*), de la Suéde, du Danemarck et de la Russie, c'est-à-dire du pays des *O lo szu* (L. c. p. 35, 37, 49 et 80).

1505, Vespuce a été soit à Lisbonne, soit embarqué sur des vaisseaux portugais. Il est cependant fort étrange que malgré les recherches les plus suivies faites par M. le vicomte de Santarem [1], alors *Achivista maior* du royaume de Portugal, et depuis ministre des affaires étrangères, on n'ait pas découvert une seule fois le nom de Vespuce dans les documens portugais de la *Torre do Tombo*. Cette omission est d'autant plus remarquable que le roi Emanuel, par les ordres duquel Vespuce assure avoir fait les deux expéditions de 1501 et 1503, donnait un soin très parti-

[1] Voyez la savante dissertation de M. de Santarem, insérée dans le troisième volume de l'ouvrage de Navarrète (*Documentos* n° XV). Je possède des additions manuscrites à cette dissertation que l'auteur a bien voulu me communiquer pendant mon séjour à Paris en 1835, et dont j'ai profité dans cette *Deuxième Section*. Cette absence de tout document portugais qui fasse mention de Vespuce, contraste singulièrement avec l'assertion fabuleuse de Giulio Negri « sur la reconnaissance du roi de Portugal qui fit suspendre *en perpetua memoria del nostro Amerigo nella Catedrale Basilica di Lisbona, come immortale trofeo, gli avanzi gloriosi della conquistatrice sua nave.* » (*Istoria degli scritt. Fior.* p. 31.)

culier à tout ce qui pouvait contribuer à conserver la mémoire des événemens de son
règne. « Comment expliquer, » dit le vicomte
de Santarem dans sa lettre datée du 25 juillet
1826, « que ce roi, qui se rendait souvent en
personne aux archives du royaume pour y
faire enregistrer des documens tirés de la bibliothèque du roi Alphonse V, aurait oublié
de recueillir *les livres et journaux* de route
que Vespuce prétend lui avoir remis? Comment concevoir que le célèbre archiviste Damian de Goes [2], qui s'occupait tant de rela-

---

[1] Dans la lettre de Vespuce qui traite du troisième
voyage (de mai 1501 à septembre 1502) et que Bandini
croit adressée à Lorenzo de Pierfrancesco de Medici, il
est dit vers la fin : « V. S. mi perdonerà, se io non le ho
mandati i *memoriali fatti di giorno in giorno* di questa
ultima navigazione, siccome io aveva promesso; n'è
stato cagione il *serenissimo Re* (di Portogallo), che *an-
cora tiene* appresso di sua Maestà i miei *libretti*. » BAN-
DINI, p. 120.

[2] La collection complète des opuscules du Portugais
Damian de Goes, l'ami de Bembo, se trouve à la suite
de l'édition des Décades de Pierre Martyr publiée à Co-
logne en 1574, p. 449-655. Les *lamentations* sur l'état
des Lapons (*Deploratio Lappianæ gentis*) et la défense
des auberges de l'Espagne contre le géographe Sébas-

tions de voyages et de découvertes maritimes,
qui en communiquait sans cesse à Ramusio et
qui avait voyagé lui-même par toute l'Italie,
n'eût pas eu connaissance d'expéditions faites
à une époque dont il n'était séparé que par un
intervalle de quarante-cinq ans ? » Ces objec-
tions sont sans doute d'un grand poids; mais
des preuves négatives, le manque de documens dans des matières qui d'abord n'ont pas
paru d'une importance majeure, ne permet-
tent pas de trancher définitivement la question
de savoir si Vespuce a navigué sur des bâ-
timens portugais. Il avoue lui-même, dans la
relation emphatique de son troisième voyage,
que le roi Emanuel, « très réjoui de son arrivée, lui faisait de vives instances pour partir
avec un convoi [1] de trois navires destinés à la

tien Münster (p. 522 et 647), sont jointes au Traité
curieux *De Æthiopum moribus*, et aux lettres de Da-
vid, roi d'Abyssinie, à Emanuel, roi de Portugal, traduites par l'évêque de Nocéra, Paolo Giovo (Paul Jove).

[1] On lit dans Ramusio (t. I, p. 128) et dans Bandini (p. 47) : « Il Re mi pregò que fossi in compagnia
di tre sue navi; » dans l'édition d'Hylacomylus : « Ut
una cum tribus ejus conservantiæ navibus proficisci
vellem, » ce que M. Navarrete rend par « que fuera en

« découverte de nouvelles terres. » Il n'était donc
pas, dès le commencement du voyage, le chef
de l'expédition, mais simplement un homme
dont les connaissances nautiques pouvaient
devenir utiles, connaissances qui, comme
nous le verrons plus tard, l'ont fait apprécier
incontestablement en Espagne dès l'année
1505. Je puis d'ailleurs prouver par un passage de Pierre Martyr, lié intimement avec le
neveu d'Améric, que l'oncle était protégé et
soldé par le gouvernement portugais. *Americus Vespucius Florentinus auspiciis et stipendio Portugalensium ultra lineam æquinoctialem adnavigavit.* La deuxième décade[1],
qui renferme ce passage remarquable, a été
rédigée[2] deux ans après la mort d'Améric, au
mois de décembre 1514. Une autre preuve
plus importante encore se trouve dans les té-

un convoy. » Ces expressions n'indiquent pas le commandement d'un navire. Ce n'est que lorsqu'on se
trouva en grand danger et qu'après avoir tenu conseil
« che fu deliberato che si seguisse quella navigazione,
che mi paresse bene, e *tutto fu rimesso in me il mando*
della flotta. » (BANDINI, p. 53.)

[1] Dec. II, lib. 10, p. 199.

[2] Voyez la fin du deuxième livre, p. 204.

moignages officiels de Sébastien Cabot, de Jean Vespuce, neveu d'Améric, et d'autres pilotes célèbres, relatifs à la véritable position de la *ligne de démarcation;* témoignages que Muños a trouvés dans les archives de la *Casa de Contratacion* de Séville. Nuño Garcia expose (en 1515) que « quant à l'incertitude qu'on a sur la latitude du Cap St.-Augustin, Amerigo lui a dit plusieurs fois qu'on pouvait placer ce cap par les 8°, tel qu'il avait coutume de le faire sur les cartes qu'il traçait dans sa maison; que lui, Garcia, suivait ce conseil, et que si Andrès de Morales doute de cette position et qu'il objecte que *Amerigo allait alors découvrir pour le roi de Portugal (fue a descubrir por el Rey de Portugal),* on ne peut admettre qu'Amerigo ait agi par malice, puisque déja il était en Castille [1]. » D'ailleurs, par un concours de circonstances difficiles à expliquer, bien d'autres événemens qui par leur nouveauté avaient également jeté un vif éclat dans l'Europe entière, n'ont pas laissé de traces dans les archives. Il n'existe, par exemple, à Barcelone [2], aucun document qui fasse men-

[1] Nav. t. III, p. 320.
[2] L. c. p. 315.

tion ni de l'entrée triomphale de Christophe
Colomb dans cette ville (entrée dans laquelle
il était accompagné, comme dit Herrera, « de
sept Indiens et de beaucoup de perroquets »),
ni de la réception solennelle que lui firent les
Monarques Catholiques vers la mi-avril 1493,
dans une *salle magnifiquement ornée*. Cependant Oviedo parle de cette entrée et de cette
réception comme témoin oculaire, étant alors,
à l'âge de quinze ans, page de l'infant don
Juan. Il rapporte que le roi Ferdinand était
encore tout pâle et défiguré de la blessure au
col que lui avait portée, quatre mois plus tôt, un
assassin plus imbécile que fanatique[1]. L'ab-

[1] Pierre Martyr, qui accompagnait les monarques à
Barcelone, prouve clairement que cette tentative n'était
pas l'effet de la vengeance des Maures et des juifs, si
cruellement traités alors; il ne regarde l'assassinat du
roi que comme un fait isolé, sans conspiration, sans
complices. Il écrit au comte de Tendilla (*Epist.* CXXV,
p. 69, *de vulnere Regis nostri*): « Ferdinandum plenum
triumphis, homo inglorius, ignotus, egens, solo ductus furore, Regem *quem nunquam viderat*, impetiit. Is
natus ruri à Barchinona millia passuum novem, nomine *Cagnamares*, ubi adventasse Regem sensit, clam
se contulit in urbem Barchinonam. Intra divæ Mariæ
sacellum, in Regiæ veteris vestibulo, ad dextram in-

sence des documens [1] dans les archives ne

troeuntibus erecto, exiturum Regem, qui jura ibi dicebat, deambulans expectat. Efficitur obvius exeunti, transire Regem aliquantisper sinit descendentem a primo marmoreæ scalæ gradu ad secundum, ex alto, vibrato dicto citius ense, a tergo percutit in collum. Aureus torquis, perpetuum Regis gestamen, ne caput amputaretur eo ictu, tutatus est, ictumque sustinuit. Lethale tamen vulnus intulit, nec bene fidunt medici, evasurusne sit Rex, nec ne. » Le danger mortel dura onze jours ; le douzième, le roi se montra au peuple « ex atrii fenestra. » Anghiera est allé voir l'assassin *Cagnamares* (Cañamares), et il décrit cette entrevue d'une manière très piquante : « Percussor tribus illico vulneribus confossus, imperio Regis, ut quo consilio egerit, intelligi possit, servatur. Capitur, in vincula conjicitur, per lictores prætoresque cogitur causam fateri. Nihil præter furorem ediscunt affuisse. Vidi ego hominem in vinculis atque allocutus sum. Sexagenario senior visus est; cano capite, acuto productoque mento, statura gracili et alta, oculis porcinis, nigris, tenuibus, obductis, genis effossis (après six mois de prison), sermone rarissimo, Saturno plenum esse aperte cognoscitur. Se fore Regem jactat, si Regem peremisset : ut facti pœniteret, extorqueri ab eo nunquam potuit. Ignosci ejecto illi Rex imperavit ; sed patria id jura minime sunt passa... Exstructa igitur ex more quadriga, per vicos et compita, frustatim (strangulatus tamen prius, *ne desperaret*) ductus, secatur. » (Epist. CXXXI, p. 73.)

[1] Parmi les omissions de choses existantes, je citerai

prouve pas que Colomb n'ait pas été à Barcelone après être revenu à Palos, le 15 mars
1493.

Comme les détails des quatre voyages d'A-
méric Vespuce, à l'exception d'un seul, celui
qu'il fit avec Hojeda (en 1499), ne sont connus que d'après ses propres récits et non d'a-
près le témoignage spécial de ses contemporains, la partie bibliographique ou littéraire
des publications et les voies par lesquelles nous
les avons reçues, sont tout aussi importantes

comme un exemple frappant l'usage du thé en Chine et
la grande muraille dont les voyages de Marco Polo ne
font pas mention. Le thé, *Tchah* (d'où le nom de Tchah-
Cathai) était cependant déjà connu, au neuvième siècle,
des voyageurs arabes dont Renaudot a donné des extraits incomplets. La direction de la route de Marco
Polo et l'état délabré de la muraille dans la province de
Chensi (Polo, éd. de Marsden, p. 230-234, n° 446)
sont des circonstances qui n'expliquent pas suffisamment pourquoi le voyageur qui a été pendant trois ans
vice-gouverneur du Yang-cheu-fu et qui parle de tant
de choses qu'il n'a pas vues, n'ait pas fait mention d'une
construction si gigantesque. Il me paraît plus simple
d'admettre qu'il a oublié dans sa prison, à Gênes, de dic-
ter à Rustighello ce qu'il savait sur l'usage du Tchah
et sur la grande muraille.

que l'examen de leur vraisemblance historique. Il faut se rappeler d'abord l'état des communications de ces temps. Dans l'époque mémorable depuis la première expédition de Colomb jusqu'à la mort de Vespuce, les nouvelles des grandes découvertes maritimes furent consignées primitivement soit dans la correspondance des maisons de banque de Venise, de Gênes et de Pise, soit dans les dépêches des diplomates italiens accrédités auprès des cours de Portugal et d'Espagne; plus tard elles parurent dans des lettres imprimées ou livrets composés d'un petit nombre de pages, et dont la connaissance n'aurait pu parvenir jusqu'à nous, si ces petits écrits n'avaient pas été répétés dans des *recueils* plus volumineux. Quelque éclatant que fut l'effet que produisirent les premières navigations de Christophe Colomb vers l'ouest, les terres des *Nouvelles Indes occidentales* intéressaient plus encore les savans cosmographes et les philosophes amis de Pomponius Lætus que les républiques commerçantes de l'Italie. Ces petits états, engagés dans les affaires de l'Egypte et de la Perse, avaient les yeux fixés sur un danger beaucoup plus imminent, celui des progrès que faisaient

les Portugais sur les côtes d'Afrique. C'est
surtout depuis le voyage de Vasco de Gama
que les correspondances que je viens de signaler furent le plus actives. Je citerai parmi les
personnes ardemment occupées à épier les résultats des nouvelles expéditions : Lorenzo
Cretico, jadis professeur à Padoue et envoyé
par la *Signoria* de Venise pour séjourner à
Lisbonne; Piero Pasqualigo, ambassadeur de
la république auprès du roi Emanuel; Vi-
cenzo Quirini, qui voyageait en Belgique, en
Angleterre et en Espagne pour connaître l'é-
tat des découvertes maritimes, et qui, neuf ans
après le voyage autour du cap de Bonne-Espérance, émit encore dans ses *Relazioni* le fol
espoir que le commerce des épiceries de Calicut reviendrait peu à peu sur la route du Golfe
Persique et de la Mer Rouge à Alexandrie;
Angelo Trivigiano, secrétaire de Dominique
Pisani, ambassadeur de Venise en Espagne,
puisant un peu indiscrètement, à ce qu'il paraît, dans le manuscrit de la première *Décade
océanique* de Pierre Martyr d'Anghiera; enfin
Girolamo Priuli, chef d'une puissante maison de banque à Venise et à Alexandrie, qui a
composé douze volumes de *Diarj*, dans les-

quels il notait jour par jour, de 1496 à 1512, tout ce que la correspondance la plus étendue pouvait lui apprendre sur la série des découvertes, le prix variable des marchandises et les objets les plus importans de l'économie politique[1]. Des copies de tant de lettres et de nouvelles de bourse circulaient, plus ou moins altérées, dans les différens ports de la Méditerranée. Plus les cartes des découvertes géographiques étaient rares (le gouvernement portugais[2] ayant défendu sous peine de mort l'exportation de toute carte marine qui indiquerait la route de Calicut), plus on était avide de s'en procurer. Nous possédons en-

[1] Foscarini, *della Litteratura Veneziana*, t. I, p. 179, 423, 426, 427, 429. La discussion sur les moyens employés par les républiques italiennes et le sultan d'Egypte pour retenir le commerce des épiceries de l'Inde dans l'ancienne route du Levant, comme sur la lenteur avec laquelle la nouvelle voie gagna sur l'ancienne (p. 441-444), est du plus haut intérêt.

[2] D'après les lettres d'Angelo Trivigiano de 1503. Aussi dans le journal d'Odoardo di Barbosa, qui avait suivi Magellan, le gouvernement fit raturer tout ce qui avait rapport aux Moluques et au commerce des épices. (Ramusio, t. I, p. 287, *b*.)

core[1] une lettre d'Angelo Trivigiano en date du 21 août 1501, dans laquelle il se vante « d'être devenu le *grand ami* de Colomb, qui est sans argent et sans crédit, mais qui lui fait faire par des pilotes de Palos *a compasso grande*, une magnifique carte pour Dominico Malipiero, retraçant les *nouvelles* terres des Indes, autant qu'on en a vu jusqu'ici. » Tels ont été l'état et la voie des communications littéraires relatives aux événemens les plus graves dans l'espace de quinze ou vingt ans antérieurs à la mort de Vespuce. C'étaient des lettres ou de petites notes manuscrites, rapidement multipliées par des copies, quelquefois imprimées[2],

[1] Morelli, *Lettera rarissima di Christoph. Colombo*, p. 44.

[2] Le goût de ces petits écrits était tellement répandu dans les premières années du seizième siècle, que les traités de cosmographie et d'astronomie n'avaient souvent que 12 ou 15 feuillets. Tels sont, par exemple, *Globus Mundi, declaratio sive descriptio mundi apud Joann. Grüniger, Argent.* 1509; *Sacratissimæ Astronomiæ Ptolemei Liber diversarum rerum, Venet. apud Petrum Liechtenstein Colon.* 1509 (de l'Astrologie sous le faux nom de Ptolémée); la *Tabla navigatoria* de Christophe Colomb, etc., etc.

le plus souvent sans indication de la source
d'où elles étaient tirées. Rien n'annonçait si
les auteurs de ces lettres ou de ces descriptions
de voyages avaient écrit dans le dessein
de se voir imprimés, ou s'ils avaient trouvé
exact ce qu'on faisait circuler sous leur nom.
Il est à présumer que des hommes engagés
dans l'exécution de grandes entreprises ne se
souciaient pas beaucoup de ce genre de publications : ils devaient même ignorer ce que l'on
faisait paraître dans des pays voisins. On ne
voyageait point alors pour décrire ses voyages, et une certaine vanité d'érudition que l'on
observe dans les lettres de Vespuce et qui
contraste singulièrement avec la noble simplicité de Christophe Colomb, donne presque
au premier une teinte et un caractère de style
moderne.

De même que les relations du premier et
du quatrième voyage de Colomb, les seules
qui aient été imprimées pendant sa vie, ne
formaient que des publications [1] de peu de
pages, de même aussi quelques-uns des voya-

[1] Telles sont la lettre au trésorier Sanchez du 14 mars
1493, que Cozco a traduite en latin sous le titre *De*

ges de Vespuce n'ont d'abord paru que séparément par petits cahiers. Pour apprécier
mieux le degré d'intérêt attaché à des expéditions qu'on a coutume de désigner par l'ordre dans lequel elles ont eu lieu, je rappellerai brièvement que la *première* (1497) est la
plus importante et la plus contestée comme
antérieure au voyage de Colomb à la Terre
Ferme; que la *seconde* (1499) est incontestablement le voyage fait sous les ordres du capitaine Pinzon; que la *troisième* (1501)
était dirigée vers la côte du Brésil, depuis le cap St.-Augustin jusqu'à une latitude
méridionale qui est évaluée de 52°; que la
quatrième (1503) fut signalée par un naufrage

Insulis Indiæ supra Gangem, et la lettre aux monarques espagnols datée de la Jamaïque le 4 juillet 1503,
et connue en Italie sous le nom de *Lettera rarissima*.
Voyez tome II, p. 330. Il existe de la lettre au trésorier Sanchez une traduction allemande extrémement
rare portant le titre de « Livre plaisant à lire » : *Eyn
schœn hübsch lesen von etlichen insseln die do in kurtzen
zyten funden synd durch den Künig von Hispania, und
sagt von grossen wunderlichen Dingen die in denselben
synd. Getrukt zu Strasburg von meister Bartlomess Küts-
ler,* MCCCCXCVII.

du vaisseau amiral, près de l'île Fernando
Noroña, naufrage qui empêcha les autres navires de continuer la route autour du cap de
Bonne-Espérance à *Melcha* (Malacca), et les
fit attérer à la baie de Tous les Saints, au Brésil. Les deux premiers voyages dans lesquels
on reconnut le cap Paria étaient faits, selon
l'assertion de Vespuce, par ordre du roi d'Espagne ; les deux autres par ordre du roi de
Portugal. Le troisième voyage a été imprimé
le plus souvent et a paru le premier. On en a
une édition latine dans un cahier de six feuillets, de l'imprimerie de *Johann Lambert*
établie à Paris. Elle est sans indication d'année ; mais le troisième voyage n'ayant été
terminé qu'en septembre 1502, on ne peut
admettre que l'impression[1] de ce cahier soit
de 1501. Le *Mundus Novus* imprimé en six

---

[1] CAMUS, p. 129 et 130 ; NAV. t. III, p. 186. MEUSEL,
Bibliotheca histor. t. I, Pars I, p. 265, ne connaît pas
cette édition de Lambert, mais bien le *Mundus Novus
apud Magistr. Joh. Ottmar* (Aug. Vind. 1504), cité
aussi par ZAPF, *Augsburgs Buchdrukkergeschichte von
1468 bis 1500*, t. II, p. 16, et par PANZER, *Annales ty-
pographici*, t. VI, p. 133.

feüillets, également in-4°, à Augsbourg, chez *Johann Otmar*, en 1504, n'est qu'une seconde impression du même troisième voyage, comme le livret intitulé [1] *Americus Vesputius de ora* ··

[1] PANZER, *Annales typ.* t. VI, p. 133. M. Navarrete (t. III, p. 187) parle d'une traduction allemande de ce troisième voyage imprimée en 1506 à Leipzig par le *bachelier Martin Landesbergk* (d'après l'intéressant *Catalogue of Books lating to America*, 1832, par M. O-Rich, n° 1 : *Von den Neuwen Insulen und landen so yttz kurtzlichen erfunden seynd durch den kunigh von Portugal.* Leipzik, 1506). La note que cette traduction offre à la fin commence par les mots : « Cette lettre, traduite de l'italien en latin, l'est aujourd'hui en allemand par un homme qui sait bien le latin et l'allemand, et qui sait aussi que beaucoup de choses merveilleuses se trouvent de nos jours. » Elle me semble prouver que la lettre dont il s'agit, imprimée par *Martin Landesbergk*, est identique avec la traduction allemande que Ruchamer a insérée dans sa collection des *Unbekanthe landte*, 1508. Comparez le chap. CXXIV, dans lequel cependant il est dit que la traduction a été faite de *l'espagnol en italien* et de l'italien en allemand. Je ne serais pas entré dans ce détail bibliographique si la circonstance d'un « texte originairement espagnol » (*hyspanier sprache*) ne méritait pas quelque attention dans un voyage fait sur des vaisseaux portugais. D'un autre côté, l'*Itinerarium Portugallense*, 1508, calqué comme Ruchamer sur la *Col-*

antarctica per Regem Portugalliæ pridem inventa, Argentinæ per Mathiam Hüpfuff, 1505, en est une troisième. Nous ignorons si les relations des deux expéditions faites aux

lection de Vicence, porte, pag. 75 : « fidus interpres opus e Lusitano italicum fecit. » D'après l'ingénieuse observation d'un voyageur qui a fait d'excellentes études de la bibliographie espagnole du 16ᵉ siècle, toutes ces traductions italiennes et allemandes ne sont pas faites directement sur des textes espagnols et portugais, mais sur de plus anciennes traductions latines. M. Roulin observe que les traducteurs se sont vantés de posséder ce qu'ils n'ont pas eu. La traduction italienne porte pour *troisième voyage, terzo dì.* Or un traducteur italien, en travaillant sur des textes espagnols ou portugais, aurait traduit *jornada* (mot appartenant à la fois à l'espagnol et au portugais) par *giornata.* C'est l'ignorant traducteur latin qui aura rendu *jornada* par *dies.* L'*Itinerarium Portugallensium* a (cap. CXXII) « cur liber dictus sit *dies* tertius. » Ruchamer, dans les *Unbenkanthe landte*, a « drytte *tage.* » Je trouve même dans l'édition d'Hylacomylus que M. Navarrete a réimprimée (t. III, p. 231) *quatuor diætas,* pour quatre voyages (*jornadas*). Cette édition fait aussi du mot bahia (baie) une abbaye, *abbatia.* On fait dire à Vespuce (Nav. t. III, p. 287; et Gryn. ed. Bas. 1532, p. 183) : Omnium Sanctorum Abbatia, Bahia de todos los Santos du Brésil. Je reviendrai plus tard sur cette *abbaye.*

frais de l'Espagne ont paru séparément. Il
n'existe de relations doubles et assez différentes en longueur et en forme que des seconde et troisième expéditions, non de la première. Il est même probable que celle-ci n'a pas
été imprimée avant la publication des quatre
voyages réunis.

Les petits écrits de Vespuce n'auraient eu
qu'une existence éphémère et un très petit
nombre de lecteurs, si bientôt ils n'avaient été
réimprimés et complétés dans des *Collections
de voyages modernes*, dont l'heureuse idée
appartient à ces villes de Lombardie, dans lesquelles la découverte de l'imprimerie et son
importation par des ouvriers allemands, avaient
produit un prodigieux mouvement littéraire.
Il faut distinguer quatre de ces collections,
dont l'influence dans les dix premières années
du seizième siècle a été si grande sur les progrès de la géographie maritime. L'ouvrage de
ce genre le plus ancien et le plus rare est le
*Libretto de tutta le navigazione de Re de
Spagna de le Isole e terreni novamente
trovati*, stampato *in Venezia* 1504 (in-4°)
da Albertino Vercellese di Lisona. Il a
été vu par Foscarini, Zurla et l'abbé Mo-

relli[1]. Ecrit en dialecte vénitien, il ne renferme que les trois premiers voyages de Colomb, ceux de Piétro Alonzo *il Negro* et de *Vicenzianes* (Vicente Yañez) Pinzon. Le secrétaire de l'ambassade vénitienne en Espagne, Angelo Trivigiano, que nous avons déja signalé comme l'homme qui montrait le plus d'ardeur à répandre rapidement la nouvelle des découvertes géographiques en Italie, a exercé de l'influence sur la petite

[1] Foscarini, t. I, p. 433. Zurla, t. II, p. 108. Morelli, *Lettera rar.* p. 43. *Alonzo le Noir* (*il Negro*) du *Libretto* n'est autre, comme je l'ai déja fait remarquer plus haut (t. III, p. 391), que Alonzo Niño, fameux pilote natif de Moguer, qui avait accompagné Colomb dans les premier et troisième voyages (Nav. t. III, p. 11), et qui fut le compagnon de l'expédition de Cristobal Guerra (de mai 1499 à avril 1500), par laquelle l'Espagne reçut à la fois une prodigieuse quantité de perles des côtes de Paria et de Cumana. On aura lu *Nigro* pour *Nigno*, en confondant le *r* et le *n*. C'est donc de ce *Libretto* de 1504 que l'erreur a passé dans l'*Itinerarium Portugallensium*, dans *Ruchamer*, qui fait (cap. CIX) de ce voyageur un parent (*verwonter*) de Colomb, et dans *Grynæus* (ed. Par. 1532, p. 103). Ramusio, toujours plus exact que ses devanciers, a écrit très correctement (t. III, p. 11) Pietro Alonzo chiamato Nigno.

collection vénitienne d'Albertino Vercellese, comme sur la grande de Vicence, qui est plus généralement connue. La première, le *Libretto*, forme le quatrième livre de celle-ci, dont le titre est : *Mondo novo e paesi nuovamente retrovati da Alberico Vespuzio Fiorentino, Vicenza 1507*, en six livres. Le véritable compilateur (*raccoglitore*) de ce curieux et important Recueil de Vicence n'est, comme on l'a cru long-temps, ni Montalboddo Fracanzano de Vicence, ni Fracanzio da Montalboddo, c'est-à-dire natif de Monte-Alboddo, dans la Marche d'Ancône, professeur de belles-lettres à Vicence[1]; mais (selon l'ingénieuse

---

[1] TIRABOSCHI, t. VII, P. I, p. 213. MORELLI, p. 46. Comme le titre de la *Raccolta* de Vicence ne porte que par abréviation le nom de *Fracan.*, on a voulu l'attribuer à un membre de la famille illustre de Vicence des Fracanzani; mais aucun des Fracanzani ne s'est appelé en même temps Montalboddo. (FOSCARINI, t. I, p. 432.) Le nom de *Fracan. da Montalboddo* (CAMUS, p. 342, écrit moins correctement, d'après le traducteur latin Madrignani, *Montaboldo*) indique simplement l'éditeur qui a dédié l'ouvrage à *Giammaria Angiolello Vicentino*, connu par ses voyages en Perse. L'auteur, ou plutôt le rédacteur de la *Raccolta Vicentina* de 1507, Ales-

observation du comte Baldelli) Alessandro Zorzi, habile cosmographe et dessinateur de cartes à Venise. Le *Mondo Novo* n'était pas, comme le *Libretto* d'Albertino Vercellese, restreint aux seules découvertes d'Amérique. Il réunit les voyages de Gama, de Cadamosto et de Piétro di Sintra, que Zurla croit aussi avoir été écrits par Cadamosto, à ceux de Colomb et

sandro Zorzi (BALDELLI, *Il Milione*, t. I, p. XXXII), est cité comme voyageur archéologue en Grèce par FOSCARINI, t. I, p. 315. On lit dans un exemplaire du *Mondo Novo* que possède la bibliothèque Magliabechi, que Barthélemi Colomb, qui a été à Rome en 1505, a donné une relation de la première navigation de son frère, *accompagnée d'une carte des premières découvertes*, à un chanoine de Saint Jean de Latran, et que ce chanoine en a fait cadeau plus tard, à Venise, à Alessandro Zorzi, *suo amico e compilatore della raccolta*. Voilà donc de nouveau dans cette « Informazione di Bartolommeo Colombo della navigazion di Ponente e Garbin nel Mondo Nuovo, » l'indication d'une carte importante qui semble perdue, mais qu'une bonne fortune pourra un jour faire découvrir en Italie. Nous avons déja signalé une autre carte que Las Casas (lib. I, cap. 12) possédait encore en 1559 en Espagne, et qui avait guidé Christophe Colomb dans sa navigation à Guanahani, l'année 1492.

d'Améric Vespuce. C'était donc comme le premier type ou modèle des grandes collections de Grynæus et de Ramusio. *Le Recueil* de Vicence commence même par ces mots : Principia il libro della prima navigazione per l'Oceano alle terre de' Negri della Bassa Etiopia per comandamento dell' Illustr. Signore Infante Don *Hurichz, fratello di Don Dourth* (le roi Edouard de Portugal)[1]. Zorzi avait donc dès 1507 le projet de réunir tous les documens relatifs aux découvertes modernes.

Si nous voyons dès le commencement du seizième siècle s'accroître si rapidement la renommée populaire d'Améric Vespuce, si nous la voyons balancer celle de Christophe Colomb, nous devons attribuer ce résultat extraordinaire d'abord à la circonstance de trouver son nom, et pas celui de Colomb, placé sur

---

[1] Le cardinal Zurla a prouvé (t. II, p. 115) que les découvertes régulièrement progressives faites par ordre de l'infant don Henri, duc de Viseo, n'ont commencé qu'en 1429. Il semble douter même que les Portugais aient passé le cap Non dès 1419; mais l'infant, comme nous l'avons fait observer plusieurs fois, a cru découvrir bien des côtes et des îles qui avaient été vues partiellement avant lui.

IV. 6

le titre d'un livre qui a eu de la célébrité et de
nombreuses traductions, puis à l'influence
qu'ont exercée certaines éditions de la Géographie de Ptolémée. La seule relation du
troisième voyage de Vespuce, relation dans
laquelle le navigateur se vantait d'être parvenu
jusqu'à 50° de latitude australe[1] et d'avoir parcouru « la quatrième partie de la circonférence
du globe » dans le sens du méridien, fut insérée
dans le *Mondo Novo* (cap. 114-124). Cette
relation était faite pour piquer sous d'autres
rapports la curiosité du public. Elle offrait des
figures de constellations australes, la description d'un arc-en-ciel lunaire[2], un tableau ani-

[1] Bandini, *Vita e Lettere*, p. 118.

[2] Je ne puis aucunement reconnaître dans la description dogmatiquement embrouillée de Vespuce, le
phénomène plus commun d'un *halo*. L'expression «an-
nunzia pace fra Dio,» caractérise d'ailleurs suffisamment l'Iris. Le raisonnement bizarre sur les causes du
phénomène est tiré en grande partie d'un petit ouvrage
de physique de l'évêque de Cambrai, Pierre d'Ailly,
très répandu dans le moyen-âge, portant pour titre
*Tractatus brevis atque utilis venerabilis Episcopi Petri
Cameracensis de iis quæ in prima, secunda atque tertia
regionibus aëris fiunt, diligenter correctus et emendatus*

mé des mœurs des sauvages brésiliens, et de plus l'histoire d'une tempête qui *con grandissimo romore e strepito del cielo*, avait duré, suivant le narrateur, quarante jours sans interruption.

Trois traductions de la *Raccolta* de Vicence[1]

in Lipezensi studio (24 feuillets in-8° sans pagination et sans année d'impression ; mais comme Petrus de Aliaco n'est pas encore nommé cardinal, écrits avant 1411). Dans ce commentaire des *Météorologiques* d'Aristote se trouve la solution d'une question de philosophie naturelle que l'évêque, un des plus savans théologiens de son temps, se propose à lui-même. Je traduis le passage en entier : « On demande pourquoi l'arc-en-ciel n'a jamais paru avant le déluge, quoiqu'il y eût alors aussi des nuages et des amas de vapeurs aqueuses et que le soleil fût dans le même état qu'aujourd'hui ? Il faut répondre que Dieu seul peut en savoir la cause, à moins qu'on n'admette qu'avant l'inondation les nuages n'eussent jamais été placés en opposition directe avec le soleil, d'où résulte l'Iris, et que Dieu ait voulu se réserver le phénomène pour donner, à une époque fixe, le signe d'alliance et de paix. » (fol. 19, *b*.)

[1] Il en existe une réimpression de 1519 (*stampato in Milano a impensa de Jo. Jacobo et fratelli da Lignano: et diligente cura et industria de Joanne-Angelo Scinzenzeler*). Cette réimpression est plus commune que le

de 1507 ont paru successivement, deux en
1508 en latin et en allemand, et une troisième
en 1516 en français. La première de ces traductions est l'*Itinerarium Portugallensium*[1]
ex Ulisbona in Indiam nec non in Occiden-

Mondo Novo de Vicence, 1507, dont Camus n'a jamais
pu voir un seul exemplaire à Paris.

[1] Je cite le titre d'après Foscarini (t. I, p. 434), qui a vu
quatre exemplaires : celui que j'ai le plus étudié et qui
appartient à la bibliothèque royale de Berlin, a pour titre
le fragment d'une mappemonde (du méridien de Calicut
à celui des îles Fortunées) grossièrement gravée en bois.
Au haut de la gravure on lit simplement : *Itiner. Port.
è Lusit. in Indiam et inde in occid. et demum ad aquilo-
nem*, ce qui est tout conforme à la description de ce
livre rare donnée par Camus, p. 342. Ce que Foscarini
nomme le grand titre ne se trouve qu'en tête de la dédicace. Lenglet du Fresnoy dit par erreur que l'*Itinerarium* est traduit du portugais et imprimé à Bergame
en 1508. La rédaction de la traduction latine de Madrigano a d'ailleurs été faite avec une extrême négligence.
De la division en six livres il n'y a d'indiqué dans le
texte que le deuxième et le troisième aux chap. 48 et 71,
non le quatrième et le cinquième. Le chapitre 114 traite
d'Améric Vespuce, et sans la table des matières, le nom
du navigateur dont on donne le voyage resterait inconnu.

tem et septentrionem ex vernaculo sermone in latinum traductum interprete Archangelo Madrigano, Mediolanense, Monacho Carevallensi, MDVIII. La division en livres et en chapitres est identique avec le Recueil italien de Vicence (1507); mais dans la préface[1] du moine Madrignano, il n'est jamais question du titre de l'ouvrage original qui a été arbitrairement changé dans la traduction latine de Milan, en *Itinéraire des Portugais*, changement d'autant plus étrange qu'un tiers de l'ouvrage est consacré aux découvertes de Colomb, de

[1] Un passage de cette préface qui fait allusion à un point très délicat de la géographie mathématique des Arabes, à la coupole d'Arym, que Madrignano nomme *umbilicus totius mundi*, a été extrêmement négligé jusqu'ici. Je traiterai de ce sujet dans un autre endroit pour prouver que c'est encore de l'*Imago Mundi* de Pierre d'Ailly (cap. XV) que Colomb a tiré la connaissance d'*Arym* comme point du milieu entre le cap Saint-Vincent du Portugal et *Cangara* ou les *Seras* (Cattigara ou la Sérique). Voyez tom. III, p. 63. L'évêque de Cambrai parle « de deux villes de Syène dont l'une est placée sous le tropique du Cancer et l'autre sous l'équateur : celle-ci est *civitas Arym* (anciennement connue), entre les parties E. et O.; N. et S. »

Pinzon, d'Alonzo *le Noir* et de Vespuce. L'intérêt toujours croissant pour la navigation à Calicut a fait sans doute supprimer le titre de *Mondo Novo*. Le traducteur n'a d'éloges que pour les Portugais, et son *Alter Orbis* n'est que la partie de l'Afrique équinoxiale vue par Cadamosto. Ce ne sont que la découverte de la Mer du Sud par Balboa, et la conquête du Mexique qui, quinze et dix-neuf ans après Gama, ont attiré de nouveau l'attention de l'Europe sur le monde trouvé par Christophe Colomb. L'*Itinerarium Portugallensium* a été réimprimé à Bâle et à Paris en 1532, et une seconde fois à Bâle en 1547.

La traduction allemande du Recueil de Vicence (1507) a paru la même année que la traduction latine, en 1508. Le rédacteur est un médecin de Nuremberg, Jobst Ruchamer qui, comme nous l'avons déja rappelé, rend méconnaissables les noms des personnages les plus célèbres en les germanisant[1]. Colomb est

---

[1] La table des matières a heureusement conservé les noms de l'édition italienne. Cet abus d'altérer les noms propres était si général alors, qu'aussi dans le *Novus Orbis* de Grynæus (Par. 1532, p. 164) on a de la peine à

Cristoffel Dawber von Jenua; Alonzo Niño,
der Schwartze; Améric, *Alberic;* Vicente
(Yañez) Pinzon, *Vicentz byntze;* Lorenzo (di

reconnaître dans *Ludovicus Romanus Patritius* ou *Ludovicus Vartomannus Boloniensis,* le voyageur du Levant
Lodovico Barthema ou *Barthe.* (RAMUSIO, t. I, p. 147.)
L'ouvrage de Ruchamer, d'un style extrêmement naïf,
est plus correct et beaucoup mieux rédigé que l'*Itinerarium Portugallensium.* Comme Camus regrette de n'a-
voir pu se procurer à Paris cette traduction de Ruchamer, je ferai remarquer, d'après l'exemplaire que j'ai
sous les yeux (à la bibliothèque royale de Berlin), que
l'indication des livres est très embrouillée dans la table
des chapitres. Le 3ᵉ livre y est confondu avec le 2ᵉ; le 4ᵉ
livre est nommé le 3ᵉ. Les six livres commencent, comme
dans le Recueil de Vicencé, par les chapitres 1, 48, 71,
84, 114 et 125. Le titre est inscrit dans un ruban qui
entoure un globe : *Unbekanthe landte und ein newe
weldte in kurtz verganger zeyth erfunden* (Pays inconnus
et un nouveau monde trouvé depuis peu.) C'est donc
presque le titre de l'original de Vicence, seulement les
paes novamente retrovati ont été placés avant le *Mondo
Novo,* et il n'est pas dit que les nouvelles régions sont découvertes par Vespuce. La traduction allemande, qui est
sans pagination, se termine par les mots : *Also hat ein
endte dieses Büchlein welches auss wellicher sprach in
die dewtschen gebracht und gemacht ist worden, durch
den wirdigen und hochgelarthen herren Jobsten Rucha-*

Pierfrancesco) de' Medici, *Laurentz artzt;*
Gaspar de Contereal, *Caspar Cortherat,* etc.
Une préface très-succincte ne donne aucun
renseignement sur l'original et sur l'année ou
le lieu de sa publication : il y est dit cependant qu'en italien le livre porte le titre de Nouveau Monde (*dye newe weldt*), renseignement
qui manque même dans l'*Itinerarium Portugallensium.* Les chapitres 84-90, 91-101, et
105-108 offrent les trois premières expéditions de Colomb, qu'on assure « vivre en tout
honneur à la cour d'Espagne, » quoique l'original italien ait paru près d'un an, la traduction de Ruchamer plus de seize mois, après le
décès du grand homme. Il n'y a pas de trace
du quatrième voyage de Colomb, si important
par la grande étendue de côtes du *continent*
qui furent visitées, comme par les premières
notions acquises sur l'existence d'une autre
mer à l'ouest. Quant à Vespuce, il n'est tou-

*mer der freyen künste und artzenneien Doctoren, und
durch mich Georgen Stüchssen zu Nüreinbergk gedruckte
und volendte nach Christi unsers lieben herren geburt*
MCCCCCVIII. *Jare am Mitwoch sancti Mathei des hei-
ligen apostols abendte.*

jours donné que la relation de son troisième voyage, de celui qui parle d'un immense littoral dans l'hémisphère austral, et dont la célébrité se perpétuait d'autant mieux que la relation du quatrième et dernier voyage de Colomb demeurait pour ainsi dire cachée dans la *Lettera rarissima*, datée de la Jamaïque (du 7 juillet 1503), et consignée dans un cahier de quelques feuillets imprimé[1] à Venise en 1505.

Il me resterait à parler d'une troisième traduction du Recueil de Vicence (1507), de la traduction française de Mathurin Du Redouer, sans indication d'année. J'en ai déja fait mention plus haut en discutant les divers travestissemens qu'a subis le nom d'Améric. Il ne faut pas oublier que cette traduction a eu pour le moins trois éditions au commencement du

---

[1] C'est la lettre envoyée par Diego Mendez et traduite en italien par Constanzo Baynera de Brescia. Les lettres de Colomb et d'Améric Vespuce, imprimées séparément en petits cahiers, appartiennent comme on sait aux plus grandes raretés de la typographie, et ce n'est que la réimpression de la *Lettera rarissima* (Bassano, 1810) par l'abbé Morelli, qui l'a fait connaître parmi nous.

seizième siècle, et que le nom de Vespuce paraissant de nouveau sur le titre[1] comme dans l'original vicentin, l'ouvrage français doit avoir exercé une influence d'autant plus grande sur l'opinion publique, que la langue française, déja très répandue dans la Lombardie[2] et dans le Levant à la suite des croisades, le fut encore davantage en Italie par les guerres de Louis XII. D'ailleurs rien, absolument rien n'annonce dans le Recueil italien de Vicence et dans les traductions qui en ont paru en latin, en allemand et en français, qu'Améric ait eu connaissance de leur publication. Ces Recueils

---

[1] Le titre, imprimé en lignes alternativement rouges et noires, porte : *Sensuyt le Nouveau Monde et navigations : faites par Emeric de Vespuce Florentin, des pays et isles nouvellement trouvez, auparavant à nous incongneuz, translaté de ytalien en langue françoyse, par Mathurin Du Redouer licencié es loix : imprimé nouvellement à Paris.* On a d'autres éditions sorties des presses de Galiot du Pré, probablement de 1516, de Jehan Janot, de Philippe le Noir, etc.

[2] Voyez les judicieuses observations du comte Baldelli (*Il Milione*, t. I, p. XI) sur la probabilité que Marco Polo a dicté son voyage, non en dialecte vénitien, mais en français.

étaient basés[1] sur le *Libretto de tutta la navi-gazione de Re de Spagna* imprimé à Venise en 1504, à une époque où Vespuce était engagé dans son quatrième voyage (de mai 1503 à juin 1504), et se trouvait entre Fernando Noroña et les côtes du Brésil. Si le Florentin avait pu coopérer aux collections de voyages de 1504 et 1507 ou offrir des matériaux à des amis de Venise et de Vicence, il ne se serait pas contenté de la publication du troisième voyage (de mai 1501 à septembre 1502); il leur aurait fourni la relation du premier, sur lequel on fonde la priorité de la découverte du nouveau continent. Dans cette hypothèse, la communication du manuscrit du premier voyage (commencé en mai 1497) paraîtrait d'autant plus naturelle, que Vespuce, dans le seul morceau qui se trouve inséré dans le *Mondo Novo*, dit clairement d'après le texte de Bandini, « no senza cagione ho chiamato quest' opera *Giornata terza*, perciocchè prima io avea composti *due altri libri* di questa navigazione, la quale di comandamento del Re

---

[1] On imitait jusqu'au titre en substituant *paesi* à *terreni novamente trovati*.

di Castiglia feci verso ponente. » Ce n'est pas
Vespuce, c'est le diplomate Angelo Trivigiano
qui a fourni[1] en grande partie les matériaux

[1] Foscarini, p. 177, 427 et 433. Je donnerai ici les
preuves de ces communications. Dans la lettre que je
viens de citer dans le texte, Trivigiano, le secrétaire de
l'ambassade vénitienne en Espagne, écrit à Domenico
Malipiero, *Provveditore d'Armata* dans le siége de Pise,
ami de Lorenzo Cretico, et comme lui auteur d'annales
et de journaux (*diarj*) historiques : « J'ai copié le traité
(*trattato*) de la navigation de Colomb, qu'un homme
habile a composé et qui est assez verbeux. A cause de
sa longueur, je ne puis vous l'envoyer que peu à peu.
Vous ne recevez pour le moment que le *premier livre*,
que j'ai traduit en italien (*in volgare*) pour que vous le
lisiez plus facilement. L'auteur de ce livre est la personne que les monarques (d'Espagne) envoient au *Soldano* (au sultan de Babylone ou d'Egypte. Voyez
tom. II, p. 181). Il ira là-bas (à Venise), et comme il a le
désir de présenter son ouvrage au prince, celui-ci sans
doute le fera imprimer, et vous en aurez une copie entière. » On a dû s'étonner avec raison (Morelli, p. 45)
que Foscarini n'ait pas reconnu Pierre Martyr d'Anghiera dans ce *valentuomo* qui décrit les navigations de
Colomb, et qui va comme *ambassatore al Soldano* en
passant par Venise. Pierre Martyr, au commencement
de sa *Legatio Babylonica*, se nomme *destinatus orator*

du *Mondo Novo* de l'édition de Vicence, pour la partie de ce recueil qui a rapport aux découvertes américaines. Or, Trivigiano, dans

ad Venetos et ad Soldanum (*De reb. Ocean.* p. 367); et les rudes réprimandes qu'il adresse dans les *Océaniques*, Dec. II, lib. 7 et 8, au célèbre voyageur d'Afrique, qu'il appelle un *certain Cadamosto* de Venise et qu'il accuse de lui avoir volé les premières parties de son ouvrage, communiquées à des ambassadeurs étrangers, prouvent clairement qu'il confond Cadamosto avec Trivigiano, et que le Recueil dans lequel le larcin a été déposé est le *Mondo Novo* de Vicence. Après avoir rappelé que le gouvernement espagnol a défendu sévèrement que dans les Nouvelles Indes des étrangers se mêlassent aux Castillans, Pierre Martyr ajoute (p. 178) : « Propterea fui admiratus *Aloisium quemdam Cadamostum* Venetum, scriptorem rerum Portugallensium, ita *perfricata fronte* scripsisse de rebus Castellanis, *Fecimus, Vidimus, Ivimus,* quæ neque fecit unquam, neque Venetus quisquam vidit. Ex tribus meæ Decadis primis libellis, scripitata ea excerpsit et suffuratus est, existimans nostra nunquam proditura in publicum. *Potuit et forte apud oratorem aliquem Venetum in eos libellos incidisse.* Celebres namque viri ab illustrissimo senatu illo missi sunt ad Reges hos Catholicos, quibus ego *ipse illa ostendebam libens.* Utcunque sit, bonus vir Aloisius Cadamostus, alieni laboris fructum sibi studuit vendicare. De Portugallensium inventis quæ quidem admi-

une lettre à Domenico Malipiero, se vante « de la familiarité (*pratica*) et de la grande amitié qui existaient entre Christophe Colomb et lui. »

randa sunt, *an visa, uti ait, annotaverit, an ab alterius eodem modo vigiliis subtraxerit*, non est meum vestigare. Vivat et ipse Marte suo. Nullus ergo mare conscendit in ea militum copia qui non fuerit a regiis magistratibus conscriptus. » Plus tard, dans le livre huitième, Anghiera revient avec amertume sur les copies furtives des Décades. En se justifiant, par un long séjour en Espagne, sur la négligence du style et le manque de pureté de la diction latine, il parle de ces phrases qui déplairont : « Adscripturine sint ignorantiæ pleraque similia latinissimi viri qui Adriaticum incolunt aut Ligusticum, si ad eorum manus nostra devenerint aliquando, *uti primam Decadem vidimus, nobis inconsultis, impressorum prælis suppositam?* » En comparant ces passages avec la lettre de Trivigiano à Malipiero, en date du 21 août 1501, on voit que c'est l'ambassadeur Pisani, à la mission duquel Trivigiano a été attaché comme *chancelier* ou secrétaire, qui recevait *quæ Petrus Martyr ostendebat libens*. Les livres VII et VIII de la deuxième Décade ont été rédigés entre les années 1510 et 1514, comme je puis le prouver par les dates indiquées, Dec. I, lib. 10, et Dec. II, lib. 10 (p. 113 et 204). La confusion des noms de Trivigiano et de Cadamosto indique qu'il n'est pas question dans

Certes, il n'aurait pas été enclin à favoriser des fraudes commises au détriment de celui dont il voulait célébrer les exploits en traduisant à

la plainte d'Anghiera du *Libretto* imprimé à Venise en 1504, mais du *Mondo Novo* de Vicence. Comme le *Libretto* ne renfermait que des découvertes américaines, il ne pouvait offrir le nom de Cadamosto, tandis que Pierre Martyr, voyant que le Recueil de Vicence commence par les mots : « *Essendo yo Alvise da Cadamosto...* » a cru, avec l'inadvertance qu'on lui reproche souvent, que le Recueil entier était, comme les cinquante premiers chapitres, une relation faite par le voyageur vénitien. Les sept premiers livres de la première Décade d'Anghiera retracent déja la vie de Colomb jusqu'au moment où il arrive chargé de fers à Séville : c'est jusque-là aussi, jusqu'à la fin du troisième voyage, que le conduit le *Mondo Novo* de Vicence. Si Cadamosto n'était pas nommé au lieu de Trivigiano, on pourrait croire que les plaintes étaient dirigées contre une publication furtive de la première Décade même. Il y a en effet quelque soupçon, selon Morelli et Zurla (t. II, p. 108), de l'existence d'une édition de 1500. La première édition de la première Décade, faite par ordre d'Anghiera, est de Séville, 1511, chez Jacob Corumberger, Allemand, probablement de cette famille de Cromberger qui, dans une imprimerie établie à Mexico, imprima dès 1544 la *Doctrina Christiana por el Padre Fray Pedro de Cordova*, le premier livre qui ait paru

la hâte, et même sans le consentement de l'auteur, la première Décade du livre *De Rebus oceanicis.*

Par un concours fortuit de circonstances, l'année 1507 a été marquée par deux publications qui ont le plus contribué à donner de la célébrité au nom de Vespuce et à le répandre à la fois en Italie, en France et en Allemagne. A la même époque ont paru le fameux *Recueil de Vicence* et une première collection des quatre expéditions que l'on attribue au navi-

en Amérique. (O-Rich, *Catal.* 1832, n. 14.) Les trois Décades d'Anghiera ont paru la première fois à Alcala de Henarès, en 1516; toutes les huit, ou l'ouvrage entier achevé le 8 décembre 1526, n'ont paru qu'en 1530. Comme le premier et le second livre de la première Décade ont été terminés, l'un en 1493, l'autre en 1494 (voyez *Oc.* p. 11 et 28), la recherche précise de ces données numériques devient importante chez un auteur qui a eu des rapports intimes avec la famille de Vespuce. Lorenzo Cretico, le correspondant de la *Signoria* de Venise à Lisbonne, et Francesco de la Saeta de Crémone, correspondant de l'ambassadeur Piero Pasqualigo, ont fourni aux éditeurs du *Mondo Novo* (cap. 125 et 127) les notions sur l'Inde. (Foscarini, p. 424-427.)

gateur florentin. L'expression de *Monde Nouveau* (*Mondus Novus*), déja liée en 1504, par le libraire Jean Ottmar, au nom d'Améric Vespuce dans l'édition du troisième voyage, fut répétée, et dans un rapprochement tout semblable, en 1507, dans le Recueil vicentin. Le titre *Mondo Novo e paesi nuovamente retrovati da' Alberico Vespuzio Fiorentino*, que Fracanzo da Monte Albodo, ou plutôt Alessandro Zorzi, a donné à son livre répandu par de nombreuses traductions, était propre sans doute à préparer et à établir progressivement cette croyance populaire qui attribuait à Vespuce la partie la plus importante des découvertes de l'Amérique. La source de cette première illustration n'était pas Florence, la patrie du voyageur : c'était la Lombardie, où ont paru les premières collections de voyages. Dans la même année 1507, tandis que Vespuce est perpétuellement en course entre Ségovie, Séville et Palos, soit pour hâter avec Juan de la Cosa et Vicente Yañez Pinzon les apprêts d'une nouvelle expédition, soit pour vaincre à la cour les obstacles que faisait naître l'inimitié mutuelle de deux souverains, Ferdinand le Catholique et Philippe I, un homme

IV.   7

que l'on a regardé comme très obscur, et dont
le véritable nom n'a été découvert que tout
récemment, un libraire de la petite ville de
Saint-Dié, en Lorraine, fait la première publication de tous les voyages d'Améric Vespuce. Les circonstances que je rappelle ici ne
me paraissent guère justifier le soupçon que
l'on ait attendu la mort de Colomb, arrivée le
20 mai 1506, pour faire paraître presque simultanément à Vicence et en Lorraine la *Raccolta* du *Mondo Novo* et les *Quatuor Navigationes*. La *Raccolta*, je le répète, porte en
elle[1] la preuve incontestable que lors de sa rédaction on ignorait et l'existence d'un quatrième voyage de Colomb et la nouvelle de son
décès. Si avant la mort de l'amiral on avait eu
intérêt de cacher l'existence de ce problématique premier voyage de Vespuce, le troisième
n'aurait pas déja paru en 1504, voyage appelé
dies tertius, et dans lequel il est question de
deux expéditions antérieures faites d'après les
ordres du « roi de Castille. » Nous savons par
la dernière lettre de Colomb qui est parvenue
jusqu'à nous, que quatorze mois avant sa mort,

[1] Cap. CVIII.

fin de février 1505, Vespuce et Colomb étaient encore liés de l'amitié la plus étroite. Si Vespuce n'avait voulu manifester ses prétentions fondées sur un premier voyage de 1497, qu'après le décès de son protecteur et ami, il n'aurait pas fait paraître avant cette époque le voyage de 1501 comme *troisième*.

La Lorraine, qui a fourni la première impression des *Quatre Navigations* réunies du voyageur florentin, était admirablement située pour faire connaître son nom à la fois en Belgique, en France et dans le midi de l'Allemagne. L'ouvrage imprimé dans les Vosges parut en 1507 sous le titre bizarre de : *Cosmographiæ Introductio cum quibusdam Geometriæ ac Astronomiæ principiis ad eam rem necessariis. Insuper Quatuor Americi Vespucii navigationes*[1]. L'auteur ne s'est pas

---

[1] Édition in-4°, sans indication de pages, y compris le titre et la dédicace à l'empereur Maximilien, de 52 feuillets. On trouve encore ajoutées au titre les lignes suivantes : *Universalis Cosmographiæ descriptio tam in solido quam plano, eis etiam insertis quæ Phtolomæo ignota a nuperis reperta sunt. Distichon : Cum Deus astra regat, et terræ climata Cæsar, Nec tellus, nec eis sydera majus habent.*

nommé dans cette première édition , datée *ex Sancti Deodati oppido*[1] ; son nom ne se trouve que dans l'édition de 1509, publiée à Strasbourg. Il signe la dédicace Martinus Ilacomylus. Ce livre extrêmement rare, dont Tiraboschi, Robertson et Muñoz n'ont pas connu l'existence, m'a occupé beaucoup dans ces dernières années. Il offre le double intérêt d'une première

---

[1] La date de l'édition se trouve dans la dédicace faite au nom du *Gymnasium Vosagense* , et au dernier feuillet qui offre, dans un encadrement, les lettres initiales suivantes : ·G· L·, ·N·L· et ·M·I·, placées sous une croix. Autour de l'encadrement on lit : *Finitum VII kal. Maij, Anno supra sessiquimillesimum VII ; Urbs, Deodate, tuo clarescens nomine , præsul, Qua Vogesi montis sunt juga pressit opus ; Pressit et eadem Christo monimenta favente , Tempore venturo cætera multa premet.* Les lettres enlacées M et I, indiquent sans doute le nom de Martinus Hylacomylus, car d'après l'édition de Strasbourg (1509), et d'après une lettre adressée à Philésius et insérée dans la *Margarita philosophica nova* de Reisch (édition de Strasbourg, 1508), l'auteur signait parfois un peu incorrectement Ilacomylus en retranchant l'initiale H. Aussi l'édition de la Géographie de Ptolémée, publiée à Strasbourg en 1522, dont je parlerai plus bas, nomme dans un passage important *Martinus Ilacomylus pie defunctus.*

publication de toutes les navigations de Vespuce et du premier vœu qui ait été émis de donner au Nouveau Monde le nom d'*Amérique*. Comme tout ce qui a rapport à cette dénomination sera traité dans la *Troisième Section*, je réserverai pour cette partie de mon ouvrage l'ensemble des preuves littéraires qui justifient mes assertions. Il ne s'agit ici que d'expliquer les motifs que ce personnage inconnu, qui a *grécisé* son véritable nom et encore d'une manière imparfaite, a pu avoir pour s'occuper de préférence de Vespuce ; il ne s'agit que de rappeler succinctement combien son autorité et son enthousiasme pour le pilote florentin ont dû exercer une influence puissante sur l'opinion publique, à cause des rapports intimes de la Lorraine et de l'Alsace avec Bâle, Fribourg et toutes les provinces allemandes dans lesquelles l'art typographique était exercé alors avec une activité toujours croissante. Dans des écrits antérieurs à l'année 1522, c'est-à-dire antérieurs à la conquête du Mexique, le nom d'Hylacomylus ne se trouve que trois fois. Il paraît d'abord dans la *Margarita philosophica* (édit. de Strasbourg, 1508, chez Jean Grieninger), espèce d'encyclopédie qui pendant long-temps a été réimprimée tous les deux ou trois ans ; puis dans la seconde édition de la *Cosmographiæ Introductio*, publiée en 1509 ; enfin (comme mon savant ami M. Walckenaer l'a remarqué récemment) dans une note que Laurentius Phrisius a intercallée dans la Géographie de Ptolémée, édition de Strasbourg, 1522. Bandini, dans sa Vie de Vespuce, et Foscarini, dans son excellent Traité de la Littérature vénitienne, ont déja fait mention, en 1745 et 1752, de la *Cosmographiæ Introductio*, sans connaître le nom *grécisé* de l'auteur[1]. Le passage dans lequel Hylacomylus propose de désigner le Nouveau Monde par le nom d'Améric Vespuce (*Americi terra vel America*) se trouve également cité en 1798 dans l'Éloge de Vespuce par l'abbé Canovai ; mais l'auteur a cru l'ouvrage anonyme de l'année 1535, ayant ignoré qu'il avait sous les yeux une troisième édition vénitienne de l'ouvrage

---

[1] Antérieurement à Bandini, en 1738, je trouve le nom *Ilacomilo* dans une table de matières ajoutée à la *Biblioteca nautica* du *Chroniste* don Antonio de Leon Pinelo

publié pour la première fois en Lorraine.
Comme l'on savait depuis long-temps que
dès l'année 1512 (dans la lettre de Vadianus à
Rodolphe Agricola) le nom du continent d'A-
mérique était assez répandu, le témoignage
d'une Cosmographie de 1535 ne pouvait inspirer aucun intérêt. C'est M. Washington Irving dont la Vie de Colomb est rédigée avec
une profonde connaissance des faits, qui le
premier, en 1828, a rendu à ce témoignage
l'importance qu'il mérite. Il a fait voir qu'il
remonte à 1507, presque à l'année de la mort
de Colomb. M. Navarrete a le premier donné,
dans le troisième volume de son intéressante
Coleccion de Viages, l'analyse de la seconde
édition de l'ouvrage d'Hylacomylus (celle de
Strasbourg de 1509), et signalé, d'après cette
édition, le nom de l'auteur qu'il paraît croire
Hongrois, puisqu'il prend le lieu de l'impression, *oppidum divi Deodati*, pour la ville de
Tata ou Dotis en Hongrie.

La méprise du savant directeur du *Dépôt
hydrographique* de Madrid, à laquelle l'am-
biguité de la dénomination latine a pu facilement donner lieu, ne devient importante
qu'autant que l'impression et les rapports per-

sonnels d'Hylacomylus expliquent le vif intérêt que celui-ci a montré pour la gloire de
Vespuce. Je rappellerai d'abord que c'est le
Theatrum Orbis terrarum d'Ortélius dont la
première édition a paru en 1570, qui m'a mis
à même d'éclaircir ces rapports. Ortélius fait
dans une table très concise l'énumération des
matériaux dont il s'est servi. Après avoir nommé *Martinus Ylacomilus Friburgensis* comme
auteur d'une carte d'Europe, et Martin *Waldseemüller* comme auteur d'une mappemonde
appelée *navigatoria* ou *marina*, il émet la conjecture de l'identité de ces deux géographes.
La *Cosmographie* de 1507 que Camus n'a jamais vue, et que la bibliothèque royale de Paris
ne possède pas [1], fut reconnue par M. Knorr,
aujourd'hui professeur de physique à Casan,
parmi les nombreux petits traités cosmogra-
phiques du seizième siècle que possède la bibliothèque royale de Berlin. Déja Foscarini
avait très bien désigné dans sa *Litteratura Veneziana*, d'après un exemplaire de la biblio-

---

[1] Le seul exemplaire que je connaisse à Paris se
trouve dans la possession du savant éditeur des *Annales des Voyages*, M. Eyriès.

thèque du Vatican, le lieu de la publication :
è S. Deodato apud Lotharingiæ Vosagum.
Ce lieu n'est autre que la petite ville de Saint-
Dié (Diey), sur les bords de la Meurthe, dans
le département des Vosges, marquée sous le
nom de *Sanctus Deodatus* dans la carte de
Lorraine, que renferme pour la première fois
l'édition de Ptolémée de Strasbourg, 1513, et
qui porte le titre de *Lotharingia, vastum
Regnum.* Philésius, l'éditeur de Ptolémée,
l'ami intime d'Hylacomylus, était comme lui
protégé par les ducs de Lorraine. Des recherches long-temps infructueuses faites à ma
prière dans les archives de l'ancienne université de Fribourg, ont enfin fait découvrir
l'année dans laquelle Hylacomylus a commencé ses études académiques. M. Schreiber,
professeur et conservateur de la bibliothèque
de Fribourg, a trouvé la matricule de notre
cosmographe dans la liste des étudians reçus
chaque année pour faire leurs études dans
cette célèbre académie. *Martinus Waltze-
müller de Friburgo Constantiensis dyœcesis,*
a été inscrit comme étudiant sous le rectorat
de Conrad Knoll de Grüningen, le 7 décembre 1490. Le prénom Martin, qui est assez

rare dans le quinzième siècle, le nom de la famille dont les petites variantes de l'orthographe allemande (*t* et *z* pour *d* et *s*) n'ont rien d'inusité, l'indication de la patrie et la circonstance qu'il est prouvé par d'autres documens de 1491 que la famille de Waldseemüller résidait à Fribourg, dans le Brisgau, rendent certain que cette matricule, sur laquelle je reviendrai dans un autre endroit, appartient à Hylacomylus. Le nom de Waldseemüller ne se trouve pas dans la liste des professeurs de l'Université, dont la fondation remonte à l'année 1457; mais il me paraît assez probable qu'il professait la géographie au gymnase de Saint-Dié. La dédicace de son ouvrage fait au nom de cette école, qu'il appelle *Gymnasium Vosagense*, paraît conduire à cette supposition. Ce qui est indubitable, car la même dédicace l'exprime clairement, c'est que Hylacomylus avait établi peu avant 1507 (*nuper*) une librairie (*librariam officinam*) à Saint-Dié, dans les Vosges (*apud Lotharingiæ Vosagum in oppido cui vocabulum est Sancto Deodato*), et qu'il y était laborieusement occupé à la fois et de l'examen critique d'un manuscrit grec de la Géographie de Ptolémée[1] et de l'édition des Quatre Navigations de Vespuce.

Pour concevoir la liaison de cès occupations et leurs rapports avec l'accroissement de la renommée du navigateur florentin, il faut se rappeler que la Lorraine, pendant le règne de René II, petit-fils de René I d'Anjou, surnommé le *Bon*, était le centre de travaux géographiques très importans. René II portait les titres de roi de Jérusalem et de Sicile, duc de Lorraine et comte de Provence; mais il n'était en possession que de la Lorraine, dont l'héritage lui était venu par sa mère Yolande, épouse du comte Frédéric (Ferri II) de Vaudemont[2]. Pendant les trente-cinq années de son règne, surtout depuis que la chute de Charles le Téméraire donnait de la tranquillité à son pays, il protégeait les savans et encourageait les études géographiques; vivant à l'époque des grandes découvertes maritimes, il trouvait sans cesse de quoi nourrir son active curiosité. Vespuce était en correspon-

---

[1] *Hinc effectum est ut nobis Ptholomœi libros post exemplar græcum recognoscentibus...*

[2] *Art de vérifier les dates*, 1818, t. XIII, p. 410.

dance avec lui, et nous voyons par la Cosmographie d'Hylacomylus même, qu'il dédiait au
roi René (*Renato Jherusalem et Siciliæ regi,
duci Lotharingiæ ac Barii*) le récit de ses
quatre navigations. C'est à la munificence du
duc de Lorraine que l'on doit une des plus
célèbres éditions de la Géographie de Ptolémée, celle de Strasbourg de 1513. Il existait
alors une liaison intime entre la géographie
ancienne et la géographie moderne. De même
que de nos jours, peut-être au détriment de
la science, on a long-temps ajouté les découvertes nouvelles d'histoire naturelle au *Syste-
ma Naturæ* de Linné, on ajoutait depuis 1486
aux éditions de Ptolémée des cartes modernes
de l'Europe, et depuis 1508, des cartes de
l'Amérique. C'était pour les arts nouveaux de
l'imprimerie et de la gravure un moyen com-
mode de satisfaire à la fois le goût des érudits
et celui des curieux ou des gens du monde;
c'était un motif de multiplier les éditions de la
Géographie de Ptolémée, dont seulement de
1475 à 1552, il a paru une vingtaine, quelquefois plusieurs dans la même année. On
ajoutait à l'ouvrage de Ptolémée de petits traités de cosmographie, et tout ce que les an-

ciens avaient ignoré était compris sous le titre vague de *Regiones extra Ptolemœum*. Ce que j'ai dit des secours que le duc de Lorraine a généreusement fournis aux éditeurs du géographe d'Alexandrie, se trouve clairement énoncé dans l'édition de 1513, imprimée à Strasbourg chez Jean Schott. Il y est dit que le travail a été commencé, *il y a six ans, dans les montagnes des Vosges;* qu'après avoir été presque enseveli dans l'oubli, depuis la mort du duc René (1508), il a enfin été ressuscité et publié comme un témoignage de la libéralité[1]

[1] « Charta autem marina quam Hydrographiam vocant, per Admiralem quondam seren. Portugaliæ regis *Ferdinandi* (?) cæteros denique lustratores verissimis peregrinationibus lustrata : ministerio *Renati dum vixit, nunc pie mortui Ducis illustr. Lotharingiæ, liberalius prælographationi tradita est, cum certis tabulis a fronte hujus chartæ specificatis. Cujus item Ducis illustriss. honori cedit extensa ad finem Dominii sui tabula studiosissime pressa.* Nam ejus terræ latebris, *Vosagi* dico *rupibus,* nobile hoc opus inceptum, licet quorumdam desidia ferme sopitum, a *sexennali sopore per nos tandem excitatum est.* » (*Claud. Ptol. supplem.* 1513.) Il est question dans ce passage d'une *Tabula Terræ Novæ* de lat. 35° sud à 45° nord, et d'une mappemonde (*Orbis typus universalis juxta hydrographorum*

de ce prince, qui a fait graver à ses frais la mappemonde offrant une partie du Nouveau Continent, et d'autres cartes modernes qui ornent l'édition de 1513. Parmi ces dernières se trouve, comme je l'ai déja indiqué, pour la première fois, une carte de Lorraine. La traduction latine est entièrement différente de celle que fit Jacobus Angelus pour l'édition de Vicence de 1475 ; elle est plus littérale[1] et probablement due presque en entier au savant *Philésius*, qui, après avoir terminé ses études de mathématiques à Paris[2], devint pro-

traditionem), l'une et l'autre sans nom d'Amérique. S'il fallait d'autres preuves que les travaux préparatoires de l'édition de 1513 sont antérieurs à l'année de la publication, je pourrais citer encore l'expression *opus sexennali pene socordia neglectum* que je trouve dans la dédicace de Jacques Eszler et Georges Uebelin, théologiens strasbourgeois, à l'empereur Maximilien, et dans la lettre du célèbre Gianfrancesco Pico, comte de la Mirandola, placée en tête de l'ouvrage, et datée de l'année 1508. C'est le neveu du philosophe mystique Giovanni Pico, celui qui, après une vie sans cesse agitée, fut assassiné par son parent Galeotto en 1533.

[1] *Raidel Commentatio critico-literaria de Claudii Ptol. Geogr.* 1737, p. 56.

[2] *Marg. phil.* (Argent. 1508) in fine Geometriæ. Il

fesseur de cosmographie à Bâle. On doit croire
cependant, d'après le passage de la dédicace
citée plus haut, qu'Hylacomylus, bien avant
1507, avait aussi travaillé sur le texte grec
de Ptolémée. Philésius, dont le véritable nom
est Ringmann[1], était natif des Vosges, dont
il a célébré les beautés pittoresques dans son
poème *Vosagus*[2]. La plus étroite amitié liait

est dit que Philésius avait étudié à Paris sous Jacobus
Faber Stapulensis (d'Etaples, près de Montreuil, département du Pas-de-Calais). Ce Faber, ami de Luther,
auteur d'un traité de physique imprimé à Strasbourg
en 1514, et de *Libri IV de Musica*, imprimés à
Paris, 1551, mourut à l'âge de 101 ans.

[1] Les noms grecs et latins que les savans de ce temps
avaient l'habitude d'adopter n'étaient pas toujours la
traduction de leur nom de famille. C'est ainsi que Rodolphe Agricola le dialecticien, né à Groningue en
1434, s'appelait *Hausmann*; tandis que l'ami de Luther,
Jean Agricola d'Eisleben, s'appelait Schneider.

[2] *Kœnigii Bibl.* p. 631. Selon Degen (*Litteratur der
Deutschen Uebersetzungen der Romer*, t. I, p. 25), Ma-
thieu Philésius Ringmann était aussi traducteur de
Jules César. Sa traduction, imprimée en 1508, a eu
quatre éditions. Il a fait deux voyages en Italie, sans
doute pour examiner des manuscrits de la Géographie
de Ptolémée que possédait Pic de la Mirandole. En

Philésius, Hylacomylus et le père Grégoire
Reisch, prieur d'une chartreuse près de Fribourg, dans le Brisgau, et auteur de la *Margarita philosophica*. C'est dans cette Encyclopédie, qui a exercé une si grande influence
d'abord pour répandre des connaissances
utiles, plus tard pour en arrêter les progrès,
qu'Hylacomylus a fait paraître, en 1509, deux
petits traités d'architecture et de perspective.
Une lettre adressée à Philésius et placée en
tête de ces traités, est digne d'attention, parce
qu'elle confirme ce que je viens d'exposer sur
les rapports d'Hylacomylus avec la Lorraine.
L'auteur se plaint « de ce que d'autres se sont
attribué[1] sa Cosmographie, qui est extrême-

passant par Venise, il communiquait à Giglio Gregorio
Giraldi (Ziraldus) des doutes sur les indications numériques de Ptolémée, source de tant d'erreurs dans
les positions géographiques (Ptol. de 1513). La *Gram-
matica figurata* de Philésius est imprimée à Saint-Dié
en 1509, chez Gaultier, non dans l'imprimerie de Hylacomylus.

[1] Ce passage se lit dans la *Margarita philosophica,*
édition de Strasbourg, 1513, intercallé entre le 6e et le
7e livre (la pagination manque). Il ne se trouve pas
dans l'édition de Bâle de la même année, ni dans au-

ment répandue. » Il raconte que « pour se
distraire, il a l'habitude, pendant les jours du
carnaval, de voyager de France ou plutôt de
Lorraine en Allemagne ; qu'alors il s'est re-
posé dans une maison où l'idée lui est venue
au milieu du bruit joyeux des convives, de
coordonner les principes de la scénographie
et de la perspective. » Les rapports qu'avait
Hylacomylus avec le duc René[1], protecteur

cune des nombreuses éditions subséquentes que j'ai pu
examiner dans les différentes bibliothèques d'Allemagne. « Cum his diebus Bachanalibus solatii causa,
qui mihi mos est, in Germaniam venissem e Gallia, seu
potius ex Vogesi oppido (cui nomen Sancto Deodato)
ubi, ut nosti, meo potissimum ductu et labore (licet
plerique alii falso sibi passim ascribant) Cosmographiam non sine gloria et laude per orbem disseminatam
nuper (c'était en 1507) composuimus, depinximus et
impressimus, collegi in angulo paulisper semotus,
dum alii tumultuarent, quædam de Scenographia....»
On voit par les plaintes que renferment ces lignes au
sujet de la première édition de la Cosmographie, combien Hylacomylus avait de motifs pour se nommer dans
la seconde édition de 1509, imprimée à Strasbourg chez
le même Gruninger qui a publié une *Margarita philosophica* de 1508.

[1] « Renatus II, Siciliæ rex, dit la dédicace d'Hyla-

de Vespuce, et avec son fils et successeur le duc Antoine, se manifestent aussi dans la dédicace qu'il fit à ce dernier, d'un petit ouvrage très rare composé conjointement avec Ringmann sous le titre de *Instructio manuductionem prestans in cartam itinerariam Martini Hilacomili cum luculentiori ipsius Europæ enarratione a Ringmanno Philesio Vosigena conscripta* (*Argentorati ex offic. Joannis Gruningeri*, 1511). La dédicace de cet ouvrage très rare que nous possédons à Berlin, est encore datée de Saint-Dié. La *Cosmographie* d'Hylacomylus que l'auteur dit déja très répandue en 1508, a eu quatre éditions (1507, 1509, 1535, 1554), et la circonstance d'avoir été réimprimée deux fois à Venise (chez François Bidonis), prouve l'influence qu'elle a eue, soit pour faire connaître les quatre voyages de Vespuce, soit pour propager l'usage du nom d'*Amérique*.

Hylacomylus n'est pas nommé dans le Pto-

comylus, opusculis geographicis mirum in modum delectatus fuit : neque obliti sumus quo hilari vultu *generalem orbis descriptionem* et alia laboris nostri monumenta, sibi oblata, a nobis suscepit. »

lémée de 1513, quoique cette édition soit en grande partie due à la munificence du duc René, et qu'il me paraisse assez probable que la carte de Lorraine et celles qui offrent une partie du Nouveau Monde aient été tracées de la main du cosmographe. Comment le duc ne se serait-il pas servi d'un savant qui vivait dans ses états et qui dans le *Cosmographiæ Introductio*[1] décrit les cartes qu'il a construites, en rappelant que dans les modernes il s'est servi à la fois et de Ptolémée et des observations des marins, et que, « dans la *qua-*

[1] « Orbis terrarum regiones præcipuas dominorum insigniis notare studuimus. In *quartam terræ* partem per inclytos Castiliæ et Lusitaniæ reges repertam eorumdem ipsorum insignia posuimus. » (*Cosm.* 1507, fol. 15.) Le raisonnement de l'auteur (fol. 20) sur le droit que l'on a de dévier des types donnés par Ptolémée, se trouve presque littéralement répété, ce qui est assez remarquable, à la fin de la dédicace de l'édition de Ptolémée de 1513. Aussi l'ouvrage publié conjointement avec Philésius sous le titre de *Instructio manuductionem prestans*, etc., fait-il connaître le grand nombre de cartes des différens pays d'Europe *dessinées par Hylacomylus* avant 1511 (Mylii, *Memorab. Bibl. acad. Jenensis*, p. 239 ; Freitag, *Analecta litteraria*, p. 449.)

trième partie du monde, il a orné les côtes des armes de Castille et de Portugal? » Ce qui laisse moins de doute encore, c'est que les cartes que nous possédons dans l'édition de Ptolémée de 1522, publiée par Laurent Phrisius à Strasbourg, chez l'imprimeur même d'Hylacomylus, Jean Grieninger[1], ont toutes été tracées de la main du géographe de Saint-Dié, qui les a réduites dans un cadre plus petit que celui des cartes de l'énorme *in-folio* de l'édition de 1513. Voici un passage curieux que ceux qui ont écrit sur la Géographie de Ptolémée ont entièrement négligé. Il se trouve comme jeté par hasard dans une note que Phrisius a ajoutée à la fin du second chapitre du huitième livre[2] : « Et ne nobis decor alterius elationem inferre videatur, has tabulas e

[1] Cette famille d'imprimeurs célèbres signe *Grüninger* dans la *Margarita philosophica*, éd. de 1504, 1508 et 1515; *Grieninger* dans les Ptolémées de 1513 et 1522 ; *Grüniger* dans le *Globus Mundi*, 1509.

[2] Le paragraphe qui m'a été indiqué par M. Walckenaer n'est que de douze lignes et est inscrit : Paucula ad lectorem ante tabularum expositionem Laurentii Phrisii. »

novo a *Martino Ilacomylo pie defuncto* con-
structas et in minorum quam prius unquam
fuere formam redactas esse notificamus. *Huic
igitur et non nobis,* si bonæ sunt, pacem et
custodiam in cælesti Ierarchia, cum eo qui
ipsam machinam mundi tot miris interstitiis
disjunxit exopta. Cætera vero quæ sequuntur
nos perfecisse scias. » Le savant Laurent
Phrisius[1], probablement de famille hollandaise,
mais né à Colmar, était alors au service du
duc de Lorraine et résidait à Metz. Il ne pouvait s'attribuer un travail que très près de lui,
dans les Vosges et en Alsace, tout le monde
savait appartenir à Hylacomylus, déja mort
avant 1522. C'est donc aussi cet admirateur
de Vespuce qui a inscrit pour la première fois,
dans l'édition de Ptolémée de 1522, le nom
America sur une mappemonde (*Orbis typus
universalis iuxta hydrographorum traditionem*), mappemonde qui sous le même titre se
trouvait déja dans l'édition de 1513. Il ne faut
pas oublier que les divers travaux coordonnés
dans ces éditions, sont nécessairement de
beaucoup antérieurs à l'époque de leur publi-

---

[1] Le même nom varie en *Phriese, Phryese,* et *Fries.*

cation ; et que l'édition de 1513 était à peu près rédigée dès 1507. Or, c'est seulement dans le cours de cette dernière année qu'Hylacomylus a ôsé proposer le nom d'*Amérique* pour désigner le *Monde Nouveau*. L'opinion populaire se forme et s'étend progressivement. Il résulte des faits réunis dans la *Troisième Section*, que l'intervalle de 1520 à 1522 est celui où le nom d'Amérique commence premièrement à se montrer sur des cartes gravées dans l'Allemagne occidentale et méridionale, par conséquent dans des pays sur lesquels Vespuce, mort huit ans plus tôt, ne pouvait exercer aucun genre d'influence personnelle.

Le Ptolémée de 1522, rédigé par un savant qui résidait à Metz, orné de cartes de la main du géographe de Saint-Dié, peut être considéré comme un ouvrage dû à la Lorraine avec le même droit que le Ptolémée de 1513. L'éditeur des quatre lettres de Vespuce, Hylacomylus, confondait le navigateur florentin avec le navigateur génois, comme de nos jours beaucoup de personnes qui s'intéressent aux découvertes d'un passage au nord-ouest confondent les noms illustres de Parry et de Ross.

Vespuce dont tant d'ouvrages célébraient la gloire depuis la publication de son troisième voyage orné des images des constellations australes, l'emporta pour long-temps sur Colomb. Cette même édition de Ptolémée de 1522, la première qui offre le nom d'Amérique sur une de ses cartes, renferme la preuve la plus convaincante d'une victoire due non à l'intrigue et à la malignité, mais à un concours naturel de circonstances que je viens d'exposer rapidement. Pas un mot de Colomb dans la préface de Thomas Aucuparius, mais un éloge exagéré de Vespuce : « Non inferiori commendatione digni sunt qui post Ptolomeum incredibili ingenii indagine ad novas terrarum et insularum lustrationes pervenerunt. Quorum omnium imprimis et non vulgari celebrandus est honore Americus ille Vesputius, Americæ terræ, quam hodie Americam, Novum Mundum vel Quartam Mundi partem vocant, aliarumque novarum adjacentium vicinarumque insularum *egregius et nobilissimus inventor, visitator et primus hospes.* » Avec cet éloge fastueux contrastent de la manière la plus extraordinaire d'autres parties du texte et des cartes. A la mappemonde qui présente

le nom de *primus inventor et hospes*, est jointe
une carte répétée de l'édition de 1513, sur laquelle on lit en gros caractères, au milieu de l'A-
mérique méridionale, ces mots : « Hæc terra
cum adjacentibus insulis *inventa est per Columbum Januensem* ex mandato Regis Castellæ. » La description de la même carte (*Tabula
terræ Novæ*) se borne cependant à une relation succincte du premier voyage de Colomb
dans lequel les îles seules furent découvertes.
Cette même inconséquence se présente aussi
dans la belle édition romaine de 1508 publiée
une année après le *Mondo Novo* de Vicence,
et la Cosmographie d'Hylacomylus. Il est
vrai que les noms de Vespuce et d'*Amérique*
ne s'y trouvent pas, mais dans le petit traité
de Géographie du moine Célestin Marcus
Beneventanus, qui est annexé au Ptolémée
de 1508, les découvertes de Colomb et des
Espagnols ne viennent qu'à la suite des découvertes des Portugais[1]. Dans la même édi-

---

[1] « Nova Orbis descriptio ac nova Oceani navigatio
qua Lisbona ad Indicum pervenitur pelagus, Marco
Beneventano monacho Cælestino ædita : cap. 14. De
tellure qua tum Lusitani, tum Columbus observavere

tion, on lit sur une carte de *Jean Ruysch*, la première carte gravée sur cuivre du Nouveau Continent, que des navigateurs portugais sont parvenus jusqu'à 50° de latitude australe, et n'ont pas encore trouvé l'extrémité méridionale du *Mundus Novus*[1]. Ce chiffre de 50° fait allusion, comme nous le verrons bientôt, au *troisième* voyage de Vespuce (mai 1501 — septembre 1502). Il prouve même que la source dans laquelle Ruysch a puisé est la relation imprimée d'abord séparément et puis dans le *Mondo Novo* de Vicence (cap. CXVI), et qu'il n'a pas eu en vue la relation du même troisième voyage dans les *Quatuor Navigationes* de la *Cosmographie* d'Hylacomylus. Les deux relations diffèrent dans l'indication

quem Mundum appellant Novum ob vastam quantitatem, vel terram Sanctæ Crucis. »

[1] « Nautæ Lusitani partem hanc terræ hujus (*Sanctæ Crucis vel Mundi Novi*) observarunt et usque ad elevationem poli antarctici 50 graduum pervenerunt, nondum tamen ad ejus finem austrinum. » Une autre inscription placée à l'extrémité nord-ouest de l'Amérique méridionale attribue cependant la dénomination du *Mundus Novus* aux « navigateurs espagnols. » Voyez la Pl. 39 de mon *Atlas géographique*.

de la limite australe ou du terme de la navigation. De même que les nombreuses éditions et les traductions de la *Raccolta* de Vicence de 1507, ont fondé la célébrité du troisième voyage de Vespuce dans lequel il se vante d'avoir parcouru les 90° de la *lunghezza meridionale del globo*, les quatre éditions et les différentes traductions du livre entier (*Quatuor navigationes*) publié par Hylacomylus, ont singulièrement contribué à augmenter le renom du voyageur florentin. Simon Grynæus a inséré le récit des quatre voyages dans l'*Orbis Novus*, dont la première édition imprimée deux fois[1] dans la même année 1532 à Paris et à Bâle, a été suivie par d'autres éditions de 1537 et 1555. Grynæus, Sébastien Müns-

---

[1] L'édition de Bâle de 584 pages, a paru en mars 1532, « apud Joannem Hervagium. » L'édition de Paris de 507 pages et d'un format in-fol. d'un septième plus grand, est du mois de novembre 1532, « *apud Antonium Augerellum* (Augereau), *impensis Joannis Parvi et Galeoti a Prato* (Jean Petit et Galiot Dupré). » Cette dernière édition renferme une carte d'Orontius Finæus (1531) dans laquelle le Mexique fait partie du *Mansi*, qui est une province de la Chine.

tér, Ramusio et Fracastor étaient tous, comme Anghiera, contemporains[1] de Colomb et de Vespuce. Il résulte de là que les opinions de ces hommes illustres, si vivement intéressés aux immenses progrès que faisait la géographie de leur temps, sont d'une haute importance dans la question qui nous occupe. Comme la plupart d'entre eux sont parvenus à un âge très avancé et que leur activité littéraire a été pour ainsi dire continue, l'influence de leurs opinions en est devenue plus puissante et plus durable. Le *Novus Orbis* de Grynæus, que l'on pourrait regarder comme le prototype de la *Raccolta* de Ramusio publiée dix-huit ans plus tard, offre encore une partie des imperfections du *Mondo Novo* de Vicence et de l'*Itinerarium Portugallensium*. Il y manque toujours le quatrième voyage de Colomb [2], et ce navigateur est encore dépeint

[1] A la mort de Vespuce, qui a suivi celle de Colomb de six ans seulement, Grynæus était âgé de 19 ans, Sébastien Münster de 23, Ramusio de 27, Fracastor de 29 ans.

[2] Il manque encore dans la *Cosmographie* de Münster, p. 1107, et cette omission est importante, parce que c'est

« comme un homme vivant en tout honneur à
la cour d'Espagne. » Grynæus, mort de la peste
à Bâle en 1541, a probablement connu dans
cette célèbre université Philésius et son ami
Hylacomylus. Il a copié l'ouvrage de ce dernier, et a placé à la tête du *Novus Orbis* un
petit traité de Sébastien Münster qui, dans le
chapitre des divisions de la terre, offre le passage[1] souvent cité : « In Oceano occidentali
fere novus Orbis nostris temporibus ab Alberico Vesputio et Christophoro Columbo inventus est qui non abs re quarta orbis pars nuncupari potest, ut jam terra non sit tripartita,
sed quadripartita; cum hæ *Indianæ insulæ*
sua magnitudine Europam excedant, *præser-
tim ea quam ab America, primo inventore,
Americam vocant.* » Vespuce est nommé avant

dans le quatrième voyage que Colomb découvrit une
si grande partie du continent. La Cosmographie latine
(édit. de Bâle 1550) a été précédée par une rédaction
allemande très rare de 1544. (Comparez aussi Napione,
Del primo scopritore, p. 8-14 et 1-24.) Münster vint
avec son ami Grynæus à Bâle en 1529. Il existe de lui
un admirable portrait au Musée de Berlin de la main
de Christophe Amberger (Abth. II, Classe 1, n° 67).

[1] Gryn. ed. Par. 1532, p. III.

Colomb, parce qu'on regarde comme fruit de son troisième voyage (1501-1502) un relèvement de côtes d'une étendue de plus de 60° en latitude. D'après l'opinion de ce temps, Paria est une île séparée de la grande île découverte par Vespuce. «Quid dicam, dit Münster dans la Cosmographie[1], de magnis istis insulis *America*, *Paria*, Cuba, Hispaniola, Iucatana? » La question de savoir lequel des deux navigateurs avait découvert le *continent* ne pouvait se présenter alors. Dans les cartes d'Orontius Finæus et de Münster, qui placent la Cattigara de Ptolémée sur la côte du Pérou, le nom d'Amérique n'appartient qu'à la seule partie méridionale du Nouveau Monde. C'est là qu'on lit : « Insula Atlantica quam vocant Brasilii et Americam. »

Pierre Martyr d'Anghiera, dont la longue carrière embrasse la découverte de Corvo, une des îles Açores, les voyages de Cadamosto, de Diáz et de Gama, les exploits de Colomb, de Cortez et de Magellan, était initié par sa position politique et littéraire, à tous les intérêts des grands navigateurs du quinzième et du sei-

---

[1] Ed. 1550, p. 33, 34.

zième siècle. Il a été à la fois l'ami de Colomb,
des deux Vespuce, oncle et neveu, et de Sébastien Cabot[1] auquel est due la découverte
du continent de l'Amérique. Les *Océaniques*
d'Anghiera et sa correspondance ne présentent
pas la moindre trace d'un soupçon d'arrogance
ou de prétention ambitieuse de la part de Vespuce. Cependant Anghiera, membre du tri-
bunal des Indes, était constamment en Espagne (à Burgos, à Valladolid ou à Medina del
Campo) au courant de tout ce qui se passait
relativement aux Nouvelles Indes, pendant les
années 1508 et 1513, lorsque le procès du fisc
contre les héritiers de l'amiral fut suivi avec
le plus d'acharnement. Il nomme souvent[2]

[1] « Familiarem habeo domi Cabottum ipsum et
contubernalem interdum. » *Ocean.* Dec. III, lib. VI,
p. 268.

[2] Par exemple Epist. DXXXII. Dans les Décades
Océaniques, Hojeda est toujours nommé Fogeda
(Dec. II, lib. I, p. 123). On peut être surpris de voir
que les Décades ne font pas du tout mention de l'expédition de Hojeda et de Vespuce en 1499, et que le quatrième voyage de Colomb n'y est indiqué d'abord qu'en
peu de lignes (Dec. I, lib. X, p. 119; Dec. II, lib. I,
p. 121), et puis, comme pour réparer un oubli, dans

dans la même année 1513 Alonzo de Hojeda et Juan de la Cosa qui avaient été les compagnons d'Améric Vespuce dans le voyage fait à la côte de Paria en 1499, et cependant ces noms ne rappellent ni à Anghiera, ni à Fernand Colomb, qui était si jaloux de la gloire de son père et qui n'a terminé son ouvrage qu'en 1533 ou 1535, aucun reproche, aucune expression de malveillance contre Vespuce. Ajoutons à cela que l'auteur des *Océaniques* ne se montre pas très endurant envers ceux

le quatrième livre de la troisième décade (p. 238-249). La grande richesse de perles rapportées par Pedro Alonzo Niño, paraît avoir fait oublier l'expédition presque contemporaine de Hojeda (Dec. I, lib. VIII, p. 187). La gloire de Colomb est tellement obscurcie depuis son retour de la troisième expédition par les entreprises de Vasco de Gama, Vicente Yañez Pinzon, Diego de Lepe, Gaspar de Cortereal et Alvarez Cabral, qu'Anghiera ne parle du décès de Colomb qu'acccidentellement et six ou sept ans après qu'il eut lieu. « Colono jam vita functo regi cura ingens exorta est, ut terræ illæ novæ a Christianis habitandæ, in religionis nostræ augmentum occuparentur. » (Dec. II, lib. I, p. 121.) J'ai reconnu que le dixième livre de la première Décade a été terminé en 1510, le dixième livre de la seconde Décade en 1514.

qui osent s'attribuer ce qui ne leur est pas dû.
Il s'irrite contre Cadamosto qu'il confond avec
Angelo Trivigiano, lorsqu'il l'accuse d'avoir
copié furtivement ses manuscrits. « Admiratus
fui, Aloysium quemdam Cadamostum Venetum ita perfricata fronte scripsisse de rebus
Castellanis [1], *Fecimus, Vidimus, Fuimus,* quæ
neque fecit unquam, neque Venetus quisquam
vidit. » Voilà précisément le genre de repro-
ches que depuis le dix-huitième siècle on a
adressé sans cesse à Améric Vespuce. En agi-
tant la question de savoir si la côte de Paria
est, comme Colomb l'a constamment supposé,
une partie de l'Asie orientale, Anghiera se rappelle la configuration de Cuba et se montre
très sévère [2] envers ceux qui osent argumenter
contre l'amiral. « Il existe, dit-il, des navigateurs qui s'éloignant de l'opinion de Colomb,
affirment que Cuba est une île et osent pré-

[1] Dec. II, lib. VII, p. 178.

[2] « Beragua primo reperta a Colono. *Defraudare*
virum et admittere *scelus* mihi viderer *inexpiabile,* si
labores toleratos, si curas ejus perpessas, si denique
discrimina quæ subivit, silentio præterirem. » (Dec. III,
lib. IV, p. 138.)

tendre en avoir fait le tour : *qui se circuisse
Cubam audeant*[1] *dicere : an hæc ita sint, an
invidia tanti inventi, occasiones quærant in
hunc virum, non dijudico ; tempus loquetur
in quo verus judex invigilat.* » Si Anghiera
avait su que Vespuce disputait à Colomb l'honneur d'avoir découvert la côte de Paria avant
lui, pourquoi n'aurait-il pas proféré des plaintes
à cette occasion ? Bien loin de blâmer le navigateur florentin, il n'en parle qu'avec éloge et
offre de plus le témoignage d'un fait si souvent contesté de nos jours, je veux dire du
voyage d'Améric à l'hémisphère austral, « sous

---

[1] Comme la certitude officielle, c'est-à-dire la circumnavigation de l'île de Cuba par Sébastien d'O-
campo (HERRERA, Dec. I, lib. VI, cap. 1) ne date que
de l'année 1508, on doit croire que le passage d'Anghiera cité dans le texte (Dec. I, lib. VII, p. 78), est
écrit avant cette époque. La grande importance qu'Anghiera attache à la première découverte de Paria, se
manifeste aussi dans le neuvième livre de la première
Décade (p. 99) : « Id littus universum Pariæ est,
quam Colonum ipsum *hujus tanti inventi auctorem*,
reperisse diximus. » Mais cette côte de Paria « Indicum esse continentem nautæ credunt. » (Dec. I,
lib. X, p. 114.)

IV.   9

les auspices et aux frais du Portugal. » Anghiera raconte longuement comment (en 1514),
pour s'instruire sur la configuration et la liaison des côtes nouvellement découvertes, qu'il
croit toutes appartenir à l'Asie orientale (à
l'Inde au-delà du Gange), il alla visiter l'é-
vêque de Burgos, Juan de Fonseca, chargé
depuis un grand nombre d'années des affaires
maritimes de l'Espagne. Le prélat s'enferma
avec lui dans son cabinet. Anghiera y trouva
« les belles cartes marines de Juan de la Cosa,
d'Andrès de Morales, natif de Triana, et une
carte portugaise qu'on lui assurait être de la
main d'un homme très habile, d'Améric Vespuce, Florentin, qui dans ses navigations a dépassé la ligne équinoxiale. » Chaque fois qu'il
cite le jeune Jean Vespuce, neveu d'Améric, et
nommé *Piloto de Su Alteza* (pilote du roi)
après la mort de son oncle, il ajoute que cet
excellent jeune homme « a eu en *héritage* la
connaissance de l'astronomie nautique (*artem
polarem, graduum calculi peritiam*) et l'habileté du marin[1]. »

[1] « Prætoriæ navis, jussu regio (il est question de
l'expédition de Pierre Arias ou Pedrarias Davila au

Après les témoignages de Pierre Martyr en
faveur de Vespuce, je dois rappeler ceux de

Darien, en 1514), magister nauclerus erat Joannes
Vesputius Florentinus, Americi Vesputii nepos, cui
patruus hæreditatem reliquit artis naucleriæ graduum-
que calculi peritiam. » Anghiera, Dec. II, lib. VII,
p. 179. (Comparez Herrera, Dec. I, lib. X, cap. 13,
p. 243.) — « Burgensem antistitem (Fonsecam) hujus
(Indicæ) navigationis confugium, adivi. Inclusi uno
cubiculo, multos harum rerum (ad cosmographiam
pertinentium) indices habuimus ad manus : solidam
universi cum his inventis sphæram et membranas quas
nautæ chartas vocant navigatorias, plures : quarum
una a Portugallensibus depicta erat, in qua manum
dicitur imposuisse Americus Vesputius Florentinus,
vir in hac arte peritus, qui ad antarcticum et ipse,
auspiciis et stipendio Portugallensium, ultra lineam
æquinoctialem plures gradus adnavigavit. » Angh.
Dec. II, lib. X, p. 199. (Comparez aussi p. 175 et 177.)
— « De Sanctæ Marthæ portu mira scribunt : itidem
fatentur et qui redierunt; inter quos est Vesputius
Americi Vesputii Florentini nepos, cui moriens mari-
tinam et polarem artem reliquit hæreditariam. Is enim
juvenis missus est a rege unus e prætoriæ navis ma-
gistris, quod quadrantibus regere polos calleat. Temonis
namque gubernandi cura præcipua Joanni cuidam
Serrano Castellano, qui sæpius eas oras permeaverat,
credita est. (Joannem) Vesputium ipsum sæpius

deux autres écrivains que l'on a toujours placés parmi les détracteurs de Colomb, et qui n'auraient pas manqué de faire valoir les prétentions de Vespuce, s'ils avaient appris que celui-ci insistait sur la priorité des découvertes. Oviedo et Gomara ont répandu la fable de ce pilote Alonzo Sanchez, mort dans la maison de Colomb, dont ce dernier devait avoir reçu

habeo convivam quum sit juvenis ingenio pollens et qui percurrens eas oras diligenter annotaverit quæcunque oblata sunt. » Dec. III, lib. V, p. 258. Jean Vespuce fut nommé, par la *cédule* royale du 22 mai 1512, ainsi peu de mois après la mort de son oncle, non Piloto major (cet emploi fut donné à Juan Diaz de Solis), mais pilote du roi, chargé exclusivement de tracer les cartes du Nouveau Monde. En 1514 il se trouvait dans l'expédition du Darien avec Pedrarias Davila : on ne peut donc admettre que le neveu d'Améric soit le « Joannes Vesputius, civis Florentinus, quem Pontifex misit cum Butrigario nuncio ut de matrimonio (Juliani, pontificis fratris) cum aliqua Regis propinqua tractet. » C'est cependant de ce dernier que parle Anghiera dans une lettre adressée au fils du comte de Tendilla , et datée de Burgos de janvier 1514 (Epist. DXXXV, p. 294). Il l'appelle « civem quemdam, » une personne qu'il ne connaît pas. (Comparez RANKE, *Päbste*, t. III, p. 234.)

la première notion de terres situées vers l'ouest[1].
Oviedo est traité par le fils de l'amiral comme un
des ennemis de sa famille, quoiqu'un ouvrage
publié à la fin d'une longue et honorable carrière (Oviedo est mort âgé de 79 ans) semble
prouver le contraire[2]. L'historien des Indes de
l'Occident aurait eu mainte occasion de nommer Vespuce en parlant des expéditions à la
côte de Paria, et au golfe des Perles, surtout
lorsqu'il discute avec sagacité dans l'avant-
propos du livre XVI la question de savoir si
les terres nouvellement découvertes ne sont
pas entièrement séparées de l'Asie, si, « n'é-
tant ni plus anciennes, ni plus neuves que

[1] Voyez tom. I, p. 225.

[2] « Vuestra Sagrada Magestad (l'empereur Charles V)
deve onrar y gratificar y conservar la *succession de
Colom y de su casa* y sostenerla, y aumentarla y esti-
marla como joya propria de Sus reynos. » *El libro XX
de la segunda parte de la General historia de las Indias.*
Valladolid, 1557. (La dédicace est de 1546.) Dans une
autre dédicace rapportée par Ramusio, t. III, p. 37, *d*,
Oviedo ajoute « qu'il ne regarde pas comme bon Castillan quiconque révoquerait en doute les services et la
gloire immortelle de Christophe Colomb. » (Comparez
aussi la *Vida del Almirante*, cap. 8 et 9.)

l'Europe et l'Afrique, » elles méritent le nom
d'un Monde Nouveau que leur donne Anghiera.
Il faut croire qu'il n'y avait pas le moindre
soupçon à cette époque en Espagne que Vespuce prétendait avoir vu la côte de Paria avant
Colomb : car ce soupçon serait sans doute parvenu à la connaissance d'Oviedo qui publiait
une partie de ses ouvrages quatorze ans après
la mort du navigateur florentin et qui consul-
tait encore ce vieux pilote Hernan Perez Ma-
teo dont Colomb avait été accompagné dans
sa troisième expédition [1]. La haine de Gomara
contre Colomb n'était pas une haine personnelle ; elle était l'effet de ce patriotisme exagéré et peu philosophique, dont l'histoire des
découvertes et des inventions des temps les
plus modernes offre de nombreux exemples.
Gomara n'aimait pas plus le navigateur génois

---

[1] RAMUSIO, éd. de Venise, 1606, t. III, p. 165. La première édition d'Oviedo est de Tolède, 1526, la seconde
est celle de Salamanque, 1547. On voit que le troisième
livre tel que le donne RAMUSIO, t. III, p. 80, est postérieur à 1535, puisqu'il contient le célèbre passage de la
destruction de tous les indigènes d'Haïti correspondant
à l'époque que je viens de signaler.

que le navigateur florentin. Eloigné par son
âge et sa position de ces intérêts personnels
qui liaient Anghiera, Andrès Bernaldez et
Oviedo aux hommes du règne de Ferdinand
le Catholique, Gomara adopte déja une partie
des préjugés que, depuis le milieu du seizième
siècle, les fausses dates du Recueil des *Quatuor Navigationes* avaient fait naître contre
Vespuce. Il exprime un soupçon qui commençait à se répandre, mais il le repousse par des
éloges dont l'expression était générale dans les
temps antérieurs. Le cap Saint-Augustin que
Vicente Yañez Pinzon avait découvert en janvier 1500, et auquel il avait donné le nom de
Cabo de Santa Maria de la Consolacion,
jouissait alors d'une grande célébrité à cause
de la proximité de la *ligne de démarcation
papale*, et par sa position la plus orientale
dans le contour de la péninsule de l'Amérique
du sud. Pendant la dispute sur les limites des
possessions espagnoles et portugaises, le gisement du Cap Saint-Augustin par rapport aux
îles du Cap Vert, avait été vérifié en 1515 par
les témoignages de Sébastien Cabot et de Jean
Vespuce, fondés sur les opérations d'Améric

son oncle. Il paraît que ces témoignages, dont je parlerai plus tard, étaient connus à Lopez de Gomara, auteur de l'*Histoire des Indes*, compilation faite avec autant de soin que d'érudition. Le nom du cap Saint-Augustin lui rappelait à la fois les noms de Vicente Yañez Pinzon et d'Améric Vespuce. Après avoir nommé les Pinzon *grandissimos descubridores*, il cite d'abord Vespuce avec un peu d'amertume, « comme un homme qui prétend aussi avoir fait des découvertes dans l'Inde pour la couronne de Castille ; » puis il ajoute : « Vespuce rapporte qu'il est allé au même cap l'an 1501 et qu'il lui a donné le nom de cap Saint-Augustin, lorsqu'avec trois *caravelles* fournies par le roi Emanuel de Portugal, il fut envoyé de ce côté pour chercher un détroit par lequel on pourrait parvenir aux Moluques ; il rapporte aussi qu'alors il navigua le long de la côte (orientale du Nouveau Monde) jusqu'à 40° de latitude au-delà de l'équateur. » Cette assertion d'une latitude si méridionale donne occasion à Gomara de nommer « parmi ceux qui *entachent* (*tachan*) les navigations d'*Albérique*, » l'auteur de certaines éditions lyonnaises[1] de Ptolémée. Pour indiquer cependant qu'il ne partage pas tout-à-fait ce genre de

[1] J'ai déja observé plus haut que Gomara fait allusion aux éditions de Servet de 1535 et 1541. Dans la première on trouve : « Iterum Colonus reversus Continentem et alias quam plurimas insulas adinvenit quibus nunc Hispani felicissime dominantur. Toto itaque quod ajunt aberrant cœlo qui hunc continentem Americam nuncupari contendunt, cum Americus *multo post Columbum* eamdem terram adierit, *nec cum Hispanis ille*, sed cum Portugallensibus *ut suas merces commutaret*, eo se contulit. » Cette note sévère et en partie très injuste, n'a pas empêché l'éditeur d'ajouter à son édition la carte de 1522 qui offre en grands caractères le nom d'*Amérique*. Presque toutes les éditions de la Géographie de Ptolémée sont remplies de contradictions semblables, parce que plusieurs savans y ont travaillé simultanément. Vespuce a navigué *pour l'Espagne;* car d'après le témoignage le plus formel du pilote Andrès de Morales et du capitaine Alonzo de Hojeda, il a été avec ce dernier, au mois de juillet 1499, au golfe de Paria. Il a abordé ces côtes, toujours *multo post Columbum*, près de onze mois plus tard. D'ailleurs il reste un peu douteux si Alonzo Niño et Christoval Guerra, partis d'Espagne quelques jours avant Hojeda et Vespuce, et faisant route directe de la Barra de Saltes à Paria, n'y sont pas arrivés avant Hojeda. (Nav. t. III, p. 331.) Le témoin Ni-

doutes, il finit par ces mots : « Moi je sais que Vespuce a navigué beaucoup. » Il ne faut pas oublier que Gomara écrit très tard, en 1551, lorsque l'ouvrage d'Hylacomylus avait déja répandu les fausses dates de la première expédition de Vespuce, et qu'à l'insu de ce navigateur, le géographe de Lorraine, Vadianus, Appien et les éditeurs du Ptolémée de 1522 avaient déja rendu très fréquent sur les cartes le nom de l'Amérique continentale. Il faut croire de plus que si Gomara n'eût pas ignoré le fait que Vespuce et Cosa ont été de l'expédition d'Alonzo de Hojeda (fait qui cependant avait été officiellement constaté en 1513 dans le procès du fisc contre les héritiers de Colomb), il n'aurait pas montré de l'incertitude sur les navigations du voyageur florentin dans les intérêts de l'*Espagne ;* il n'aurait pas dit « Vespucio que tambien se hace descobridor de Yndias *por Castilla.* » Les mêmes circonstances qui irritaient Gomara contre Améric Vespuce, ont agi d'une manière plus forte encore sur

colas Perez dit cependant le contraire dans le procès du fiscal, et Las Casas confirme ce dernier témoignage. (L. c. p. 12 et 541.)

l'évêque Bartolomé de Las Casas, qui pendant le cours d'une carrière longue et agitée, n'a terminé le manuscrit de sa volumineuse *Historia general de las Indias* qu'en 1559, à l'âge de 85 ans. Comme il a séjourné à Saint-Domingue de 1502 à 1510, et qu'il a eu entre ses mains la lettre que Francisco Roldan écrivit à Colomb sur l'arrivée de Hojeda au port de Yaquimo, il connaît avec précision l'époque de cette arrivée (5 septembre 1499), et sans admettre la probabilité que, par une erreur fortuite, la date du départ de Vespuce pour son premier voyage ait été altérée, il accuse, en comparant les années, la véracité du voyageur florentin. Je reviendrai dans un autre endroit sur l'apparence de ces anachronismes : il suffit ici de rappeler que Las Casas lui-même en commet un assez grave lorsqu'il donne Vespuce pour compagnon à Hojeda, dans la *seconde* expédition que fit celui-ci de 1502 à 1503, de concert avec Juan de Vergara[1].

Après avoir examiné les témoignages des écrivains qui résidaient en Espagne, ceux de

[1] Voyez les citations des manuscrits de Las Casas dans Nav. t. III, p. 7, 318 et 332.

Pierre Martyr d'Anghiera, d'Oviedo, de Gomara et de Las Casas, il reste à rendre compte des progrès ou pour mieux dire des variations de l'opinion publique dans l'étranger, surtout en Allemagne et en Italie, depuis la publication de la Cosmographie d'Hylacomylus et des *Quatuor Navigationes*. L'ordre chronologique sera d'autant plus préférable dans ce genre de discussion, que les jugemens littéraires ont moins d'importance à mesure qu'ils s'éloignent du commencement du seizième siècle et que c'est plutôt la foi dans des autorités antérieures que la comparaison des faits qui les détermine.

Déja en 1507, donc une année avant la belle édition romaine de Ptolémée qui offre le premier planisphère avec indication du *Monde Nouveau*, les découvertes de Vespuce avaient acquis tant de célébrité en Allemagne, qu'on les consignait à Strasbourg « sur des globes et des cartes *imprimées*. » Le savant abbé de Trittenheim [1] (sur la Moselle, dans l'évêché de

[1] Le bénédictin Trithemius (fils de Jean de Heidenberg), né en 1462, est mort non en 1516 comme on l'indique généralement, mais le 16 décembre 1518, d'après la Vie publiée par Jean Duraclusius.

Trèves) était contemporain de Colomb et de Vespuce. Il dit naïvement dans une lettre[1] datée de Würzbourg (du 12 août 1507) « qu'il est trop pauvre, comme abbé du couvent de Saint-Jacques de Würzbourg, pour acheter une belle mappemonde (*pulcherrime depictam*, sans doute manuscrite) qu'on veut lui vendre à Worms pour 40 florins; que jamais on ne lui persuadera qu'une mappemonde peut valoir autant et qu'il a préféré faire un achat plus modeste. » *Comparavi autem mihi ante paucos dies pro ære modico sphæram orbis pulchram in quantitate parva nuper Argen-*

---

[1] Cette lettre, adressée au mathématicien «Wilhelmus Valdicus Monapius, plebanus (curé) in Dyrmstien, » est fréquemment citée (Cancellieri, *Not. di Cristophoro Colombo*, p. 46 ; Canovai, *Viaggi d'Amerigo Vespucci*, p. 299) comme étant de 1510. La date n'est pas indifférente à cause du Ptolémée de 1508. Les lettres que nous possédons de Trithemius sont au nombre de soixante-une, des annnées 1505-1510. En les examinant avec soin, je n'y ai rien trouvé de relatif aux découvertes nautiques, à l'exception de la lettre de 1507 citée dans le texte. Elle se trouve dans *Johannis Trithemii Secundæ Partis Chronica insignia duo* (Francof. 1601), p. 553.

*tinæ impressam, simul et in magna disposi-
tione globum terræ in plano expansum cum
insulis et regionibus noviter ab Americo Vesputio Hispano inventis in mari occidentali ac
versus meridiem, ad parallelum ferme decimum.* La latitude est peut-être boréale en allusion à celle de la côte de Paria, car s'il était
question d'une latitude australe, Trithemius
aurait, sur la foi de la troisième lettre de Vespuce, parlé de 52°. Les mots « *Americus His-
panus* » prouvent de nouveau combien on
confondait alors, dans la chronologie des découvertes, les dates, les nations et les hommes.

En 1509 parut à Strasbourg un petit traité
géographique sous le titre de *Globus, Mundi
declaratio, sive descriptio mundi et totius orbis
terrarum.* C'est dans cette brochure très rare
aujourd'hui que j'ai trouvé employée pour la
première fois la dénomination d'*Amérique*
pour désigner le Nouveau Monde, d'après le
conseil donné par Hylacomylus en 1507.
L'auteur anonyme, que Panzer a cru par erreur être Henricus Loritus Glareanus, ne
nomme le navigateur florentin que sur le titre
de l'ouvrage et sans faire aucune mention de
Colomb : *De quarta orbis terrarum parte nu-*

per ab Americo reperta. Le *Globus Mundi*, et ce fait est digne de remarque, parut dans cette même imprimerie de Jean Gruniger (*Adelpho Mulicho castigatore*) qui a publié et aussi en 1509, la seconde édition de la Cosmographie d'Hylacomylus.

Un éloge donné par un des plus grands hommes de son siècle, Sébastien Cabot, est trop précieux pour être passé sous silence. L'évêque Fonseca ayant été chargé, immédiatement après la mort de Vespuce, de rédiger des tables de positions (*padrones*), Cabot fut appelé en Espagne par l'intervention de lord Willoughby (*Milort de Ulibi* d'Herrera), auquel s'adressait le roi Ferdinand[1]. Il arriva en septembre 1512, et trois ans après, lorsque les Portugais avaient capturé des aventuriers espagnols débarqués au cap Saint-Augustin, le roi Ferdinand ordonna[2] qu'une réunion de pilotes devait décider si la prétention des Portugais sur le cap était fondée, et si l'on pouvait se fier à la carte marine d'Andrès de

[1] HERRERA, Dec. I, lib. IX, cap. 13, t. I, p. 214, et BIDDLE, *Mem. of Seb. Cabot,* p. 99.

[2] HERRERA, Dec. II, lib. I, cap. 12, t. I, p. 264.

Morales qui jouissait alors d'une grande célébrité. Sébastien Cabot, membre de cette *junta de pilotos*, donne le gisement du cap relativement à l'île de Santiago du cap Vert d'après l'observation d'Améric, et ajoute « qu'il croit la position très sûre, puisque Améric lui-même a pris hauteur près du cap Saint-Augustin et que c'est un homme bien expert[1] dans la détermination des latitudes. »

. Le commentaire que Vadianus (Joacquin de Watt) a ajouté à son édition de Pomponius Mela, a de l'importance, comme on le verra dans la *Troisième Section*, parce que le nom de Vespuce y est partout substitué au nom de Colomb. L'édition de 1522 commence par une lettre écrite de Vienne en 1512, « *Epistola Vadiani ab eo pene adolescente ad Rudolphum Agricolam juniorem scripta.* » Il est question dans cette lettre de l'*America a Vespuccio reperta*, des antœciens et du prolongement des terres au sud de l'équateur, *quæ*

---

[1] « Amerigo, que haya gloria, era hombre bien experto en las alturas. » Muñoz a trouvé ces témoignages de Cabot et de Jean Vespuce dans les archives de Séville. (Nav. t. III, p. 319.)

omnia deprehendit Vespuccius insignis mathe-maticus[1]. Au commentaire de Vadianus est ajoutée une carte d'Appien rédigée en 1520, la première de celles sur lesquelles on trouve le nom du continent d'*Amérique*, et qui, à côté d'*America provincia*, offre les mots sui-vans : *Anno 1497 hæc terra cum adjacenti-bus insulis inventa est per Columbum Januen-sem ex mandato regis Castellæ.* Cette note est en contradiction directe avec le nom ins-crit dans la partie méridionale du Nouveau Continent. De plus, l'année de la prétendue découverte de Vespuce (1497) est faussement attribuée au troisième voyage de Colomb, à l'expédition de Paria.

En 1520, Alberto Pighi Campense, dans son livre sur la *célébration de Páques*, fait au na-vigateur florentin seul, l'honneur de la dé-couverte du Nouveau Monde. « Terra etiam nova Hispaniarum Regis auspiciis a *Vesputio* nuper inventa, quam ob sui magnitudinem *Mundum novum* appellant, ultra æquatorem plus 35 gradibus, *Vesputii observatione* pro-

---

[1] *Mela cum commentario Vadiani* (Basileæ, 1522), p. 11.

IV.   10

tendi cognita est, *et necdum finis inventus.* »
Presque à la même époque le géographe Glareanus dont le vrai nom était Henri Loritus,
considérait pour le moins Colomb et Vespuce
à la fois comme chefs des expéditions par lesquelles les régions « extra Ptolemæum » ont
été découvertes [1].

Ramusio, que son ami Fracastor appelle
toujours Rhamnusio, était né sept ans avant la
découverte de l'Amérique. Il s'était mis en
rapport avec tous les hommes qui pouvaient
puiser aux sources mêmes, tant en Espagne
qu'en Portugal, les notions les plus précises
sur les grandes découvertes de son temps. Or,
Ramusio ne parle toujours [2] qu'avec la plus

[1] Henrici Glareani, poetæ Laureati de Geographia
Liber unus (Basil. 1527), cap. 40, p. 35.

[2] RAMUSIO (éd. de Venise de 1613), t. I, p. 114 et
119. Giambattista Ramusio ou Rannusio, secrétaire de
la *Signoria* de Venise, était neveu de ce médecin célèbre
Girolamo Ramusio qui, pour se fortifier dans les langues
orientales, était allé à Damas. (TIRABOSCHI, t. VI, P. II,
p. 109.) Après avoir voyagé en Suisse et en France,
Giambattista entretint une correspondance active avec
Oviedo, alors dans l'île Saint-Domingue, avec Sébastien Cabot, André Navagero, ambassadeur de Venise

haute estime « *di quel singolar inteletto ed eccellente Fiorentino di bellissimo ingegno, il Signor Amerigo Vespuccio.* » L'auteur ne publie, il est vrai, dans le premier volume de sa *Raccolta* que les troisième et quatrième voyages[1] de Vespuce, mais il ajoute expressé-

en Espagne et confident de Pierre Martyr d'Anghiera, avec Baldassare da Castiglione, nonce du pape en Espagne, avec Fracastor et le cardinal Bembo. Depuis 1523 jusqu'à sa mort, en 1557, il travailla sans relâche à cette collection de voyages faite avec un choix judicieux. (FOSCARINI, *Della Litterat. Ven.* p. 435-441.) Il avait paru une édition anonyme du premier volume en 1550 (ZURLA, t. II, p. 110); mais quant à la première édition de l'ouvrage qui porte le nom de Ramusio, le premier volume n'a été publié qu'en 1554, le second (après le troisième, et deux ans après la mort de l'auteur) en 1559, et le troisième en 1556. (TIRABOSCHI, t. VII, P. I, p. 215; CAMUS, p. 7.)

[1] Les deux d'après Hylacomylus. Ramusio ajoute le double de la relation du troisième voyage que renfermait déja le *Mondo Nuovo* de Vicence (1507), et qu'assez incorrectement il appelle *Sommario di due navigazioni di Amerigo Vespucci.* On pourrait au premier abord être surpris de trouver les deux dernières expéditions de Vespuce dans une collection de voyages vers l'Orient; mais Ramusio a voulu réunir dans son

ment qu'il réserve les deux premiers voyages *faits par ordre du gouvernement espagnol,* pour le volume qui renferme les expéditions aux Indes occidentales. Si cette promesse n'a pas été remplie dans le troisième volume, on ne pourra pas, je crois, en conclure que Ramusio ait voulu les supprimer comme des voyages supposés ou malicieusement altérés. Il est bien plus raisonnable de supposer avec Foscarini que les deux premiers voyages de Vespuce, de même que la première relation de Cortez (la seconde a paru dans le troisième volume) se trouvaient parmi les matériaux réservés pour le quatrième volume et détruits dans le malheureux incendie de la librairie de Thomas Giunti à Venise [1]. Nous possédons

premier volume toutes les navigations portugaises. D'ailleurs Vespuce a touché dans la troisième expédition « les côtes d'Ethiopie et Sierra Leona ; » et la quatrième dans laquelle on reconnut fortuitement la baie de Tous les Saints, était originairement un voyage « à Calecut et à Melcha » (ou Malacca).

[1] Ramusio même indique à la fin d'un discours sur la découverte du Pérou (t. III, p. 310), que ce quatrième volume devait offrir la continuation des navigations américaines.

une lettre adressée à Fracastor [1] et écrite à
une époque « où vivaient encore en Espagne
et en Italie des personnes qui s'étaient trouvées à la cour des monarques Catholiques
lorsque Colomb entreprit la première expédition de 1492. » Or, la fin de cette lettre est
destinée à venger « le grand homme qui a fait
la chose la plus merveilleuse qu'on ait jamais
tentée, le *Signor Christoforo, il quale ha
fatto nascer al mondo un altro mondo,* »
de ces vils soupçons que l'envie a fait naître
contre lui. Ramusio traite rudement ceux qui
répandent la fable d'un pilote mort dans la
maison de Colomb, et dont on voudrait faire
le véritable auteur de la découverte du Nouveau Monde. Les notions précieuses qu'il doit
à Oviedo ne l'empêchent pas de s'exprimer
avec une entière franchise sur une calomnie
dont le malin historien de l'Inde ne pouvait se
justifier entièrement. Or Ramusio, excellent
critique et généralement soigneux dans la recherche de la date des découvertes, n'aurait
pas cité cinq fois avec de grands éloges le
Signor Amerigo Fiorentino, il n'aurait pas

[1] RAM. t. III, p. VI-VIII.

promis de publier tous les quatre voyages entrepris aux frais de l'Espagne et du Portugal,
si jusqu'en 1556, c'est-à-dire quarante-quatre
ans après la mort de Vespuce, il avait jamais
entendu dire que celui-ci avait eu l'intention
de nuire aux intérêts de l'amiral. Je crois en-
trevoir d'ailleurs pourquoi Ramusio, dans le
cas même qu'il n'eût pas considéré la date du
départ de Vespuce pour le premier voyage
(20 mai 1497) comme une erreur typographique, a pu en être peu frappé. L'extrait de
l'*Histoire des Indes* de Gonzalo Fernandez
d'Oviedo remplit plus que le tiers du troisième
volume de la *Raccolta*. Oviedo est un écrivain
qui, pour les époques des grandes découvertes, devait inspirer de la confiance à Fracastor
et à Ramusio, puisque son grand âge l'avait
mis dans la position de tout voir, s'étant déja
trouvé au siége de Grenade et ayant passé
trente-quatre ans en Amérique. Or cet écrivain
est constamment dans l'erreur lorsqu'il parle
du troisième voyage de Colomb et de la découverte des perles de Cubagua. Il place trois
fois [1] ces découvertes dans l'année 1496, au

---

[1] Ramusio, t. III, p. 77, 164 et 165.

lieu de 1498 ; une seule fois il dit que le départ de Colomb pour le voyage de Paria « a été au mois de mars 1496, quoique quelques-uns prétendent qu'il eut lieu en 1497. » Il est vrai que dans le petit extrait [1] des *Océaniques* d'Anghiera que présente le même volume, la date précise du 30 mai 1498 se trouve une fois indiquée : mais les trois citations d'Oviedo qui occupait la place importante d'historiographe (*cronista general de Indias*), pouvaient avoir fait plus d'impression sur l'esprit de Ramusio que le chiffre unique de Pierre Martyr d'Anghiera.

Après Ramusio, il me reste à nommer le satirique voyageur milanais Girolamo Benzoni, qui a séjourné dans l'Inde depuis 1541 jusqu'en 1556. Quoique déja assez éloigné de l'époque des premières et grandes découvertes, il n'en est pas moins ardent à défendre la gloire de Christophe Colomb. A la fin du cinquième chapitre il parle des adversaires de l'amiral et

---

[1] Extrait de 36 pages (t. III, p. 10), quand celui d'Oviedo en occupe 150. Ramusio, de sept ans plus jeune qu'Oviedo, est mort dans la même année que lui.

du soupçon que plusieurs des découvertes qu'on lui attribue, ne lui appartiennent pas exclusivement. C'est là qu'il aurait pu nommer Vespuce. Son silence semble prouver que lui aussi ne le regardait pas comme envieux du grand homme dont les travaux ont rendu accessible « une moitié du globe ignorée de l'autre. » Benzoni, loin d'attaquer Vespuce, finit par raconter [1] l'histoire insipide et si

[1] Il n'est pas juste d'accuser Théodore de Bry « d'avoir forgé ce conte. » (NAV. t. I, p. CXLI.) Il n'a que le mérite d'avoir rendu la scène plus dramatique en la transportant à la table du cardinal Mendoza. Traducteur de Benzoni, il a trouvé ce récit dans l'*Historia del Mondo Nuovo*, Venet. 1565, lib. I, cap. 5. » Signor Christofano Colombo dando una battuta su la tavola fermò l'uovo, striciando cosi un poco della punta. » Malheureusement il n'y a rien de vrai dans une anecdote dont aucun écrivain espagnol ne fait mention et qu'il faut placer à côté de la pantoufle d'Empédocle, de certains insectes de Phérécyde mourant, et de la pomme de Newton. Théodore de Bry se plaisait singulièrement à augmenter les images dont il ornait ses publications. Il convient lui-même d'avoir donné un plan de la ville de Séville *ex ingenio*, le graveur n'ayant pas le véritable plan à la main. Son banquet du Grand Cardinal avec la scène de l'œuf et son « véritable por-

souvent répétée de l'œuf qu'on proposa de faire tenir debout. Voltaire [1] a eu raison d'avancer que « ce conte est rapporté du Bru-« nellesco, qui construisit la coupole de « Sainte-Marie del Fiore à Florence. » Il ajoute « que la plupart des bons mots sont des « redites. »

Je viens de parcourir la première moitié du seizième siècle pour recueillir les jugemens et constater pour ainsi dire l'état de l'opinion publique relativement aux connaissances et au caractère d'Améric Vespuce. Nous avons vu comment cette opinion a grandi rapidement par l'intérêt fixé sur le troisième voyage « qui embrassait la quatrième partie du globe, » par

trait de Christophe Colomb, » sont aussi imaginaires que son plan de Séville.

[1] *Essai sur les mœurs*, chap. 144. C'est dans une dispute sur la hardiesse de construction du dôme de Florence, que Brunellesco, qui était à la fois architecte, sculpteur, peintre, orfèvre et horloger, doit avoir placé l'œuf debout, sans doute en faisant allusion à la voûte prodigieuse qui a servi de modèle à Saint-Pierre de Rome. L'anecdote est pour le moins d'un demi-siècle plus ancienne que la découverte de l'Amérique.

un nom géographique inventé accidentellement loin de l'Espagne et inscrit sur les cartes,
par le manque de publications sur les voyages
de Colomb aux côtes de Paria et à Veragua,
enfin par la prodigieuse activité avec laquelle
la presse multipliait en Allemagne, en Suisse
et en Italie les *Quatuor Navigationes*, en les
réimprimant soit en entier, soit par extraits,
en plusieurs langues à la fois. Je vais aborder
maintenant la question ardue des dates de chaque expédition de Vespuce. Ce sont les deux
premières qui doivent surtout fixer l'attention.
Je me flatte de pouvoir prouver qu'elles ne
sont pas, comme on l'a admis jusqu'ici, un
seul voyage diversement travesti, mais que ce
sont deux voyages différant essentiellement
l'un de l'autre. Je ferai voir que le premier
n'est pas supposé, mais identique avec l'expédition d'Alonzo de Hojeda, et que le second
est probablement l'expédition de Vicente Yañez Pinzon. Telle est la conviction que j'ai
puisée dans de longues et minutieuses recherches. Je vais présenter les faits de manière
qu'il soit facile d'en vérifier l'exactitude, en
exposant avec candeur les doutes qui naissent

des nombreuses erreurs numériques ou *variantes lectiones* que renferment les différens textes des lettres de Vespuce.

Pour répandre quelque clarté sur l'examen critique des documens, il faut rappeler qu'ils sont au nombre de sept, savoir : 1) les *quatre voyages* tels que les a offerts pour la première fois en latin la *Cosmographiæ Introductio* de Waldseemüller [1] ou Hylacomylus, imprimée l'an 1507 à Saint-Dié en Lorraine; 2) les *doubles du second et du troisième voyage* qui diffèrent par leur forme et par leur prolixité des relations de ces mêmes voyages de Vespuce contenues dans l'édition d'Hylacomylus; 3) la lettre que Vespuce a adressée à Lorenzo di Pierfrancesco de' Medici, pendant le cours du troisième voyage (du Cap Vert), relative aux découvertes portugaises dans les Indes orientales. Je ne cite pas un huitième document qui a rapport au voyage de Vasco de Gama et que Bandini a publié d'après une

[1] Comme l'original que j'ai sous les yeux n'a pas de pagination, je citerai la réimpression faite d'après la seconde édition (de Strasbourg, 1509), dans l'ouvrage de M. Navarrete.

copie trouvée dans le *Codice Riccardiano*
sous le titre de Fragment d'une lettre de Vespuce au Magnifico Lorenzo di Pierfrancesco
de' Medici [1]. Ce fragment avait déja été imprimé en 1550 dans le premier volume de Ramusio comme Relation d'un *Gentil' huomo Fiorentino* qui se trouvait à Lisbonne lors du retour de la flotte de Gama [2]. Or, ce retour avait
lieu le 10 juillet 1499, et nous savons avec
certitude que Vespuce n'est allé d'Espagne
en Portugal que vers la fin de l'année 1500.
Canovai, dans l'ouvrage qui a paru après sa
mort [3], a supprimé ce huitième document
parmi les écrits de Vespuce. De nouvelles
recherches du comte Baldelli ont fait voir que
le *Gentil' huomo* florentin s'appelait Girolamo
Sernigi, et que la lettre se trouve en extrait

[1] Bandini, p. 87-99.

[2] Ramusio, t. I (éd. de 1613), p. 119. La pièce
donnée par Ramusio est d'un quart plus longue que
celle de Bandini. Cette dernière se termine par l'indication des moussons. Tout le morceau qui commence
« *Havendo scritto fin qui,* » manque dans le manuscrit
Riccardi.

[3] *Viaggi d'Amerigo Vespucci*, 1817, p. 13.

dans le manuscrit n. 1910 de la collection
Riccardienne.

Les *Quatuor navigationes* imprimées en
Lorraine sont traduites, comme Hylacomylus le dit expressément : *De vulgari gallico
in latinum.* C'est ainsi que s'exprime l'auteur
(fol. 22, *a*) dans le titre d'une pièce de vers
(*Decastichon*) en l'honneur de Vespuce ; mais
dans la Cosmographie même, en traitant des
cinq zones (cap. 5, fol. 9, *b*), il est dit :
« Sunt qui exustam torridamque zonam *nunc*
habitant multi, ut qui Chersonesum auream
incolunt, ut Taprobanenses, Æthiopes, et
maxima pars terræ semper incognitæ, nuper
ab Americo Vesputio repertæ. Qua de re
ipsius quatuor subjungentur navigationes *ex
italico sermone in gallicum et ex gallico in
latinum versæ.* » Nous ignorons si l'éditeur a
travaillé sur un manuscrit ou sur un ouvrage
imprimé en français, dont l'existence est encore inconnue. Vespuce ne s'est certainement
pas donné la peine d'envoyer au duc de Lorraine en français des lettres écrites primitivement, ce qui est très probable, en espagnol
ou en portugais. Le nom de la baie de Tous-
les-Saints au Brésil, que je trouve transformé

dans le texte latin d'Hylacomylus [1] en *Omnium Sanctorum Abbatia*, me fait croire que
le texte primitif n'a pas été italien, puisqu'il
est plus facile de convertir par ignorance le
mot également espagnol et portugais *bahia* en
abbaye que le mot italien *baja*, à moins que
le traducteur latin n'ait tout simplement lu par
mégarde *abbaye* pour *baie*. Il est d'ailleurs
assez remarquable que cette *Abbatia Omnium Sanctorum* ait aussi passé dans la Géographie de Ptolémée de 1513. On la trouve
par les 17° de latitude australe sur la « Tabula Terræ Novæ. » (Voy. mon Atlas, pl. 37.)
Quant au texte italien qu'ont publié Bandini
en 1745 et Canovai en 1817, il est copié d'une
brochure de 16 feuillets sans indication d'année, qui a été la propriété de Baccio Valori [2],
un des premiers bibliothécaires de la biblio-

[1] Nav. t. III, p. 287.

[2] Après Valori, cette édition italienne que l'on dit
du commencement du seizième siècle, et qui mériterait
bien une notice bibliographique plus étendue, s'est
trouvée la propriété du docteur Biscioni, également
conservateur de la Laurenziana; plus tard encore elle
a passé entre les mains de M. Gino Capponi de Florence. (Bandini, p. LV. Canovai, *Viaggi*, p. 3.)

thèque Laurentienne de Florence. Or de nombreuses locutions entièrement opposées au génie de la langue italienne prouvent indubitablement que le texte de Valori, qui est aussi celui de Bandini, est traduit de l'espagnol. On y trouve *scanso* (discanso) pour *riposo*, *tormenta* pour *tempesta*, *a menudo* pour *frequentamente*, *surgidero* pour *porto* ou *seno di mare*. Malgré la grande analogie qui existe entre l'espagnol et le portugais, la forme de ces mots, choisis en partie dans les deux voyages faits par ordre du roi de Portugal, indique une source espagnole. Cette conclusion frappe d'autant plus que Vespuce paraît avoir rédigé les quatre voyages à Lisbonne sur les instances du Florentin Benvenuto [1], et que plus généralement on a cru que les deux premiers voyages avaient été rédigés en espagnol, les deux derniers en

[1] Le texte d'Hylacomylus dit simplement : « Movit me ad scribendum præsentium lator Benevenutus qui dum me Lisbonæ reperiret, precatus est… » Nav. t. III, p. 192. L'édition de Valori est également claire, elle a « il quale trovandosi *qui in questa città di Lisbona* mi pregò…… » On y trouve aussi (Bandini, p. 61) la *Badia di tutti i Santi*, traduction de *Bahia*.

portugais. Comme il n'existe pas de manuscrit original de la main de Vespuce et que ses
lettres ont passé par tant de différentes traductions, le problème de la langue de la première rédaction est aussi difficile à résoudre
pour les écrits de Vespuce que pour le *Milione*
de Marco Polo.

Des deux *doubles* de la relation du second
et du troisième voyage, doubles que Canovai
désigne comme première et seconde lettres
adressées à Lorenzo di Pierfrancesco de' Medici, le dernier a été le plus anciennement
publié. Je ne l'appelle double que par rapport à la rédaction complète des quatre expéditions. Cette seconde lettre à Médicis est celle
qui offre la figure de quelques constellations
du ciel austral ; elle renferme la relation du
troisième voyage de Vespuce imprimée séparément en latin (en 1504) à Augsbourg chez
Jean Ottmar, comme à Paris chez Gilles de
Gourmont ; en allemand (en 1505) à Strasbourg chez *Mathis Hupffuff*, comme (en
1506) à Leipzig chez *Martin Landesbergk* ; en
italien dans la collection de Vicence (*Mondo
Novo e paesi novamente retrovati da Alberico
Vespuzio*, 1507), et plus tard dans les tra-

ductions latine, allemande et française qu'ont faites de cette Collection Madrignano, Ruch-amer et Mathurin du Rodouer. Le *Mondo Novo* de Vicence et les traductions que nous venons de nommer ne font pas mention du nom du traducteur; mais *Jocundus interpres* se trouve nommé dans l'édition latine d'Augsbourg de 1504, examiné par mon savant ami M. Roulin[1]. C'est probablement une même personne avec Giuliano Bartholomeo del Giocondo établi à Lisbonne, que Vespuce mentionne dans la troisième lettre de l'édition d'Hylacomylus[2] comme ayant été envoyé à Cadix par le roi Emanuel pour l'attirer au service du Portugal. Les amis des arts aimeront à se rappeler que Bartolomeo del Giocondo était contemporain de ce Francesco del Giocondo dont la femme *Mona Lisa* est représen-

[1] Giocondo est également nommé dans d'autres éditions latines dont il manque encore une désignation exacte. Voyez BAND. p. LI, et NAV. t. III, p. 186.

[2] Cette édition indique les deux prénoms à la fois, tandis que dans la *Codice Valori* il y a d'abord Bartolomeo del Giocondo, et puis « il detto Giuliano, » (comparez NAV. t. III, p. 263, et BANDINI, p. 47), ce qui n'a pas de sens.

IV.   11

tée dans l'admirable tableau[1] de Léonard de Vinci.

Il règne dans le double de la relation du troisième voyage, c'est-à-dire dans la seconde lettre à Pierfrancesco de' Medici, la même incertitude relativement à la langue dans laquelle a été écrit le texte primitif que celle dont nous avons fait mention plus haut, en parlant des *Quatuor Navigationes*. Ruchamer et Madrignano disent uniformément dans le chapitre XIV des *Unbekanthe Landte* et de l'*Itine-*

[1] *Tableaux du Musée royal du Louvre*, 1835, p. 194, n° 1092. Le portrait de cette dame, qu'il ne faut pas confondre avec *Mona* (*Madonna*) *Lisa*, nommée dans une lettre de Girolamo Vespucci, qui fut adressée en 1489 à son frère Amerigo (BAND. p. XXXII), a été peint d'après Vasari entre les années 1500 et 1506. [« L'ouvrage de Gamurini sur les familles nobles de Florence ne nous apprend rien de particulier relativement à Bartolomeo et Francesco del Giocondo, qui probablement étaient parens. Nous savons seulement que Francesco peint par Domenico Puligo, élève d'Andrea del Sarto, est auteur d'une *Istoria Fiorentina del 1494-1535*, dédiée à Ludovico Capponi, livre dont le manuscrit est conservé dans la Riccardiana. » *Note de M. Waagen*, directeur du Musée de Berlin.]

rarium Portugallensium, que leurs traductions
sont faites sur un texte italien qui était une traduction de l'espagnol. Au chap. CXXIV Ruchamer répète la même chose [1], tandis que Madrignano dit : «Fidus interpres presens opus *e
Lusitano* italicum fecit.» Cette dernière phrase
diffère entièrement dans l'édition latine [2] pu-

[1] « Auss hyspanier sprache ist dises funfte büchlein
in die welysche sprache gewandelt, und zu letzé auss
der welyschen in die dewtschen gebracht. »

[2] M. Roulin a fait voir par les premières lignes des
différens paragraphes que l'édition du *Mundus Novus*
de 1504, et l'*Itinerarium Portugallensium*, n'offrent pas
la même traduction. Cap. CXIV : « Superioribus
diebus satis ample tibi scripsi... » Madrigano a : « Superioribus diebus abunde reddidi... » Cap. CXV :
« Prospero cursu... » au lieu de : « Fœlicibus igitur ut
ajunt avibus... » Cap. CXVI : « Consilium cepimus...»
au lieu de : « Convenit igitur inter nos... » Enfin
cap. CXXIV : « *Ex italica* in latinam linguam Jocundus interpres... » Madrignano ne nomme pas Giocondo, et dit « *e Lusitano*. » M. Roulin est d'autant
plus porté à croire à l'existence d'une traduction italienne du troisième voyage, antérieure à 1504, qu'à la
phrase « Ex italica in latinam linguam Jocundus
interpres hanc epistolam vertit. » Giocondo ajoute que
c'est surtout dans un but religieux qu'on désire répandre

bliée à Augsbourg en 1504, tandis que le texte italien que donne Bandini et dans lequel on ne reconnaît aucune locution espagnole, est calqué sur une traduction latine. L'expression absurde qu'offre le *Mondo Novo* de Vicence (1507) : *questo libro e intitulato terzo di*, a passé dans les traductions de cette collection qui rendent (cap. CXXII) le troisième voyage par *dies tertius* et *der drytte tage*. On a déja rappelé plus haut que c'est sans doute une fausse interprétation du mot espagnol *jornada* (voyage), par le mot latin *dies*, qui a pu donner lieu à cette locution étrange[1].

les relations de ces grandes découvertes, « ut latini omnes intelligant, quam multa miranda in dies reperiantur *et eorum comprimatur audacia qui celum et majestatem scrutari et plus quam liceat sapere volunt*, quando a tanto tempore quo mundus cœpit, ignota sit vastitas terræ et quæ contineantur in ea. » Ce reproche répété, mais avec des tournures de phrases très différentes, dans les traductions de Madrignano et de Ruchamer, avait déja attiré l'attention de Bandini (*Vita*, p. LI et LIII). Le blâme d'incrédulité philosophique et d'hérésie ne s'adresse certainement pas à l'Espagne ou au Portugal, mais à l'Italie et à l'Allemagne.

[1] Dans la latinité classique, *dies* exprime tout au

Le double de la relation du second voyage de Vespuce ou la première lettre à Pierfrancesco de' Medici, n'existe qu'en italien. C'est un document précieux que Bandini a publié le premier d'après deux manuscrits de la Bibliothèque Riccardi[1].

La question si souvent agitée sur le nom et la qualité des personnes auxquelles les différentes lettres ont été adressées, n'a de l'intérêt qu'autant qu'elle touche aux moyens employés pour répandre la connaissance des découvertes de Vespuce. Il paraît indubitable que le livre des *Quatuor Navigationes*, ou pour le moins la lettre d'envoi qui les pré-

plus la distance évaluée en journées de voyage. Liv. XXXVIII, 59. Hylacomylus n'emploie jamais *dies* dans le sens de *jornada*, mais il se sert du mot *diæta*. Je trouve dans le premier voyage « libellum quem *Quatuor diætas* sive *Quatuor navigationes* appello. » (Nav. t. III, p. 217 et 231.) Dans la basse latinité *dieta* ou *diæta* signifiait en effet *quodvis iter*. (Voyez le *Dict.* de Du Cange.) *Dietare* est voyager. C'est donc à tort que le passage des *quatuor diætæ* de Vespuce a été traduit en espagnol par *cuatro diarios* (quatre journaux ou itinéraires).

[1] Band. p. XLIX. Canovai, *Viaggi*, p. 3.

cède dans l'édition de Lorraine a été adressée à la fois à Piero Soderini, gonfalonier de Florence depuis 1502 jusqu'en 1512, et à René II, roi de Jérusalem et duc de Lorraine. Hylacomylus ne connaît que ce dernier nom, et les expressions : *Inclitissime Rex* et *Tua Majestas*, imprimées sans aucune abréviation, ne laissent aucune incertitude à ce sujet. D'un autre côté le ton de familiarité qui règne dans la lettre d'envoi semble prouver que primitivement elle était adressée à Soderini seul. Vespuce rappelle à la personne à laquelle il écrit, une ancienne liaison d'amitié; il lui dit qu'ils ont fait ensemble leurs études de grammaire sous la direction de l'oncle d'Amerigo, le savant Giorgio Antonio, religieux du couvent de Saint-Marc à Florence. Or cette circonstance, d'après un témoignage de Giuliano Ricci[1], se rapporte exactement à l'éducation de Soderini que Machiavel, par haine politique, traite d'imbécille, « moins digne de l'enfer que du *limbo de' bambini.* » La lettre d'envoi nomme de plus, d'après le document de Baccio Valori, ce Benvenuto di Domenico

[1] BAND. p. XXV.

Benvenuto[1] auquel furent confiées les quatre navigations, *nostro Fiorentino*. Les mêmes lettres paraîtraient dont avoir été envoyées simultanément à plusieurs grands personnages[2], et, ce que je trouve assez étrange, sans que l'ont ait pris la peine d'y faire des changemens. Il y a plus encore. Ces *Navigationes* qui nous sont parvenues à travers tant de traductions et dans les formes les plus incorrectes, avaient, avant d'arriver au gonfalonier Piero Soderini et au duc de Lorraine, déja été adressées, du moins en partie, au roi Ferdinand d'Espagne. Vespuce s'excuse vis-à-vis du duc par ces mots[3] : « Existimabor forte præsumptuosus, id mihi muneris vindicans ut res non delectabili sed barbaro stylo *ad Ferdinandum Castiliæ Regem nominatim scriptas, ad te quoque mittam.* » D'après cet in-

[1] L. c. p. 3 et 62.

[2] Colomb aussi écrivit de temps en temps au pape pour lui donner des nouvelles de ses découvertes, et les deux relations abrégées du premier voyage que nous possédons de sa main, adressées au ministre des finances, Luis de Santangel et à Rafael Sanchez, sont presque identiques.

[3] Texte d'Hylacomylus. (Nav. t. III, p. 192.)

dice, on pourrait croire que les troisième et quatrième relations du même texte furent adressées au roi de Portugal, mais tout l'écrit se termine encore par une recommandation du Florentin Benvenuto qui à Lisbonne même s'est chargé de l'envoi[1]. Il règne dans toute cette rédaction un vague désespérant. Les autres lettres de Vespuce, c'est-à-dire les doubles des relations du second et du troisième voyage, comme la lettre écrite au Cap Vert et récemment trouvée par le comte Baldelli[2], sont adressées à Lorenzo di Pierfrancesco de' Medici. Quant au troisième voyage, le plus anciennement publié de tous, il porte, dans Ramusio[3], le nom de Soderini; mais l'édition de Jean Lambert[4] et la traduction allemande de Ruchamer (1509), l'adressent déja à Pierfrancesco, que Ruchamer qualifie de *médecin* à Florence. Quel est ce membre de l'illustre

---

[1] Texte de Baccio Valori. (BAND. p. 62. NAV. t. III, p. 290.) Pourquoi aurait-on confié à Benvenuto une lettre adressée au roi de Portugal?

[2] *Il Milione*; t. I, p. LIII.

[3] T. I, p. 130.

[4] CAMUS, p. 129 et 132.

famille des Médicis avec lequel Vespuce a pu
avoir des rapports? Laurent, le *père des Mu-*
ses, mourut l'année de la découverte de l'A-
mérique par Colomb; Lorenzo di Piero que
Léon X nomma duc d'Urbin en 1517, n'avait
que douze ans lorsque Vespuce finit sa quatrième et dernière expédition. Bandini[1] désigne Lorenzo di Pierfrancesco de' Medici, né
en 1463. Il était ambassadeur en France sous
Charles VIII, et célèbre par une grande érudition. Malheureusement on place sa mort au
commencement de 1503, et la relation du
troisième voyage que l'on croit lui être adressée, est écrite après la quatrième expédition[2],
en 1504. Il ne reste donc qu'à supposer que
Vespuce, lors de son arrivée à Lisbonne,
ignorait encore le décès de Pierfrancesco, son
ami et son protecteur.

Les sept documens qui sont venus jusqu'à
nous, ou pour mieux dire qui seuls ont été
reconnus et publiés jusqu'ici, prouvent que le
navigateur florentin avait composé d'autres

[1] P. LIII et LIV.

[2] La preuve en est dans les mots « Peraventura vi
aggiugnerò la *quarta* Giornata. » BAND. p. 121.

écrits dont la perte est à regretter. Ce que nous possédons sous le titre des *Quatuor Naviga-tiones*, recueillies par le savant cosmographe de Saint-Dié, ne paraît être que l'extrait d'un livre plus volumineux que Vespuce désigne par le même titre. Il dit clairement en deux endroits que ce livre qui renferme le détail de ses observations, *était déja* écrit, mais non encore publié, lorsque Benvenuto lui en demanda un extrait pour le gonfalonier Soderini [1]. L'extrait a été terminé, selon le texte de

[1] « Et quoniam in meis hisce bis geminis navigationibus, tam varia diversaque perspexi, idcirco libellum quempiam quem *Quatuor diætas sive quatuor navigationes* appello, conscribere paravi *conscripsique*, in quo majorem rerum a me visarum partem distincte satis juxta ingenioli mei tenuitatem collegi, verumtamen *non adhuc publicavi.* In illo vero quoniam omnia *particulariter magis ac singillatìm* tangentur, idcirco *universalia hic solummodo prosequens*, ad navigationem nostram priorem perficiendam, a qua paulisper digressus fueram, jam rédeo. » NAV. t. III, p. 217. Puis encore une fois (p. 230) : « In hac gente eorumque terra quammultos eorum ritus vidi cognovique, in quibus hic diutius immorari non cupio, cum postea nosse queat V. M. qualiter in quavis navigationum harum

Valori, « le 4 septembre 1584, » ce qui veut dire sans doute 1504. Cette date et plusieurs autres manquent dans l'édition de Lorraine. Les deux lettres à Médicis, traitant l'une du second, l'autre du troisième voyage, sont écrites avant la relation abrégée adressée à Soderini et au duc René. La première porte la date du 18 juillet 1500, date qui est en contradiction directe avec celle du 8 septembre qu'Hylacomylus donne pour la fin du second voyage. La seconde lettre à Médicis est vraisemblablement écrite à la fin de 1502. Elle parle de ce journal de navigation (*memoriale fatto di giorno in giorno*) que Vespuce a déposé entre les mains du roi de Portugal : elle parle aussi d'un grand ouvrage de Cosmo-

mearum magis admiranda annotatuque digniora *conscripserim , ac in libellum unum stilo geographico collegerim, quem libellum Quatuor diœtas intitulavi* et in quo singula minutim notavi ; *sed hactenus a me non emisi,* ob id quod illum adhuc revisere collationareque mihi necesse est. » Enfin dans le quatrième voyage on trouve de nouveau et toujours selon le texte d'Hylacomylus (p. 289) : « Ubi interdum plurima perspeximus, quæ nunc subticescens *libello meo Quatuor navigationum reservo.* »

graphie qu'il espère teminer dans sa vieillesse et qui doit offrir la description du ciel austral. Il voudrait, dit-il avec orgueil, le rendre plus parfait, *affin che la futura etá abbia ricordanza di lui.* J'ai déja, dans un autre endroit, fixé l'attention du lecteur sur le témoignage que le pilote Juan Vespucio, neveu d'Amérigo, rendit en novembre 1515, et selon lequel celui-ci possédait « les journaux de deux voyages de l'oncle, indiquant jour par jour les rumbs et les distance parcourues. » Amérigo traçait les nouvelles découvertes sur les mappemondes *in figura piana* et sur des globes. Il a fait mention de ses divers travaux graphiques dans la première lettre adressée à Médicis : il en a offert au roi Ferdinand, et son compatriote Francesco Lotti (*nostro Fiorentino*) en aurait porté à Médicis, si l'auteur du *corpo sferico* (globe terrestre présentant les principaux résultats des nouvelles navigations) n'eût redouté « la critique et les corrections arbitraires des géographes de Séville [1]. »

[1] La fin de la lettre de Vespuce à Médicis relative à la seconde navigation, n'est pas très claire. « Les gens qui dans cette ville entendent quelque chose en Cos-

Ces données suffisent pour faire voir que le petit nombre d'écrits que le hasard nous a conservés diffère essentiellement de ceux que le navigateur préparait pour la postérité. Nous ne possédons que des notes et des extraits destinés à amuser de grands personnages qui ne s'intéressaient qu'à la peinture des mœurs, à l'aspect du paysage et au récit parfois exagéré de quelques aventures dramatiques. On conçoit plus aisément l'omission des détails nautiques et géographiques ou celle de la nomenclature des lieux, que le silence absolu gardé sur les noms des chefs qu'accompagnait Vespuce[1]. L'horreur des dénominations barbares

mographie, doivent attendre son retour avant de vouloir le corriger : alors il pourra se défendre. » Il s'agit donc de faire terminer une sphère que devait porter Lotti : il s'agit aussi de la crainte de soumettre dès-lors à des juges malveillans un premier tracé des côtes.

[1] Dans l'ensemble des 120 pages que remplissent les diverses lettres de Vespuce, les seules personnes qu'il nomme en outre de celles auxquelles les lettres se trouvent adressées, sont, parmi les contemporains : l'amiral Christophe Colomb, un certain Guaspare de l'expédition de Cabral, Antonio Vespucci, frère d'Amérigo, et six autres Florentins employés probable-

que manifestent trop souvent les anciens se
rencontre aussi chez Anghiera. Il demande
sans cesse excuse au pape de blesser ses oreilles
par tant de sons discordans. Vespuce trouve
tout ce qu'il a écrit jusqu'en 1504 « de si
mauvais goût » (*di tanto mal sapore*, porte le
texte Valori), qu'il ne peut se résoudre à céder
à ceux qui l'engagent à publier ses écrits.
L'omission des noms propres des personnes
auxquelles il se trouvait associé, a paru sus-
pecte : il est cependant difficile d'en deviner le
but intentionnel. On a dit qu'en s'enveloppant
dans un silence mystérieux il devenait plus
facile à Vespuce de déguiser la vérité ou de se
livrer à son goût pour l'exagération et une
vaniteuse enflure de style : mais les lettres de
Vespuce étaient des lettres familières. Il préparait sans doute des ouvrages, mais jusqu'ici
on n'a pas trouvé d'indice qu'il ait écrit dans

ment dans le commerce avec le Portugal, Benvenuto
di Domenico Benvenuti, Francesco Lotti, Gherardo et
Simone Verdi, Giuliano di Bartholomeo del Giocondo,
et ce Francesco Albizzi, « presque aussi grand que les
Caribes-Cannibales, mais plus mal fait qu'eux. » Je n'ai
trouvé en tout que 9 noms propres dont 7 entièrement
étrangers aux expéditions espagnoles ou portugaises.

l'intention de se voir imprimé pandant sa vie
soit en Italie soit en Allemagne. S'il avait con-
senti par exemple à faire imprimer la relation
de la seconde expédition telle qu'elle se trouve
parmi les *Quatuor Navigationes* de l'édition
de Baccio Valori, aurait-il osé dire publiquement, sans déplaire au roi Ferdinand, « que
la reine Isabelle lui avait dérobé 130 perles,
et qu'il avait caché les autres pour les sauver
et les garder pour lui? » C'est bien là, je pense,
un trait de lettres familières adressées à Soderini. Rien ne prouve aussi que Vespuce ait
publié la relation de son troisième voyage en
1504, chez Ottmar ou, en 1507, dans le
Mondo Novo de Vicence [1]. On aurait tout

[1] Dans la lettre adressée à Médicis sur le troisième
voyage, le traducteur latin s'est servi par mégarde
dans l'*Itinerarium Portugallensium*, cap. 122, de
l'expression *edere* pour *conscribere* ou *componere*,
rédiger. (Voyez aussi GRYN. ed. 1532, p. 113.) Il fait
dire à Vespuce : « Hoc opus nuncupavi *Diem* tertium
quandoquidem prius *edidi* libros duos ejus navigationis
quam ex præcepto regis (Castiliæ) perfeci. » L'édition
italienne de Bandini (p. 120) a très bien « percioche
prima io avea *composti* due altri libri. » Ruchamer, en
1509, dans sa traduction allemande, se sert dans ce

autant de droit de prétendre que Christophe Colomb a envoyé la lettre qu'il adressa à Rafael Sanchez à Rome, et la *lettera rarissima* sur la quatrième expédition à Venise, pour y être publiées l'une en 1493 par Leandro Cosco, l'autre en 1505 par Constanzo Baynera de Brescia. J'ai rappelé plus haut comment le vif intérêt qui se manifestait pour les grandes découvertes maritimes à Venise, à Gênes, à Pise et en d'autres places commerçantes de l'Italie, donnait lieu à l'impression d'une foule de livrets qui circulaient partout et dont l'existence était souvent ignorée de leurs auteurs mêmes. On se demande si l'omission des noms propres et le mystère dans lequel Vespuce semble s'envelopper, peuvent s'expliquer par une réserve officielle, par la crainte de déplaire

même sens d'un équivalent de *conscribere*. Madrignano aurait pu d'autant plus facilement éviter l'erreur de la traduction latine, que plus loin Vespuce dit clairement : « pour ce qui regarde les deux autres navigations (*alios duos dies*), celles dont il a été question plus haut, je compte en renvoyer la rédaction à un autre temps, après mon retour dans la patrie, pour y consulter les érudits et mes amis. » Il s'agissait donc de voyages qui n'étaient point encore *publiés*.

à deux puissances rivales au service desquelles
il s'était placé tour à tour? Depuis que l'on
s'était aperçu du grand élargissement du Nouveau Monde vers l'est entre les 5° et les 10° de
latitude australe, les débats sur les limites
des découvertes et sur la longitude qu'on
devait assigner à la ligne de démarcation,
avaient été transportés sur le territoire amé-
ricain; mais il ne pouvait y avoir aucun danger
à nommer Hojeda que Vespuce avait accompagné à la côte de Paria. Anghiera dont les
premières Décades ont été publiées du vivant
du roi Ferdinand le Catholique, n'hésite pas à
donner les détails historiques les plus minutieux sur les découvertes et sur les hommes;
néanmoins en sa qualité de membre du Conseil
des Indes et d'homme de cour, on n'oserait
l'accuser d'imprudence. Il y a plus encore. A
peine un mois après le retour de Pedro Alvarez
Cabral de Calicut à Lisbonne, le roi Emanuel de Portugal communiqua aux monarques
espagnols (le 29 juillet 1501), dans une longue
lettre conservée jadis dans les archives de
Saragosse, la relation circonstanciée de tout le
voyage de Cabral et de la découverte de cette
nouvelle terre de Santa Cruz (le Brésil) « que

IV.   12

Dieu a placée dans un endroit si *convenable* pour faciliter la navigation des grandes Indes en fournissant de l'eau et du bois de construction. » (Nav. t. III, p. 95). Le silence relativement aux noms propres est, je le répète, d'autant plus étrange que Vespuce suit ce même système d'omission là aussi où aucun intérêt quelconque ne semble avoir pu le guider. En rencontrant au Cap Vert les vaisseaux de Cabral, à leur retour des grandes Indes, il donne une excellente et très véridique relation de toutes les aventures de Cabral, sans jamais nommer ce chef de l'expédition, tandis qu'un *signor Guaspar*, embarqué sur la flotte de l'Inde, nous ne savons en quelle qualité, est nommé plusieurs fois.

Il serait peu exact de dire que Vespuce en ne faisant pas mention des capitaines avec lesquels il naviguait, pouvait plus facilement faire croire que lui-même était chargé du commandement. En lisant ses lettres avec quelque attention, on reconnaît que jamais il ne se dit le chef d'une expédition. Je vais citer ses propres paroles. Dans le premier voyage : « Etant venu dans ces pays pour des affaires mercantiles (*mercandi causa*) et ayant éprouvé pendant quatre ans bien des changemens de fortune, je pris la résolution d'abandonner les affaires (*negotia dimittere*) et d'entreprendre quelque chose de plus digne d'éloge (*laudabiliores res*) et de plus stable. Je me disposai donc à voir différentes parties du monde et à en admirer les merveilles. Comme le roi Ferdinand de Castille armait, à cette époque, quatre navires pour des découvertes vers l'ouest, Son Altesse me choisit pour être dans la société de ceux qui devaient faire ces découvertes (*me ad talia investiganda in ipsam societatem elegit.*)» Le texte de Baccio Valori dit plus clairement et avec plus de modestie encore : «*Fui eletto per Sua Altezza, che io fussi in essa flotta per aiutare a discoprire.*» Ce récit est entièrement conforme à ce que nous savons de plus sûr par d'autres documens sur la vie de Vespuce. Nous avons vu plus haut que selon des lettres de Girolamo Vespuci et de Donato Niccolini, Amérigo était encore à Florence en 1490, mais que trois ans plus tard il avait des motifs d'être fort mécontent de son séjour en Espagne. *Factor*, c'est-à-dire commis, de la puissante maison florentine de Juanoto Bérardi à

Séville, Amérigo paraît d'abord, dès 1495,
après la mort du chef, à la tête de cette maison de commerce. L'intérêt que Bérardi avait
dans l'armement des vaisseaux de Colomb
pouvait faire naître dans l'esprit de Vespuce
le désir de voir les pays nouvellement découverts et de chercher fortune dans le Golfe
des Perles sur la côte de Paria. Il n'y a, dans
le simple récit que nous venons de citer,
rien qui annonce un manque de candeur et
de véracité. Le troisième voyage est le premier que le navigateur entreprit par ordre du roi de Portugal. Il raconte, dans la
relation de ce voyage, comment le roi Emanuel l'avait invité à se rendre à Lisbonne; cependant, dit-il, ce n'était pas pour obtenir
un commandement, c'était « *ut uná cum tribus navibus quæ ad exeundum et ad novarum terrarum inquisitionem præparatæ erant,
proficisci vellem; et ita quia regum preces
præcepta sunt, ad ejus* (Emanuelis) *votum
consensi.* » Le texte italien de Valori porte :
« Che fussi *in compagnia* di tre sue navi. » Il
n'y a donc là encore que l'assertion d'avoir
pris quelque part au voyage. Lorsque dans
cette même troisième expédition, Vespuce et

tout l'équipage désirent se venger des indigènes qui avaient commis des meurtres sur deux
chrétiens, le commandant[1] de la petite escadre
(*navium prætor*, selon le texte d'Hylacomylus, *il nostro capitano maggiore*, selon le
texte de Valori) s'y oppose par une lâche prudence. « *Ita gravem injuriam passi cum ma-
levolo animo et grandi opprobrio nostro,
efficiente hoc navium prætore nostro, impu-
nitis illis (indigenis) abscessimus.* » Ce n'est
que dans une occasion très grave et après
avoir tenu conseil, qu'on délibéra sur le commandement suprême, et qu'on le conféra
(peut-être momentanément) à Amérigo. *In
qua peregrinatione* (tertia) *post decem men-
ses, cognito quod mineralia nulla reperieba-
mus, convenimus unà*[2], *ut abinde surgentes
alio per mare vagaremur. Quo inito inter nos
consilio mox edictum fuit ac in omnem cœ-*

---

[1] M. Southey, dont l'*Histoire du Brésil* (t. I, p. 16)
est rédigée avec un esprit de critique très remarquable,
a déja insisté sur cette circonstance, pour prouver qu'on
a accusé à tort Vespuce de s'être vanté du commandement suprême.

[2] Nav. t. III, p. 275.

tum nostrum vulgatum , ut quidquid in tali navigatione præcipiendum censerem idipsum integriter fieret. Propter quod indixi mandavique ubique ut de lignis et aqua pararent munitionem. » Le double de la troisième relation, la lettre à Médicis, ne fait pas mention de cet incident ; il n'y est question que de l'ignorance et des embarras des pilotes de l'expédition et des observations astronomiques par lesquelles Vespuce se vante fastueusement de leur avoir inspiré à la fois le respect et la confiance. « L'ignorance de ceux qui gouvernent un navire alonge les voyages outre mesure. Il n'y avait après cette tempête aucun de nos pilotes qui ait su, à cinquante lieues près, où nous nous trouvions. Nous allions errans (*vagabundi*) sans savoir où, si par l'astrolabe et le quart de cercle (*quadrante astrologico*), je n'avais pourvu à mon salut et à celui de mes compagnons. A cette occasion j'acquis assez de gloire (*mi aquistai non picciala gloria*), de manière que depuis cette époque je fus honoré par eux de cette estime dont jouissent les savans auprès des gens de bien. De même j'enseignai aux pilotes l'usage de la carte marine et je les forçai d'avouer

que les pilotes ordinaires, ignorans en Cosmographie, ne savaient rien en les comparant
avec moi[1] » C'est l'*astronome de l'expédition*
qui parle ainsi, tout bouffi du secret qu'il croit
posséder de déterminer la longitude « par les
conjonctions de la lune et des planètes, » méthode de longitude[2] qui, dit Vespuce dans une

---

[1] « E feci sì che confessassero, che i nochieri
ordinarj ignoranti della Cosmografia, *a mi a compara-
zione* non avessero saputo niente. » (BANDINI, p. 105.)

[2] Colomb, Vespuce, Pigafetta et Andrès de San
Martin ont sans doute essayé d'employer les méthodes
lunaires et les conjonctions des planètes pendant le
cours de leurs voyages : ils avaient même une extrême
confiance dans les résultats de ce genre d'observations
de longitude, mais l'état des instrumens qu'ils em-
ployaient avec un enthousiasme si louable pouvait
rendre leurs observations très dangereuses pour la sû-
reté de la navigation. Sur mer il vaut souvent mieux ne
pas observer du tout que d'observer mal. Je reviendrai
dans la *Quatrième Section* de cet ouvrage sur les calculs
de longitude tentés au quinzième siècle et au commencement du seizième. Vespuce dit avec esprit que l'avantage de ces méthodes lunaires tient au « *corso piu leggier
della luna.* » (Texte Riccardi de la première lettre à
Médicis, dans CANOVAI, *Viaggi*, p. 57.)

autre lettre adressée à Médicis lors de son passage au Cap Vert[1], « lui a fait perdre *molti
sonni*, et qui, à force de fatigues, abrégera
de dix ans le cours de sa vie. » Ces accès de
jactance et d'un certain orgueil astronomique
se retrouvent presque au même degré chez
Colomb. Ce n'est pas dans une lettre familière
comme celle du navigateur florentin, mais
dans un rapport fait aux Monarques Catholiques sur le quatrième voyage que l'amiral
compare les prédictions fondées sur les calculs de l'astronomie nautique à des *visions
prophétiques*. Comme Vespuce, Christophe
Colomb accuse l'ignorance des pilotes praticiens. « Ils se trompent, dit-il, de plus de
quatre cents lieues. Qu'ils me répondent où
est située cette côte de Véragua à laquelle je
les ai conduits? Je prétends qu'ils ne savent
donner d'autre information que celle d'avoir
été dans un pays riche en or. Ils ne sauraient
trouver la route pour y retourner ; ils auraient à découvrir le pays de nouveau. Il
n'existe qu'un moyen précis et certain, c'est

[1] BALDELLI, *Il Milione*, t. I, p. LIV.

le calcul de l'astrologie. Celui qui le possède peut avoir de l'assurance : *a vision profetica se assemeja esto*[1]. »

Dans le quatrième et dernier voyage de Vespuce, l'infériorité de sa position est encore plus franchement indiquée. Il se plaint de la vanité présomptueuse du commandant de l'escadre (*navidominus noster vel præfectus, capitano maggiore*) ; il parle des ordres que lui donnait ce chef. Une seule phrase du texte italien de Baccio Valori qui ne se trouve pas dans le texte latin de Saint-Dié, semblerait annoncer que Vespuce était capitaine d'un des six vaisseaux[2] employés dans la quatrième expédition. Cette circonstance, preuve d'une grande confiance dans les connaissances nautiques de Vespuce, ne pourrait nous surprendre, puisque nous savons par des documens officiels qu'une année plus tard la cour d'Es-

[1] Nav. t. I, p. 306.

[2] « Il capitano maggiore volle andare a riconoscere la Serra Liona, terra d'Etiopia australe, senza tener necessità alcuna, se non per farsi vedere che era capitano di sei navi, contro alla volontà di tutti noi altri capitani. » Bandini, 58.

pagne voulut le mettre à la tête d'une nouvelle expédition, conjointement avec un des plus grands navigateurs de cette époque, Vicente Yañez Pinzon[1]. Il résulte de cette analyse des différens écrits d'Améric Vespuce que nulle part il ne s'est vanté d'avoir commandé en chef dans la première, la troisième et la quatrième de ses navigations[2], qu'il se sert des

---

[1] Cédule du roi Philippe I, du 23 août 1506. (Nav. t. III, p. 294 et 320.)

[2] Une seule fois, en parlant dans la lettre à Médicis, qui traite du second voyage, d'une nouvelle expédition préparée par le roi d'Espagne (expédition dans laquelle Vespuce ne put se joindre à cause de son départ inattendu pour le Portugal), celui-ci se sert de la phrase suivante : *Qui m'armano tre navili perche nuovamente vadia a discoprire.....* BANDINI, p. 84. C'est aussi cette relation du second voyage qui, d'après le texte de Riccardi (non d'après ceux de St-Dié et de Valori), parle seule d'une *commission* spéciale donnée à Vespuce *per andare a discoprir.* (BAND. p. 65.) Mais pourquoi cette « commission de Son Altesse » devrait-elle être nésessairement exclusive et personnelle ? Le troisième voyage dans lequel Vespuce avoue le plus clairement qu'il était sous les ordres d'un *capitano maggiore,* prouve déja qu'il ne faut pas mettre trop d'importance à ces formes variables de style dans lesquelles *je trouvai*

expressions : « Nous abordâmes, nous découvrîmes, » comme peut s'en servir toute personne qui fait partie d'un équipage, et que par conséquent rien n'annonce qu'il ait voulu s'attribuer à lui seul dans les voyages que je viens de nommer, la gloire des découvertes. Il peut rester quelque incertitude sur le second voyage, à cause de la phrase : « *Per commissione dell' Altezza di questo Re di Spagna mi partii con due caravelle;* » mais un seul texte nous offre ces paroles, qui ne sont peut-être que la traduction de : *éx mandato Regis Castiliæ*, paroles qui se trouvent aussi dans les *Quatuor Navigationes*, et qui indiquent simplement que deux de ces expéditions étaient faites aux frais du gouvernement espagnol. D'ailleurs, selon les idées mêmes du navigateur florentin, la gloire de ses découvertes ne pouvait, comme je le prouverai plus bas, être fondée que sur

est placé pour *nous trouvâmes.* C'est dans ce même troisième voyage que nous lisons, à l'occasion de l'ancienne controverse sur l'existence d'habitans dans la zone torride et au-delà de l'équateur : « *Oltra l'equinoziale io ho trovato paesi più pieni di abitatori che giammai altrovi io abbia ritrovato.* »

leur étendue : Vespuce, jusqu'à l'époque de sa mort, était fermement persuadé d'avoir abordé aux côtes d'Asie.

Michel Servet, victime de la tourmente religieuse et de l'intolérance protestante de Genève, accuse Vespuce dans un passage de l'édition de Ptolémée (1535) que nous avons eu occasion de citer plus haut, de n'avoir même été embarqué avec les Portugais que comme *marchand, ut suas merces commutaret*. Ce blâme est d'autant plus grave, que Servet était Espagnol de nation, né à Villanueva dans l'Aragon, trois ans seulement avant la mort de Vespuce, compagnon de Hojeda. Je nomme ici Alonzo de Hojeda, parce que dans le témoignage qu'il rendit publiquement dans le procès contre les héritiers de Colomb, il déclara que dans l'expédition entreprise à la côte de Paria « pour faire des découvertes *après l'amiral*, » il amena avec lui « *Juan de la Cosa, pilote, Morigo Vespuche et d'autres pilotes*[1] ». C'est la traduction littérale de cette

---

[1] Il est important de rapporter ici les propres paroles de Hojeda : « Dice que en este viage que este dicho testigo hizó, *trujo consigo á Juan de la Cosa, piloto,*

déclaration importante. La place que ce témoignage assigne à Vespuce, n'indique pas un
marchand embarqué comme par hasard. Il
reste même incertain si les mots « et autres
pilotes » qui sont précédés par le nom de Vespuce ne qualifient pas ce dernier de pilote
aussi. Une telle conclusion ne laisserait rien à
désirer; le célèbre Juan de la Cosa, le même
dont je publie la carte d'Amérique de 1500,
n'était pas déja désigné spécialement comme
pilote : car d'après les règles d'une interprétation très sévère, le mot *autres* peut se
rapporter à une similitude d'état avec le seul
Juan de la Cosa[1]. Je pense que Vespuce lui-

é Morigo Vespuche é otros pilotos : que fué despachado
este testigo para el dicho viage (á Paria) por mandado
del dicho D. Juan de Fonseca, Obispo de Palencia, por
mandado de SS. AA. » (Nav. t. III, p. 544.)

[1] C'est l'interprétation qu'adopte M. Navarrete, puisqu'il dit que, malgré le témoignage de Hojeda, on ignore
en quelle qualité Vespuce fut embarqué. Herrera
(Dec. I, lib. IV, cap. 1), ennemi du navigateur florentin,
cherche cependant à adoucir le trait satirique de Michel
Servet. « Hojeda, dit Herrera, était accompagné en 1498
de Juan de la Cosa, homme d'une grande intrépidité,
comme pilote, et de Vespuce comme négociant (*mercader*)

même nous a indiqué avec sincérité dans quel
but on lui permit de prendre part au voyage.
C'était pour aider à découvrir, *per aiutare a
discoprire*. En signalant ici Vespuce comme
l'astronome de l'expédition, je me fonde sur
l'analogie d'un fait que l'on n'a pas apprécié
avec l'attention qu'il mérite et qui caractérise
pour ainsi dire les progrès de la culture scienti-
fique à la fin du quinzième siècle. La reine Isabelle partageait probablement la haute opinion
que Christophe Colomb avait (j'oserais presque
dire à tort) de ses propres connaissances en
astronomie nautique : cependant au moment
de son départ pour la seconde expédition, la
reine l'engage[1] « à amener avec lui un bon *as-*

et savant (*sabio*) en affaires de cosmographie et de marine. » Tiraboschi (lib I, cap. 6, § 21) dépeint Vespuce
comme un passager intéressé pécuniairement dans l'armement de l'expédition, mais jouissant d'une haute
considération à cause de ses connaissances nautiques.

[1] *Carta mensagera* (lettre) des monarques à Christophe
Colomb en date du 5 septembre 1493, trouvée dans les
archives du duc de Véragua : « Y nos parece que seria
bien que llevasedis con vos un buen *estrologo* y nos
parescia que seria bueno para esto Fray Antonio de
Marchena porque es buen *estrologo*, y siempre nos

tronome, à faire choix par exemple du moine franciscain Antonio de Marchena, qui possède les connaissances requises et qui paraît être d'un esprit accommodant et plein de déférence pour les volontés de l'amiral. » Cette injonction prouve qu'on était habitué alors à voir un astronome ou cosmographe dans une expédition de découvertes à côté des pilotes praticiens, sans doute parce que l'usage de l'astrolabe et du quart de cercle (*cuadrante*), comme les calculs d'après les tables de Régiomontamus, étaient encore d'un usage très récent dans la marine. Pourquoi le choix de Hojeda ne serait-il pas tombé sur Vespuce que l'illustre Cabot appelle « un homme bien expert dans l'art de prendre des hauteurs (pour fixer la latitude), » et dont Pierre Martyr

parecio que se conformaba con vuestro parecer : por eso si a vos parece sea este sino sea otro cual, que quisieredes...» (Nav. t. II, p. 110.) La reine veut que l'astronome soit complaisant et facile à vivre pour que la paix puisse régner à bord du vaisseau de Colomb. Sur la question de savoir si l'astronome Marchena est identique avec Fray Juan Perez, l'ami et protecteur de l'amiral, et gardien du couvent de la Rabida, voyez Nav. t. III, p. 603, et Muñoz, lib. IV, § 24.

d'Anghiera, l'ami de tous les grands marins
de son temps, vante les connaissances astronomiques et l'*art polaire*?

Les relations des voyages de Vespuce, surtout les lettres adressées à Médicis, n'offrent
en grande partie que des tableaux de mœurs
et des récits d'aventures. Il faut par conséquent, pour les soumettre à une critique historique, en extraire le peu de faits, de noms
propres et de chiffres qu'on y trouve confusément dispersés. Cette analyse seule peut conduire à reconnaître quelles sont les expéditions
espagnoles ou portugaises auxquelles Vespuce
a été associé. Les époques du départ et de
l'arrivée, le nombre des vaisseaux, la direction de la navigation, la physionomie du pays
visité et ses productions, les aventures et les
chances du voyage, voilà les caractères propres à nous guider et à justifier nos conjectures et nos rapprochemens. Le laconisme
intentionnel ou fortuit du narrateur est désespérant en tout ce qui tient aux renseignemens
géographiques. Cependant, et cette circonstance ne doit pas être passée sous silence,
l'omission des faits et des dénominations de
sites les plus mémorables, caractérise presque

au même degré plusieurs des relations fragmentaires qui ont été publiées dans les premières années du seizième siècle. Vainement on chercherait dans le troisième voyage de Colomb, décrit d'après le journal[1] même de ce navigateur et inséré dans l'*Itinerarium Portugallensium*, au récit de la découverte de la terre ferme, les noms de l'*Ile de la Trinité*, de la *Tierra de Gracia*, de la *Boca del Dragon*, et du fameux *Golfe des Perles*. Aucune latitude n'est indiquée dans ce voyage de Colomb, dans ceux de Per Alonzo Niño (*Niger* selon Madrignano) et de Vicente Yañez Pinzon (*Byntze* selon Ruchamer). L'importante découverte du Cap Saint-Augustin par Pinzon est passée sous silence et à peine devine-t-on dans le premier Recueil de 1507 que le voyage a été vers l'hémisphère austral et sur les côtes du Brésil. Le promontoire de Paria y est constamment nommé *Payra*; on fait arriver Alonzo Niño dont l'expédition était terminée au mois d'avril 1500, à Cauchieto, sur les côtes de Caracas, le premier novembre de la

---

[1] On fait parlér l'amiral lui-même. *Itin. Portug.* cap. CV ; Gryn. p. 98.

IV.   15

même année[1]. Pour juger avec équité les *Quatuor Navigationes* de Vespuce, extrait d'un livre qui n'a jamais paru, il faut connaître intimement l'état des autres publications de cette époque.

Je fais suivre ici les analyses partielles de chaque expédition en séparant les faits de toute interprétation conjecturale. Le texte que j'ai suivi est celui d'Hylacomylus, selon l'édition de Saint-Dié. Les *variantes lectiones* sont tirées des textes italiens de Baccio Valori et de Riccardi[2]. J'ai négligé les *variantes* de Francesco Giunti, le commentateur de Sacro Bosco, parce que ce géomètre n'est que de la fin du seizième siècle. Les extraits de Hojeda et de Vicente Yañez Pinzon, ont été placés en regard du premier et du second voyage d'Améric Vespuce, afin que le lecteur puisse apprécier le degré de probabilité de

---

[1] *Itin.* cap. CX; GRYN. p. 103.

[2] Je me sers dans le texte par abréviation des initiales H, V et R, pour indiquer les textes de St.-Dié, de Valori et de Riccardi. Pour mettre le lecteur en état de vérifier les faits, je cite la réimpression d'Hylacomylus dans le grand ouvrage de M. NAVARRETE, t. III, p. 191 — 290.

leur identité respective. J'ai conservé d'ailleurs la succession des événemens telle qu'elle est présentée dans les relations mêmes.

I. LE PREMIER VOYAGE DE VESPUCE COMPARÉ AU VOYAGE DE HOJEDA.

PREMIER VOYAGE D'AMÉRIC VESPUCE.	PREMIER VOYAGE D'ALONZO DE HOJEDA.
1) — Départ de Cadix le 20 mai 1497 (Val. 10 mai 1497). Quatre navires expédiés par ordre spécial du roi Ferdinand. (Nav. III, 196.)	1) — Départ de P[to] de Sta Maria près de Cadix, selon les manuscrits de Las Casas, le 20 mai 1499. Quatre navires expédiés par ordre spécial des monarques (III, 544) et sous les auspices du ministre des Indes * l'évêque Fonseca.
2) — « Des Iles de la Gran Canaria* » aux côtes	2) — De la Gomera, une des Iles Canaries, aux côtes

* Cette expression *Isole de la Gran Canaria* n'indique aucunement chez Vespuce l'île de Canarie que les Espagnols ont l'habitude aussi de nommer la *Gran Canaria* : elle désigne le groupe entier. Vespuce dit (selon le texte de Saint-Dié): *Insulæ Fortunatæ, nunc vero Canariæ Magnæ insulæ dictæ* (III, 198).

* Gomara (cap. 21) le nomme *Presidente de las Indias.* On sait par le procès du fisc contre les héritiers de Christophe Colomb que Hojeda était accompagné dans cette expédition par Juan de la Cosa, Améric Vespuce et Bartolomé Roldan. Ce dernier avait déjà été comme pilote avec Colomb en 1498 sur les côtes de Paria. (Ms. de Las Casas selon WASHINGTON IRVING, liv. XII, chap. 6.)

du Nouveau Monde, vingt-sept (V. 37) jours de navigation. « Nous vîmes, après avoir gouverné O. $\frac{1}{4}$ S. O. (III, 199), une côte qui nous parut de la terre ferme, le pôle *boréal* étant élevé de 16°. » Mais Canovai (p. 30 et 327) soupçonne, à cause du rumb de vent indiqué par Vespuce, qu'il faut lire 6° N.

du Nouveau Monde, vingt-quatre jours de navigation. On atterre sur les côtes de Surinam à peu près par les 3° de latitude boréale (III, 5), selon le témoignage de Hojeda recueilli dans le *procès* (III, 544), 200 lieues (au sud-est) du promontoire de Paria.

3) — L'expédition suit la direction de la côte qui est aussi celle dans laquelle souffle le vent (III, 201). Description prolixe des mœurs des indigènes (III, 203-218). Comme au commencement du voyage on ne trouve « rien de bien profitable » et de faibles traces d'or, on arrive, après bien des détours, en suivant les sinuosités de la côte, à un endroit habité dont la construction rappelle Venise (III, 219), *a una popolazione fondata sopra l'acqua come Venezia.* Combat dans lequel cinq Espagnols sont blessés. On navigue 80 lieues plus loin et on rencontre une race d'hommes de mœurs plus douces qui se nourrissent de la farine de poissons.

3) — L'expédition suit la direction de la côte du sud-est au nord-ouest. Elle trouve la mer entièrement douce par l'effet de la proximité de deux rivières dont l'une (l'Essequivo) coule du sud au nord, l'autre (l'Orénoque) de l'ouest à l'est. La côte est composée de terrains très bas et marécageux. Le courant porte du S. E. au N. O. Île de la Trinité. Golfe de *Paria* (III, 543). La proue à l'ouest, on arrive à l'île de la Marguerite et au Cap Codera, alors Cabo Isleos.

4) — Incursion dans l'intérieur des terres pendant laquelle les Espagnols sont accueillis « de la manière la plus honorable. » (III, 227.) Tout ce pays s'appelle *Paria* (V. *Lariab*) et se trouve situé « dans la zone torride directement *sub parallelo qui Cancri tropicum describit, unde polus horizontis ejusdem se vigenti tribus gradibus elevat,* erreur de déplacement vers le nord contrastant avec l'erreur de Christophe Colomb qui assigne à la continuation de cette même côte vers l'est (I, 258) à la Boca de la Sierpe une latitude de 5°, au lieu de 10° 5'. On a déja fait 870 lieues pendant treize mois. Les navires sont réparés dans le plus beau port du Monde, où l'on *reste pendant trente-sept jours* : puis l'on navigue pendant sept jours à la faveur des vents est et nord-est. On trouve un grand nombre d'îles parmi lesquelles on atterre à l'Ile d'*Iti* (III, 237), habitée par un peuple extrêmement belliqueux.

4) — Incursion dans l'intérieur des terres pendant laquelle les indigènes rendent aux Espagnols « des honneurs extraordinaires » (III, 7). Puerto Flechado (Chichirivichi), où il y eut un (voyez 5)

5) — *Combat* à Iti. Les Espagnols ont *un mort et vingt-deux blessés*. Ils font

5) — *Combat* sanglant. Les Espagnols ont *un mort et vingt blessés* (III, 7).

XXV (selon le texte de Valori CCXXC) prisonniers indiens (III, 240).

Pour guérir les blessés, Hojeda entre dans un port près de la Vela de Coro où l'on *reste pendant vingt jours* (III, 234). D'après Herréra, pendant *trente-sept jours.* (Le même historiographe signale commme refuge le beau port de Mochima ou Maracapana, quelques lieues à l'ouest de Cumana.) D'après le témoignage du pilote Andrès de Morales, Hojeda reconnaît la *Isla de Gigantes* (III, 544), qui, selon la position qu'il désigne, est l'Ile de Curaçao (III, 7 et 34) et le Cabo de San Roman. Plus tard on entre dans un golfe au milieu duquel s'élève un hameau dont les maisons sont construites sur pilotis comme à *Venise* («pueblo sobre el agua en un golfo que llamaron Golfo de Venezia »). Oviedo (lib. III, c. 8) dit que Hojeda est parvenu vers l'ouest jusqu'à la province de Cinta, 8 lieues à l'est des montagnes de Santa Marta. Depuis trois mois il a fait plus de 600 lieues. Départ pour l'Ile d'Haïti, le 30 août 1499. Après avoir visité, selon Herrera (Dec. I, lib. IV, cap. 2), parmi les Iles Caribes, la Dominique et la Guadeloupe, Hojeda débarque dans le port de Yaquimo à Haïti le 5 septembre 1499 (III, 9). Durée de l'expédition depuis le départ d'Espagne jusqu'à l'arrivée à Haïti, trois mois seize jours (d'après Herrera cinq mois).

6) — Retour en Espagne avec deux cent vingt-deux *captifs*. Arrivée à Cadix le 15 octobre 1499 (d'après Valori le 18 octobre 1498). Vespuce dit invariablement selon l'édition de St.-Dié (III, 196) et selon le texte de Valori (BAND. p. 6) que toute son expédition a duré dix-huit mois (III, 196); mais les dates du texte de St-Dié donneraient trente-un, celles du texte de Baccio Valori seize mois. De plus, le *départ* pour le second voyage (en mai 1489 d'après l'édition de St.-Dié, en mai 1499 d'après les textes de Riccardi et de Valori) est en contradiction directe avec le retour du premier voyage, d'après l'édition de St.-Dié; tandis que le retour, selon le texte de Valori, ne contredit que la date du départ pour le second voyage d'après Hylacomylus, quoiqu'on lise dans la *Cosmographiæ Introductio* 1498 au lieu de

6) — Soupçon d'enlèvement *d'esclaves* (III, 167). Las Casas affirme que Hojeda en avait déja un grand nombre avec lui lors de son entrée à Yaquimo (III, 332). Herréra les nomme des captifs enlevés à Portorico (Dec. I, lib. IX, cap. 4). De vives altercations avec Francisco Roldan et Christophe Colomb retiennent Hojeda long-temps à Haïti. Comme ces altercations ne cessent qu'en février 1500, Hojeda n'arrive à Cadix qu'à la mi-juin de la même année. Durée de toute l'expédition, treize mois.

1489. Le père Charlevoix donne au premier voyage de Vespuce une durée de vingt-cinq mois (BAND. p. LXV), tandis qu'Herréra réduit cette durée à cinq mois (Dec. I, lib. IV, cap. 2). Ces variantes méritent beaucoup d'attention.

7) — Vespuce ne parle pas de *perles* dans cette relation du premier voyage. Il dit seulement qu'on vendit à Cadix les deux cent vingt-deux Indiens.

7) — Hojeda n'obtient que quelques (*algunas*) *perles* dans le golfe de Paria et se montre peu content des fruits de l'expédition.

II. LE SECOND VOYAGE DE VESPUCE COMPARÉ AU VOYAGE DE VINCENTE YAÑEZ PINZON.

SECOND VOYAGE D'AMÉRIC VESPUCE.

1) — Départ de Cadix un jour du mois de mai 1489 (Val. le 16 mai 1499; Ric. le 18 mai 1499). Deux caravelles selon la lettre à Médicis [1] (BAND. p. 65), trois

PREMIER VOYAGE DE VICENTE YAÑEZ PINZON.

1) — Départ de Palos (du Rio de Saltes, d'après le témoignage du pilote Juan de Umbria ou Ungria, cousin de Martin Alonzo Pinzon, NAV. t. III, 547 et 559),

[1] Dans cet aperçu du second voyage de Vespuce, je cite la lettre à Pierre Francesco de' Medici d'après l'édition de Bandini (*Vita e lettere di Amerigo Vespucci*, 1745, p. 64–86). Ces lettres se trouvent réimprimées, toujours d'après le texte de Riccardi, dans CANOVAI, *Viaggi di Amerigo Vespucci*, 1817, p. 50–69.

d'après la lettre à Soderini, texte de Valori (BAND. p. 37). Le texte d'Hylaco-mylus ne fait pas du tout mention du nombre des navires.

au commencement de décembre 1499 (III, 18). L'*Itinerarium Portugallensium*, cap. 112, indique le 18 novembre 1499, Gomara le 13 novembre. Quatre navires dont deux commandés par Arias Perez Pinzon et Diego Fernandez Colmenero, l'un et l'autre neveux de Vicente Yañez Pinzon (ANGHIERA, Dec. I, lib. IX, p. 101; NAV. III, 82 et 550). Deux navires seuls de l'expédition sont retournés en Espagne (SOUTHEY, *Hist. of Brazil*, I, 7); les deux autres ont fait naufrage sur les bas-fonds de Babueca (NAV. III, 21, et plus haut, *Exam. crit.* tom. III, p. 219).

2) — L'expédition touche d'abord aux îles Canaries (à la Gomera selon le texte de Riccardi) et puis à l'île Fuego appartenant au groupe des Iles du Cap Vert.

2) — L'expédition touche d'abord aux Iles Canaries puis le 13 janvier 1500, selon le témoignage du capitaine Colmenero (III, 551) à l'Ile Fuego, du groupe des Iles du Cap Vert; mais selon le témoignage de Pedro Ramirez (III, 550) aux Iles de S. Antonio, petit archipel situé au N. N. O. de l'Ile Fuego et comprenant les ilots de San Antonio, S. Nicolas, Santa Lucia et San Vicente.

3) — Traversée de 500 lieues (Val. de 800 lieues) en dix-neuf jours (R. en 24, V. en 44 jours) pour aborder le 27 juin, par les 5° de lat. *australe* (R. par 6° ⅕, V. par 8° de lat. aust.), à une nouvelle terre que « nous regardions comme terre ferme et qui se trouvait placée en face de celle dont il a été question dans le premier voyage[1]. » (Le texte de Valori dit simplement que la nouvelle terre est contiguë à celle qui a été vue antérieurement, *continua à la di sopra si fa menzione*.) On trouve des terrains bas, inondés, couverts d'une épaisse végétation. On navigue 40 lieues plus loin en suivant la côte vers le sud-est, et on trouve une mer d'eau douce. Les tonneaux sont remplis d'eau potable à 15 lieues de la côte. (Vue du cap que Ptolémée appelle *Cap Cattigara*, de sorte que « d'après les degrés de latitude et de longitude, nous devions nous trouver peu éloignés du *Sinus Magnus*. » BAND.

3) — Traversée de 540 lieues du N. E. au S. O. pour aborder, le 20 janvier 1500, à une nouvelle terre par les 8° de latitude *australe*, après avoir coupé l'équateur pour la première fois sous pavillon espagnol (HERRERA, Dec. I, lib. IV, cap. 6) du côté de l'Amérique. L'atterrage de Pinzon se fait au *Cap St.-Augustin*, appelé alors Cabo de Santa Maria de la Consolacion (aussi Rostro Hermoso). Le commandant seul débarque avec les *escribanos* (III, 548) pour faire une de ces risibles cérémonies de prises de possession auxquelles on n'a pas encore renoncé au dix-neuvième siècle. (L'*Itinerarium Portugallensium*, dans la courte description de l'expédition de Vicente Yañez Pinzon, ne fait aucune mention sous un nom quelconque du Cap. St.-Augustin, pas plus que la lettre de Vespuce à Soderini.) Plus loin, vers le sud, on rencontre des tribus d'indigènes nomades et d'une taille extraordinaire.

---

[1] « Terram quamdam novam tandem tenuimus, quam quidem firmam existere censuimus, contra illam de qua facta in superioribus mentio est. » (NAV. III, 243.) Dans la lettre à Médicis il n'est pas du tout question de la terre ferme vue dans un voyage antérieur.

p. 66.) La lettre à Soderini (III, 244) ne fait pas mention de la vue du Cap Cattigara d'Asie, mais celle que Vespuce adressa à Médicis, lors de sa relâche au Cap Vert, le 4 juin 1501, au commencement de son troisième voyage, énonce clairement que « la terre à laquelle Pedro Alvarez Cabral toucha accidentellement (le 22 février 1500), lorsqu'il voulut doubler le Cap de Bonne-Espérance, est identique avec la terre que Vespuce découvrit dans le voyage pour le roi de Castille [1]. » Or Cabral avait atterré sur les côtes du Brésil par les 10° de latitude australe. (III, 45.)

4) — Courant extrême-

4) — L'expédition n'avan-

[1] « Questi tredeci navigli (della flotta del Re di Portogallo) posono in una terra, dove trovarono gente *bianca* et ignuda *della medesima terra che io discopersi per lo Re di Castella*, salvó che è più a levante. » BALDELLI, *Il Milione*, t. I, p. LIV. La lettre de Vespuce du 4 juin 1501 est tirée du manuscrit de Pier Voglienti, qui est le n° 1910 de la bibliothèque Riccardienne. Comme des deux voyages que Vespuce à faits pour l'Espagne, le second seul a été au sud de l'équateur, il ne reste aucun doute que les mots *io discopersi* font allusion à la seconde expédition du navigateur florentin. Si Cabral a atterré par les 10° et Vespuce par les 5°—8° de latitude australe, l'expression *più a levante* n'est pas très précise. Mais comment chercher de la précision dans l'indication des longitudes, lorsque entre les 5° 1/4 et 10° de latitude australe, la côte varie à peine d'un seul degré en différence de méridiens. Vespuce se trompe aussi lorsqu'il place le départ de Cabral de Lisbonne au mois d'avril 1499 : il avait lieu le 9 mars 1500.

ment fort, semblable à ceux du pharc de Messine et du détroit de Gibraltar (BAND. p. 68), du S. E. au N. O. Ce courant entrave la navigation (III, 245) et force de tourner *la proue au N. O.* On n'avait donc été qu'au nord du parallèle de Bahia, car plus loin vers le sud, le courant porte au S. O. Selon la lettre à Médicis (BAND. p. 83), le terme le plus austral de cette navigation de Vespuce n'aurait été que 6° ½ sud, mais [1] un témoignage de Sébastien Cabot (NAV. III, 319) prouve qu'on était parvenu pour le moins jusqu'au Cap S.-Augustin. En cotoyant toujours vers le N. O. on arrive à une baie au milieu de laquelle est placée une île. Combat avec les Can-ce pas plus loin vers le S. E. ; elle *met la proue au N. O.* et coupe de nouveau l'équateur. Combat avec les naturels. Dix Espagnols blessés. On reconnaît l'embouchure de la rivière des Amazones, et on trouve une mer d'eau douce à une grande distance des côtes. On passe entre l'Ile Joanes de Marayo et le continent, en entrant dans l'Amazone. En remontant dans la rivière on enlève trente-six esclaves de la province de Marinatambal (III, 20). L'*Itinerarium Portugallensium* dit : Regioni nomen est *Chiama* marina tambala (cap. CXIII). Ce mot *chiama* (*s'appelle*) ajouté par méprise, prouve que la traduction a été faite de l'italien en latin. Les navires de

---

[1] Les deux voyages de Vespuce dont parle Sébastien Cabot comme ayant servi à faire connaître la latitude précise du Cap Saint-Augustin évaluée alors à 8° S., ne peuvent avoir été que le second et le troisième ; puisque dans le procès du fisc contre les héritiers de Colomb, Nuno Garcia et Andrès de Morales affirment que la dernière des déterminations de la latitude du Cap Saint-Augustin fut faite (NAV. III, 320) lorsque Vespuce navigua « pour le roi de Portugal. » Or, des quatre expéditions de Vespuce, il n'y a eu de faites aux frais du Portugal que les deux dernières. Dans la quatrième, Vespuce n'a abordé aux côtes d'Amérique qu'au sud de la Bahia de Todos los Santos (12° 58′ S.). Dans la première il n'a pas été au sud de l'équateur : il ne reste donc, pour avoir déterminé la position du Cap Saint-Augustin (situé, d'après l'amiral Roussin, par les 8° 20′ S.), que le second voyage pour l'Espagne et le premier pour le Portugal, qui est le troisième des *Quatuor Navigationes.*

nibales (III, 247). Quatre-vingts lieues plus loin au N. O., l'expédition relâche dans un port où elle reste dix-sept jours, commerçant avec une peuplade de mœurs douces et riche en perles qui lui viennent d'un pays situé vers l'ouest. Plus loin encore on entre dans un autre port pour réparer et calfater un des navires qui faisait de l'eau. (Texte de Baccio Valori.) Enfin on reconnaît une grande île très basse à 20 lieues marines de distance du continent (probablement l'Ile de Joanes de Marayo, située dans l'embouchure de l'Amazone) : cependant de la pointe continentale de Tigioca au Cap Magoari de la grande île, il n'y a pas 20, mais seulement 12 lieues. (Nav. III, 18 et 252.) Il pleut très peu dans cette contrée. (III, 255.)

Pinzon se trouvent en grand danger par les effets des mouvemens terribles de la marée qu'on appelle *Pororoca* (La Condamine, *Voy.* p. 201) à l'embouchure de l'Amazone et la *barre* ou le *Mascaret* sur la Gironde.

5) — Vespuce raconte « que dans le cours de sa navigation il a coupé deux fois l'équateur (III, 259) et montré à la *gente grossolana* que les ombres tombaient au sud et au nord. » (Band. p. 69.) Il se vante d'avoir fait beaucoup d'observations astronomiques sur les étoi-

5) — Pinzon, pendant sa navigation au sud de l'équateur, est très occupé des constellations du ciel austral. (Anghiera, *Ocean.* Dec. I, lib. IX, p. 96.) Après avoir échappé aux dangers du mascaret, il commence à revoir l'étoile polaire.

les du ciel austral. Vaine recherche d'une étoile polaire antarctique. Description de quatre étoiles (de la Croix du sud) comparées par Vespuce (Band. p. 70) à la forme rhomboïdale d'une amande (*mandorla*), et auxquelles il applique le célèbre passage du Dante : *Io mi volsi a man destra e posi mente All' altro polo.* (Voyez tom. III , p. 132.) La lettre à Médicis rapporte une observation de la conjonction de Mars et de la lune, du 23 août 1499. Calculée d'après les Ephémérides de Régiomontanus, cette observation donne, selon Vespuce, au point de la côte où se trovait l'expédition, « une longitude de 82° ½ ou de 1366 ⅔ lieues de 16° ⅔ au degré, non comme porte le texte Riccardien dans un autre endroit (Band. p. 83), de 84° à l'occident de Cadix. » Il est digne de remarque que la conjonction du 23 août 1499 n'est pas du tout mentionnée dans la lettre adressée simultanément à Soderini et au roi Réné, selon l'édition de Saint-Dié. Comme cette édition place le retour du premier voyage au 15 octobre 1499, l'observation paraîtrait appartenir non au second, mais au premier voyage. Si le résultat du calcul méritait quelque attention, on ferait observer qu'une longitude si occidentale ($82°$ $\frac{1}{2}$) se rapporte bien plus mal encore aux côtes du Brésil et de la Guyane qu'à celles de Venezuela. La différence en longitude entre le Cap Saint-Augustin et le port de la Guayra (Terre ferme), par exemple, est de $32°$ $\frac{1}{2}$, et ce dernier port n'est encore que de $60°$ $50'$ à l'occident du méridien de Cadix.

6) — Après avoir quitté l'île très basse qui est située à 15 lieues de distance de la terre ferme (selon Navarrete, l'Ile de Marayo), on continue à naviguer vers le nord (Band. p. 73) et on reconnaît une autre île habitée par les Indiens anthropophages et d'une énorme stature, appelés Camballi ou Cambazi, « plus grands encore que M. Francisco de Albicio. » La lettre à Médicis (Band. p. 74 et 76) assigne à cette île une latitude boréale de $10°$ (la côte méridionale de l'Ile de la Trinité est par les $10°$ $6'$ N.) sans lui donner un nom

6) — L'expédition suit la côte vers le N. O. sur une longueur de 300 lieues, pour arriver au *Golfe de Paria* (III, 20), que l'*Itinerarium Portugallensium* (cap. CXIII) appelle *Payra.* L'eau de *la mer y est douce* à cause de la proximité de l'embouchure d'un grand fleuve (l'Orénoque). Expérience faite avec un vase à soupapes, par laquelle on constate qu'une couche d'eau douce de six brasses d'épaisseur couvre l'eau salée dont la profondeur n'est que de deux brasses. (Voyez tom. I, p. 314.)

particulier. Dans la lettre à Soderini (III, 259), elle est nommée *Île des Géans*. Les Camballi (Caribes) de cette île sont de *gentil disposizione*, « ne mangeant que leurs ennemis, et parmi ceux-ci seulement les hommes. » Ils font des incursions en d'autres îles pour enlever des esclaves. Il n'y eut pas de combat avec les Caribes de l'Ile des Géans, mais plus loin avec d'autres tribus du littoral. Après avoir longé la côte (méridionale) de l'île, on entre dans un golfe qui s'appelle le *Golfe de Parias* (BAND. p. 75) : ce nom manque dans la lettre à Soderini. L'ancre est jetée vis-à-vis d'un très grand fleuve *qui rend douce* l'eau du golfe. L'équipage est traité avec la plus grande hospitalité dans un village de la côte où l'on reçoit de belles perles pêchées dans ces parages mêmes. (BAND. p. 76.) La lettre à Soderini passe sous silence le Golfe de Paria et les perles. Elle offre un récit beaucoup moins circonstancié que la lettre de Vespuce adressée à Médicis. Pour ne pas altérer la série des faits, il faut séparer les deux versions.

7) — Selon la lettre a Soderini et au roi René (texte de Saint-Dié) : Après les petits combats qui eurent lieu au-delà (à l'ouest) de l'Ile des Géans (l'Ile de la Trinité), on suit la côte. Comme une année de navigation était déja révolue et que l'on manquait de vivres, l'équipage exprimait le désir de retourner en Espagne. Pour réparer les navires, on relâche dans un golfe où l'on reste pendant quarante-sept jours et acquiert par voie d'échange 119 marcs de perles. De là l'expédition se dirige vers l'Ile *Antiglia* « que Christophe Colomb a découverte il y a peu d'années. » Après y avoir séjourné deux mois et deux jours, « souffrant parfois de l'iniquité des chrétiens qui y sont établis (III, 261), » on met à la voile le 22 juillet et on arrive le 8 septembre (sans indication d'année) dans le port de Cadix. — Selon la lettre a Médicis (texte Riccardien) : Après avoir quitté le *Golfe de Parias*, l'expédition longe la côte (vers l'ouest) pendant 400 lieues. « On conclut (de cette longueur) et de la présence de certains (grands) quadrupèdes qui ne se trouvent

7) — Sorti du golfe de Paria, Pinzon navigue 600 lieues vers l'ouest (III, 21) sans faire une mention particulière de l'Ile de Curaçao, habitée par des Caribes à taille gigantesque, ni d'un village construit dans l'eau comme Venise, objets placés cependant tous deux sur la route. Anghiera affirme (Dec. I, lib. IX, p. 101) que Pinzon aussi regardait toute cette côte comme une terre ferme et comme *faisant partie de l'Asie*, entre le Cathay et les bouches du Gange. Les témoignages du capitaine Diego Fernandez Colmenero et de Pedro Ramirez, compagnons de Pinzon dans le voyage dont je donne ici le précis, nous apprennent (III, 21, 548 et 550) « que des côtes de Venezuela on fit voile vers la *Española*, appelée Isabella, en relâchant dans cette traversée à la Guadeloupe et à San Juan (Portorico). »

pas dans des îles (BAND.
p. 76), que cette terre appartient à l'*Asie orientale*
(« che questa era terra firma
e confini dell' Asia per la
parte d'oriente e il principio [1] per la parte d'occidente »). Vers le terme occidental de la navigation le
long de la côte on trouve
des tribus d'hommes grands
et féroces. Il y a de fréquens
combats, parfois de seize
Espagnols contre deux mille
indigènes ! On relâche dans
un port pour y guérir les
blessés dont un *seul* suc-
combe (BAND. p. 78). On
touche à une île éloignée de
15 lieues de la terre ferme,
île couverte de bois de brésil
et habitée par un peuple
de stature gigantesque. Les
hommes à genoux étaient
plus grands que Vespuce
lorsqu'il se tenait debout.
« Ciascuna delle donne pa-
reva una Pentesilea e gli
uomini Antei. » *Il n'y eut
pas de combat.* Plus loin, à
10 lieues de distance, on
trouve une autre île voisine
(« commarcana [2] »). Les

[1] Ces expressions rappellent celles de la première lettre de Toscanelli, et la dénomination de *Alpha et Omega* donnée par
Colomb au cap oriental de l'île de Cuba. (Voyez tome I, p. 21;
tome III, p. 9, 192.)

[2] Je signale l'emploi en italien d'un mot espagnol qui a donné

maisons d'un grand village y sont construites dans l'eau *comme à Venise* (Band. p. 80). On continue la navigation de la côte 300 lieues plus loin (en tout 700 lieues). Comme les navires faisaient beaucoup d'eau et que, selon le *point d'estime* des pilotes, on ne se trouvait qu'à 120 lieues de distance de l'*Ile Spagnuola* « dont l'amiral Colomb avait fait la découverte il y a six ans, » on résolut d'y atterrer.

8) — Après une relâche de deux mois dans cette île des Chrétiens, l'expédition met de nouveau à la voile le 22 juillet et fait 200 lieues *vers le nord* dans l'espace de quarante-cinq jours, en découvrant « au-delà de mille îles » habitées par une race d'hommes doux et timides. La navigation entre ces îles (Bahames?) était extrêmement dangereuse à cause des bas-fonds et des écueils. Le manque de vivres fait accélérer le retour en Espagne. On enlève deux cent

8) — « De la Isabella Pinzon se dirige *par le nord* vers d'autres îles, vers Samana et Jumeto (Saometo, Someto), Maguana et les bas-fonds de Babura (probablement Babueco). Voyez tome III, p. 192). Deux caravelles se perdent pendant une tempête sur ces bas-fonds en juillet 1500. » Cette route vers le nord est même convertie en une route vers l'ouest par l'*Itinerarium Portugallensium*. Il y est dit (cap. 113), dans le fragment du voyage de Pin-

lieu à la dénomination bizarre d'Ile *Camericanes* chez Maurile de Saint-Michel, désignant les Antilles. Voyez sur le passage de Philiponus, tome III, p. 92.

trente-deux *esclaves* dont trente-deux périrent pendant la traversée (BAND. p. 82). On arrive en soixante-sept jours aux Iles Açores (les *Isole de' Lazzori*), et à cause des vents contraires on ne peut atteindre le port de Cadix qu'après avoir reconnu les Iles Canaries et Madère. Cette lettre à Médicis porte la date du 18 juillet 1500, et, comme dans un autre endroit (BAND. p. 64), il y est dit que le retour en Espagne était un mois plus tôt, il faut admetttre pour ce retour le 18 juin 1500 : mais selon la lettre à Soderini et à René, Vespuce n'était parti que le 22 juillet de l'île d'Haïti, et arrivé le 8 *septembre* 1500 à Cadix. (La lettre à Soderini ne fait pas plus mention de l'enlèvement des deux cent trente-deux esclaves que du village bâti dans l'eau et ressemblant à Venise.)

zon, que les vaisseaux de ce navigateur arrivèrent à la Española le 23 juin 1500 : « Inde ajunt rursus mare sulcasse *occidentem versus* supra CCC leucas, et cum devenissent ad quandam provinciam atrox tempestas adorta est eos..... » (GRYNÆUS, ed. Bas. 1532, p. 121.) Madrignano place par conséquent le lieu du naufrage vers l'O. N. O. d'Haïti, entre les Iles Bahames mêmes ; Anghiera (Dec. I, lib. IX, p. 101) et, d'après lui, Herréra (Dec. I, lib. IV, cap. 6) le placent par erreur au sud ou au sud-est d'Haïti, dans la traversée vers cette île. Pinzon arriva à Palos avec les deux caravelles qui lui restaient, et, d'après Gomara (fol. 48), avec vingt *esclaves* qu'il avait enlevés pendant le cours de sa navigation, le 30 *septembre* 1500.

9) — Vespuce se vante d'avoir rapporté de son expédition un peu d'or en grains, deux pierres, l'une de couleur d'*émeraude*, l'autre semblable à de l'*améthyste* très dure (les deux pierres longues de deux

9) — Parmi les choses rares que rapporta de son voyage Vicente Yañez Pinzon, se trouvait une sarigue vivante, la première qu'on vît en Europe, et beaucoup de pierres fines « dont une très belle fut reconnue pour

empans , et grosse de trois doigts, furent gardées parmi les joyaux de la couronne), un grand cristal de *béril* et des perles parmi lesquelles quatorze perles rouges « très agréables à la reine Isabelle. » (Band. p. 83 et 84.) Vespuce se plaint que la reine « lui ôta (*mi tolsa*) une coquille à laquelle se trouvaient attachées cent trente perles. Il se garda de lui montrer d'autres objets également rares. ».(Lettre à Soderini d'après le texte de Baccio Valori [Band. p. 44], non d'après l'édition de Saint-Dié.) Durée de tout le voyage treize mois, « après avoir exploré une immense étendue *des côtes d'Asie.* » (Band. p. 83.)

une *topaze* par le naturaliste et médecin italien Baptista Elysius. » (Angh. Dec. I, lib. IX, p. 101.) Durée de tout le voyage, dix mois, « après avoir parcouru les côtes d'Asie voisines du Cathay. »

J'ai réuni les deux premières expéditions d'Améric Vespuce , non parce qu'elles furent entreprises dans les intérêts d'un même monarque, celui d'Espagne, mais parce que les adversaires de Vespuce ont avancé que les deux expéditions ne sont en réalité qu'une seule différemment relatée , et attribuée par une fiction intentionnelle à des époques distinctes.

Le rapprochement des faits sous la forme de tableaux m'a paru le moyen le plus sûr pour mettre en évidence l'analogie ou la dissemblance des deux voyages. Ce rapprochement n'a point encore été tenté. Dans une question de cette importance, la critique historique ne doit pas s'arrêter aux détails d'événemens partiels qui peuvent être par la négligence du narrateur plus ou moins altérés; il s'agit du fond de vérité que présente l'ensemble de la relation de chaque voyage. L'examen critique des faits auquel je me livre n'est pas un plaidoyer tout en faveur de Vespuce; mais vouloir trouver dans la fraude et dans l'intention maligne de nuire à la gloire de Colomb, la clef de tout ce qui est inexplicable d'après les données incomplètes que nous possédons jusqu'ici, me paraît aussi contraire à l'équité qu'à la prudente réserve de l'histoire. J'ai placé en regard de chaque relation des voyages de Vespuce un autre voyage espagnol dont l'authenticité quant aux époques et à la série des événemens n'a jamais été révoquée en doute. Fidèle au système de scepticisme que j'embrasse dans une matière si épineuse, j'ai dû faciliter une comparaison approfondie du premier et du second voyage de Vespuce avec les deux expéditions de Hojeda et de Pinzon. Il existe des convictions instinctives qu'on ne peut imposer, mais que fait naître la réunion de beaucoup de preuves purement conjecturales.

Nous commencerons par rappeler les élémens numériques de la discussion. Aux quatre voyages contestés de Vespuce dont les époques sont relatées dans les textes de Baccio Valori, d'Hylacomylus et de la collection Riccardienne, je ferai suivre le tableau des principales expéditions espagnoles et portugaises. Dans celles-ci les dates sont fondées sur des documens certains, et leur série doit être présente à la mémoire de ceux qui s'intéressent au problème qui nous occupe.

VOYAGES DE VESPUCE.

1er voyage. (4 navires.)	Hyl. 20 mai 1497 — 15 octobre 1499. Val. 10 mai 1497 — 18 octobre 1498.
2e voyage. (2 navires.)	Hyl.... mai 1489 — 8 septembre..... Val. 16 mai 1499 — 8 septembre 1500. Ricc. 18 mai 1499 — 18 juin 1500.
3e voyage. (3 navires.)	Hyl. 10 mai 1501 — .... 1502. Val. 10 mai 1501 — 7 septembre 1502. Ricc. 13 mai 1501 — ....
4e voyage. (6 navires.)	Hyl. 10 mai 1503 — 28 juin 1504. Val. 10 mai 1503 — 18 juin 1504.

Dix-huit expéditions, dirigées toutes, à l'exception de deux, vers les côtes orientales du Nouveau Monde, ont eu lieu pendant l'intervalle des quatre voyages d'Améric Vespuce. Dans le tableau chronologique qui suit, il a fallu remonter jusqu'à Sébastien Cabot et descendre jusqu'au quatrième voyage d'Alonzo de Hojeda, puisqu'il s'agit ici d'une priorité de découverte de la *terre ferme* et que les différens voyages de Hojeda ont été confondus avec ceux d'Améric Vespuce. Pour rendre plus accessibles les sources auxquelles j'ai puisé, j'ai indiqué avec soin les documens anglais ou portugais là où la question des dates pouvait paraître sujette à quelques contestations.

CHRONOLOGIE DES EXPÉDITIONS

VERS LES COTES ORIENTALES DU NOUVEAU MONDE, DEPUIS
LE SECOND VOYAGE DE CHRISTOPHE COLOMB JUSQU'AU
QUATRIÈME VOYAGE D'ALONZO DE HOJEDA,
DE 1493 A 1510.

Second voyage de *Christophe Colomb* (avec Juan de la Cosa et Alonso de Hojeda), 25 septembre 1493 — 11 juin 1496.

Dix-sept navires sortis de Cadix. Départ d'Haïti pour entreprendre la découverte de la Jamaïque (Santa Gloria, Ile de Santiago) et de la côte méridionale de Cuba, le 24 avril 1494. Retour à Isabela, port d'Haïti, le 29 septembre de la même année.

Premier voyage de *Jean* et *Sébastien Cabot*, printemps 1497 — commencement d'août 1497.

Quatre navires (d'après la chronique de Robert Fabian, ou plutôt d'après celle de John Stow), sortis de Bristol, et armés aux frais des négocians de cette ville. (TYTLER, *Progr. of northern discov.* 1832, p. 21, 437, 440-444.) M. Biddle (*Mem. of Seb. Cabot*, p. 50) nie que dans ce voyage

Sébastien Cabot, né à Bristol en 1477,
fut accompagné par son père Giovanni
Cabotto (Cabota ou Gaboto), qui de
Venise, sa patrie, était venu s'établir
en Angleterre. Ce dernier n'est mort
qu'au printemps de 1498. (BIDDLE,
p. 69 et 81.) La patente royale pour
le voyage fut délivrée dès le 5 mars
1496. *La partie continentale du
Nouveau Monde fut découverte le
24 juin 1497.* C'était la *Prima Vista*
(*terra primum visa*) de la côte du
Labrador, par les 56° ou 58° de latitude, vis-à-vis d'une île que Sébastien
Cabot a appelée Ile de St.-Jean (l. c.
p. 52-61) et qu'il ne faut pas confondre avec l'Ile du Prince Edouard, jadis nommée aussi Ile de St.-Jean, dans
le *Golfo Cuadrado* de Gomara qui
est à l'embouchure du fleuve St.-Lau-
rent.

[Voyage de *Vasco de Gama*, 8 juillet 1497 —
10 juillet 1499.]

Quatre navires. Gama, plus tard
conde de Vidigueyra (FARIA Y SOUSA,
Asia Portuguesa, 1703, t. I, p. 43;

Id., Hist. del Reyno de Portugal, p. 177), double le Cap de Bonne-Espérance le 20 novembre 1497, et arrive à Calecut le 20 mai 1498. (Barros, Dec. I, lib. IV, c. 3, 8 et 11 ; t. I, p. 286, 328 et 570.) Il a fallu consigner dans ce tableau les dates d'un voyage aux Indes orientales à cause des allusions que Vespuce fait à ce voyage dans sa lettre à Lorenzo de Médicis, du 18 juillet 1500.

Second voyage de *Sébastien Cabot*, pendant l'été de 1498.

Deux navires. Voyage fait aux frais du gouvernement anglais. Il s'étend depuis une mer couverte de glaces flottantes (selon M. Biddle, p. 34, depuis la baie de Hudson, par 67° $\frac{1}{2}$ de latitude?) et la terre des Bacalaos jusqu'à l'extrémité de la Foride, sous le parallèle de l'île de Cuba. (Anghiera, *Océan.* Dec. III, lib. VI, p. 267.) Si Cabot, au terme septentrional de sa course, a longé une côte dirigée du S. O. au N. E., comme prétend Galvano, il doit avoir été jusqu'aux hautes latitudes de la grande île ou péninsule de Cumberland.

Troisième voyage de *Christophe Colomb*, 3o mai 1498 — 25 novembre 15oo.

Trois navires. Découverte de la Terre Ferme le 1er août 1498. J'ai discuté plus haut (t. I, p. 3o9) le point de la côte qui a été vu le premier.

Premier voyage d'*Alonso de Hojeda* (avec Juan de la Cosa et Améric Vespuce), 20 mai 1499 — mi-juin 15oo.

Quatre navires. Latitude la plus méridionale 3° N. L'expédition de découvertes n'a duré que trois mois et demi, car le 5 septembre 1499, Hojeda était déja arrivé au port de Yaquimo à Haïti.

Voyage de *Per Alonso Niño* et de *Christoval Guerra*, juin 1499 — avril 15oo.

Un navire, sorti de la Barra Saltes. Niño, le Nignus d'Anghiera (*Ocean. Dec* I, lib. VIII, p. 87-94), l'Alonzus Niger de l'*Itinerarium Portu-*

gallensium (cap. 109 - 111), avait accompagné Colomb dans les second et troisième voyages. (Témoignages recueillis par Diego Peñalosa le 12 juin 1494). Fausses dates de Madrignano qui dans l'arrivée à Cauchieto (le 1ᵉʳ novembre), confond l'année 1499 avec 1500. GOMARA, fol. 42,*b*; NAV. II, 147 ; III, 11-17 et 542.

Premier Voyage de *Vicente Yañez Pinzon*, commencement de décembre 1499 — fin de septembre 1500.

Quatre navires, dont deux seulement sont rentrés à Palos. Découverte et prise de possession du Cap St.-Augustin par les 8° 20′ de latitude australe. (ANGHIERA, lib. IX, p. 95-102 ; GOMARA, fol. 49, *a*; *Itin. Portug.* cap. 112, 113 ; NAV. III, 18-21 et 547-552.)

Voyage de *Diego de Lepe*, janvier—juin 1500.

Deux navires. Lepe fait une observation importante sur la direction que suivent les côtes au sud du Cap St.-

Augustin. (Voyez t. I , p. 314, 315.)
Les quatre expéditions de Hojeda,
Niño , Pinzou et Lepe ont presque été
simultanées.

Premier voyage de *Gaspar Cortereal* , printemps 1500 — 8 octobre 1501.

Deux navires , sortis de Lisbonne.
Recherche d'un passage au N. O. Le
voyage embrasse les côtes entre les
50" et 60° de latitude , du Golfo Cuadrado (détroit de Belle-Isle?) à la
Terra Verde, qui n'est pas le Grön-
land. (Lettre de Pietro Pasqualigo,
ambassadeur de Venise en Portugal ,
dans les *Paesi novamente retrovati* ,
1507, cap. 126. DAMIAO DE GOES,
Chron. do Rei D. Manoel, 1749,
P. I, cap. 66, p. 87. GOMARA, fol. 7,
b. BIDDLE, *Mem. of Sebast. Cabot*,
p. 137-261. TYTLER, p. 34.) La région septentrionale (Labrador?) que
Gomara (fol. 25, *a*) appelle *Tierra
de Cortes reales*, se trouve indiquée
sur une carte du Ptolémée de 1511,
sous le nom de *Regalis Domus*.

Voyage de *Pedro Alvarez Cabral*, 9 mars 1500
— juillet 1501.

Treize navires , d'après Barros ,
Jobst Ruchamer, cap. 125, et Vespuce, dans la lettre récemment découverte par le comte Baldelli (*Il Milione di Marco Polo*, t. I, p. LIV) :
Madrigano et Grynæus disent par erreur quatorze navires. Première vue
des terres du Brésil, d'après Barros,
le 24, d'après le journal plus précis de
Pedro Vaz de Caminha , le 22 février
1500. Pedralvarez (Pedralurez dit
Damiao de Goes ; Petrus Aliares selon
Madrigano) arrive à Calecut le 13
septembre 1500. (GOES, cap. 54-60,
p. 87-82. Lettre du roi D. Manuel de
Portugal du 29 juillet 1501. NAV. III,
p. 94-101. BARROS, Dec. I, lib. V,
cap. 1-10 ; t. I, p. 378-463. *Sousa,
Asia Port.* t. I, P. I, cap. 5, p. 45-
49. Voyez aussi t. I, p. 314, 315.)
Pedro Vaz de Caminha, dans la *Corografia brazilica* du père MANOEL
AYRES DE CAZAL, t. I (1817),
p. 12-34.

Voyage de *Rodrigo de Bastidas* avec le pilote *Juan de la Cosa*, octobre 1500 — septembre 1502.

Deux navires, sortis de Cadix. (NAV. III, p. 25-28 et 592.) Bastidas parvint, en longeant la côte de la terre ferme, à l'ouest jusqu'au Rio Sinu (voyez ma *Relation hist.* t. III, p. 534-540), au golfe d'Uraba et au Puerto del Retrete ou de los Escribanos, dans l'isthme de Panama, port que Colomb ne reconnut que le 26 novembre 1502, et qui se trouve 17 milles à l'est du port de Bastimentos où Diego de Nicuesa fonda en 1510 la ville jadis célèbre et aujourd'hui détruite de Nombre de Dios. (OVIEDO, lib. III, cap. 9, fol. 28, *b.* GOMARA, fol. 29, *b.* NAV. III. 25-28 et 592.)

Second voyage de *Gaspar Cortereal*, 15 mai 1501 —.....

Deux navires, dont un se perd avec le chef de l'expédition. L'enlèvement d'esclaves paraît avoir été le but principal de ce voyage, dirigé vers le détroit de Frobisher (GOES, P. I, cap. 66, p. 87.)

[Voyage de *Jean de Nova* (Gallego, c'est-à-dire natif de Galice), 5 mars 1501 — 11 septembre 1502]

Quatre navires, sortis du Tage. Voyage aux Indes orientales. Joam de Nova (GOES, P. I, cap. 63, p. 83-85; SOUSA, *Asia Port.* t. I, P. I, cap. 5, p. 50; BARROS, Dec. I, lib. V, cap. 10, p. 463-478) découvre, en allant à Cochim, une île de l'Atlantique qu'il appelle la Conception. Au retour il reconnaît l'Ile Sainte-Hélène, devenue si importante pour la navigation aux Indes. Des négocians florentins établis à Lisbonne (Ferdinando Vinet et Bartolemeo Marchione) étaient pécunièrement intéressés dans l'expédition. L'Ile de la Conception que Nova, cité quelquefois sous le nom de *Jehan* ou *João Gallego*, découvrit par les 8° de latitude australe (BARROS, t. I, p. 466), est l'île de l'Ascension (d'après le capitaine Sabine, lat. 7° 55′ 29″). Ce dernier nom lui fut donné par Alphonse et François d'Albuquerque en 1503. (TUCKEY, *Marit. Geogr.* t. I, p. 447.)

Second voyage d'*Alonso de Hojeda*, avec Juan de Vergara, janvier 1502 — janvier 1503.

Quatre navires, sortis de Cadix. Après avoir touché successivement à la Gran Canaria, à la Gomera et à l'île de Santiago du Cap Vert, Hojeda atterre à la côte de Paria. Il reconnaît l'île de la Marguerite, le Cap Codora, Curiana, Curaçao (Isla de Gigantes), Coquibacoa,...., sans parvenir cependant jusqu'au Cabo de la Vela et à la *Tierra nevada de Citarma* (les montagnes de Sainte-Marthe). Vers la fin de mai 1502, dans une émeute à bord du vaisseau, Alonso de Hojeda fut mis aux arrêts par Vergara et Ocampo. Ils l'amenèrent prisonnier à l'île d'Haïti. (NAV. III, p. 28-39, 169 et 591.)

Voyage de *Miguel Cortereal*, 10 mai 1502—...

Trois navires, dont deux retournent à Lisbonne. Expédition faite à la baie de Hudson à la recherche de Gaspar de Cortereal : mais Miguel, le second des frères, disparaît également. (GOES, p. 87.) Le troisième, l'aîné de tous, Vasqueanes Cortereal, gouverneur de l'île Tercère, fait armer une caravelle à ses frais en 1503, et n'est empêché que par les ordres du roi Don Manuel d'aller à la recherche de Gaspar et de Miguel Cortereal.

Quatrième voyage de *Christophe Colomb*, 11 mai 1502 — 7 novembre 1504.

Quatre navires, sortis de Cadix. Découverte de la côte depuis Honduras jusqu'au Puerto de Mosquitos, à l'extrémité occidentale de l'isthme de Panama.

Voyage de *Gonzalo Coelho*, 10 juin 1503—....

Six navires, sortis du port de Lisbonne pour se rendre à la terre de Santa Cruz (au Brésil.) Quatre navires se perdent dans une tempête. (DAMIAN DE GOES, cap. 65, p. 86. SIM. DE VASCONCELLOS, *Chron. da Comp. de Jesu do Estado do Brazil*, lib. I, § 19. SOUTHEY, *Hist. of Brazil*, t. I, p. 20.)

Premier voyage de *Juan de la Cosa*, de 1504—1505.

Quatre navires. Le but de l'expédition était le golfe d'Uraba. C'est le premier voyage dans lequel Juan de la Cosa, appelé aussi *Juan Viscaino*, eut le commandement suprême. Il venait de sortir à cette époque des prisons de Lisbonne (août 1503), ayant été envoyé en Portugal pour porter plainte des incursions faites par quelques Portugais sur les côtes découvertes par Rodrigo de Bastidas. (Nav. II, 293; III, 109 et 161.)

Troisième voyage d'*Alonso de Hojeda*, du commencement de 1505—....

Trois navires, dirigés vers la Tierra de Coquibacoa. Voyage certain, mais très obscur. (Nav. III, p. 169.)

Second voyage de *Vicente Yañez Pinzon* et de *Juan Diaz de Solis*, de 1506—....

Expédition (Nav. III, p. 46) dirigée aux îles Guanajos dans le golfe de Honduras et aux côtes du Yucatan.

Second voyage de *Juan de la Cosa*, de 1507 — 1508.

Deux navires, sortis de Cadix. Pilotes, Martin de los Reyes et Juan Correa. Voyage à la Terre Ferme et d'un riche produit en or. (NAV. III, p. 162.) Cosa fut nommé le 17 juin 1508 alguacil major d'Uraba.

Troisième voyage de *Vicente Yañez Pinzon* et de *Juan Diaz de Solis*, 29 juin 1508 — octobre 1509.

Deux navires. On parvint jusqu'à 40° de latitude australe. (NAV. III, p. 47.)

Quatrième voyage d'*Alonso de Hojeda* avec *Juan de la Cosa*, 11 novembre 1509 — .... 1510.

Quatre navires, sortis d'Haïti. L'expédition se dirige au golfe d'Uraba où Hojeda a été nommé *governador de la Nueva Andalusia*. Combat dans le voisinage de Carthagène des Indes, à Taruaco ou Turbaco (voy. ma *Relation hist.* t. III, p. 558-

> 568), où périt Juan de la Cosa. Ho-
> jeda, après avoir fondé dans le Darien
> la ville de S.-Sébastian, retourne par
> Xagua dans l'île de Cuba et par la
> Jamaïque à Haïti, où il meurt pauvre
> et oublié (probablement à la fin de
> 1515), mais non comme moine de
> Saint-François. (NAV. III, p. 170-
> 176.)

Avant de discuter, d'après les données numériques que je viens de réunir, les voyages
d'Améric Vespuce, il faut établir le rapport de
priorité entre le premier voyage de Vespuce
et la découverte de la terre ferme par Cabot
et par Christophe Colomb. En faisant abstraction des expéditions bien avérées d'ailleurs des
Scandinaves [1] vers la fin du dixième et le
commencement du onzième siècle, la *première
découverte de l'Amérique continentale* (depuis
l'interruption des communications avec les
colonies du Grœnland) *a été faite par Jean et*

[1] Sur les expéditions de l'Islandais Biarn Herjolfson,
voyez tom. II, p. 100.

Sébastien Cabot, *le 24 juin 1497*, au Labrador, entre les 56° et 58° de latitude. Cette découverte a précédé par conséquent d'une année et six jours celle du continent de l'Amérique méridionale faite par Colomb; mais il n'est guère probable, comme on l'a avancé récemment, que le voyage des Cabot, terminé au commencement d'août 1497, ait accéléré la troisième expédition du navigateur génois. Celui-ci pouvait, sans doute à cause du commerce très actif de Séville avec les ports de Bristol et de la Belgique, avoir connaissance de certaines côtes étendues qui avaient été vues vers le nord-ouest [1], mais le

[1] Les documens les plus importans pour l'histoire des deux premières navigations de Sébastien Cabot, de 1497 et 1498 (il en fit une troisième et une quatrième en 1517 et de 1526 à 1531), sont : 1° le *Discorso del Ramusio sopra li viaggi delle Spetiere*, dont la *Biographie universelle* conteste naïvement l'existence ; discours plein de charme et dans lequel Ramusio (t. I, p. 374, éd. de 1613) raconte les résultats d'une conversation qui eut lieu dans la célèbre villa de Fracastor, à Incaffi, au pied du Montebaldo. Ramusio expose dans ce même discours, écrit avant la mort de Sébastien Cabot, la « grande probabilité du passage N. O. fondée sur le

bruit d'une découverte de terre ferme ne
pouvait guère l'effrayer. D'après ses idées de

conte des Indiens tombés entre les mains de Metellus
Celer. (Voyez tom. II, p. 259-278.) Hakluyt (t. III,
p. 6) y mêle à tort le témoignage du légat romain
Galeacius Butrigarius, ami d'Anghiera (Dec. II, lib. I,
p. 12. *Mem. of Seb. Cabot*, p. 12 et 18). 2° La carte du
voyage de Cabot gravée en 1549 par Clément Adams,
carte qui a disparu de la galerie de Whitehall, soit dans
la vente faite après la mort de Charles I, soit par un
incendie sous Guillaume III. (Voyez TYTLER, *Vindica-
tion of Hakluyt,* dans *Hist. view of the Northern coasts
of America,* 1832, p. 429.) 3° La patente royale du 3
février 1498 retrouvée heureusement dans le *Rolls
Chapel* par les soins assidus de M. Biddle. (COOPER,
Account of Publ. Records, vol. II, p. 480.) 4° L'inscription d'un portrait de Sébastien Cabot par Holbein :
*Effigies Seb. Caboti Angli, filii Johannis Caboti Veneti,
militis aurati, primi inventoris Terræ Novæ sub Hen-
rico VII, Angliæ Rege.* La tournure grammaticale de
cette inscription (l'emploi du génitif *primi inventoris*),
est devenue l'objet d'une grave discussion entre M. Biddle (p. 181-183, 323-325) et le savant auteur de l'*Histoire d'Ecosse* (TYTLER, p. 436-440). Il importe de savoir
si c'est le père Jean ou le fils Sébastien qui est désigné
comme celui auquel la découverte est due. Si c'était le
fils, Holbein aurait probablement placé le mot *filii* après
Veneti, Il aurait écrit : *Effigies Seb. Caboti Angli,
Joannis Caboti Veneti filii....*

géographie systématique, toute terre ferme
trouvée vers l'ouest n'était que l'Asie orientale,
et lui-même, dès son premier, et surtout dès
son second voyage, donc en automne 1492 et
en été 1494, s'était persuadé avoir reconnu le
littoral de ce continent. La grande question
d'atteindre les Indes en naviguant vers l'ouest
lui paraisait donc résolue long-temps avant le
24 juin 1497, et les Cabot, pour avoir touché
quelque autre point de l'Asie orientale, n'ô-
taient rien à sa gloire. Voici les preuves pour
le premier voyage de Colomb, recueillies dans
son journal même. En s'approchant de l'île de
Cuba, Colomb s'apprête « à aller à la terre
ferme et à la grande cité de *Guisay* (*Quinsaï*
de Marco Polo), pour remettre les lettres (des
monarques catholiques) au *Grand Can* (*Khan*),
lui demander une réponse et retourner en
Espagne. » Plus tard, il envoie vers ce Prince
un certain « Luis de Torres, juif baptisé de
Murcie, qui savait l'hébreu, le chaldéen et
un peu d'arabe, » langues dans lesquelles on
devait pouvoir se faire entendre dans les villes
commerçantes de l'Asie continentale. « Je suis
sûr, dit l'amiral, que Cuba est la terre ferme
et que je me trouve à présent devant *Zayto*

(Zaïtun, Marco Polo, livre II, chap. 77) et *Guinsay (Quinsaï)*, à peu près à cent lieues de distance de ces deux endroits [1]. » La *bulle*

[1] Voyez le journal de la première expédition de Colomb, dans N*av*. t. I, p. 37, 44, 46 et 47. Las Casas rapporte dans l'extrait de ce journal : *Y es cierto , dice el almirante, questa es la tierra firme y que estoy, dice el, ante Zayto y Guinsey*. J'ai cité plus haut les paroles remarquables : *La tierra firme hago mas adelante*, que Colomb a déja consignées dans son journal le 16 septembre 1492, au milieu de l'Atlantique. Le mot *bohio* qui a tant excité la curiosité de l'amiral, indiquait, selon lui, une *terre ferme* située au sud d'Haïti. (N*av*. t. I, p. 37, 53, 63, 78 et 85.) Il dit assez improprement : « L'*île de* Bohio est plus grande que Cuba, et les Indiens me font entendre *qu'elle n'est pas environnée d'eau*, que c'est une *terre ferme* et *cosa infinita*. » Bohio me paraît d'ailleurs la corruption du mot haïtien *boha*, qui signifie *maison, demeure*. L'ignorance de la langue des indigènes peut avoir fait prendre pour une dénomination géographique ou un nom propre, ce qui ne désignait qu'un *terrain habité*. Telle était la confusion des idées, que Colomb regarde quelquefois comme synonyme *Baveche* (Babeque) et *Bochio* (Bohio). Voyez t. III, p. 215, 216, et *Vida del Alm*. cap. 27. D'autres fois il nomme *Bohio* toute l'île d'Haïti (N*av*. t. I, p. 109 et 121), ou une seule province de cette île (l. c. p. 209), province voisine de celle de Xamana (Samanà), et qui ne se retrouve

de partition du Pape Alexandre VI, émanée le 4 mai 1493 et pour laquelle Colomb avait indubitablement fourni les élémens géographiques, parle des terres fermes même au pluriel : *Invenerunt certas insulas remotissimas, et etiam terras firmas quæ per alios hactenus repertæ non fuerant.....* Déja trois mois avant le départ pour le premier voyage de découvertes, l'amiral s'était fait nommer *gouverneur des îles et de la terre ferme* auxquelles il aborderait dans la *mar Oceana.*

Les armes qui lui furent accordées le 20 mai 1493, après le premier retour d'Haïti, « pour honorer et *sublimer* (*sublimar*) sa personne, » présente, pour ainsi dire, la première carte des Antilles, car ce nom [1], comme le prouve le premier livre de la première décade des *Océaniques* d'Anghiera, rédigé en

pas dans la nomenclature des provinces d'Haïti que présente l'ouvrage d'Anghiera (*Ocean.* Dec. III, lib. VII, p. 286).

[1] Voyez tom. II, p. 180, 181, et 196-214. Las Casas prétend cependant (Ms. lib. I, cap. 164) que ce sont les Portugais qui les premiers ont appliqué le nom d'*Antilla* à l'île Haïti.

novembre 1493, fut dès-lors appliqué aux îles découvertes par Colomb. Il est vrai que la *Provision real* en décrivant ces armes, ne parle que « d'îles dorées au milieu des ondes, » mais ces îles sont placées vis-à-vis d'un continent. Si ce dernier n'est pas expressément nommé, il n'en est pas moins facile à reconnaître dans le dessin et dans la description très prolixe qu'Oviedo nous a laissés des nouvelles *armes parlantes* de la famille de Colomb. « On y voit, dit Oviedo, des îles dans un golfe formé par la *tierra firme de las Indias*[1]. »

[1] OVIEDO, lib. II, cap. 7, fol. 10, *a*. Le contour de la terre ferme diffère un peu dans le dessin que donne Spotorno des armes de l'amiral. Oviedo fait mention « de palmiers, d'autres arbres qui ne perdent jamais leurs feuilles, et de pépites d'or figurées dans la *partie continentale*. » Cette petite carte géographique, composée cinq ans avant la véritable découverte de la terre ferme de Paria, forme le quatrième et dernier quartier de l'écusson. Les trois autres quartiers sont remplis par les armes de Castille et de Léon et par les anciennes armes de Colomb. Telle est la forme prescrite primitivement (NAV. t. II, p. 37), mais dans le dessin d'Oviedo le quatrième quartier renferme cinq ancres qui désignent la charge d'*Almirante de las Islas è tierra*

L'idée que Cuba, la plus grande des terres trouvées vers l'ouest, était nécessairement le continent de l'Asie, était gravée à tel point dans l'esprit de Colomb, qu'au second voyage, après avoir longé la côte méridionale de cette île, depuis le Cap Maysi jusqu'au-delà de l'Ile des Pinos, il engagea tout l'équipage de sa flottille, composé de plus de quatre-vingts personnes, à déclarer par serment [1], le 12 juin 1494, que la côte de Cuba est « la *terre ferme, au commencement et à la fin des Indes,* qu'elle faisait partie de la province de *Mango* (proprement *Mangi*, ou Khataï méridional), et que l'on pourrait y aller par terre depuis

firme. Les anciennes armes de Colomb se trouvent alors reléguées dans le bas, vers la pointe de l'écusson. Depuis que les héritiers de l'amiral ont pris le titre de duc de Veragua, les armes ont subi d'autres changemens (Cancellieri, p. 408): la sphère du monde supportant une croix a été placée au milieu du golfe, du *mare cœruleum fluctibus argenteis commotum, cum 5 insulis aureis.*

[1] Nous possédons le document curieux de ce serment et de toute la *Informacion del escribano publico, Fernando Perez de Luna,* document trouvé dans les archives de Séville. (Nav. t. II, p. 143-149.)

l'Espagne [1]. » Ceux des pilotes ou des matelots qui auraient quelque doute sur l'évidence de ce résultat, devaient l'avouer avec franchise, car *l'écrivain public*, Perez de Luna, s'engage « à leur ôter le doute (*les quiteria la dubda*) et à leur prouver que Cuba est la terre ferme. » Si un jour quelqu'un osait avancer le contraire de ce qu'on lui a fait signer, il aura pour punition, s'il n'est pas assez riche pour payer l'amende, « cent coups de fouet et de plus la langue coupée. » Dans l'introduction de cette pièce paraphée, l'amiral fait dire à l'*escrivano*

[1] Sans doute en allant de l'ouest à l'est. On devait affirmer par serment « que esta tierra fuese la tierra firme al comienzo de las Indias y fin, a quien en estas partes quisiere venir de España por tierra. » Colomb pouvait connaître le nom de Mango par la lettre de Toscanelli, sans avoir vu un manuscrit de Marco Polo ou l'édition de Venise imprimée en 1490. La dénomination de la Chine méridionale Mangi (Manji, Manzi), dérive de Mantsu, nom par lequel on désignait, sous la domination Mongole, les habitans du Khataï, au sud du fleuve Houang-ho. Cette dénomination pouvait aussi être devenue familière à Colomb par la lecture de Mandeville, qui au service du Grand Khan, avait fait la guerre dans le Mangi même.

que déja en 1493, dans sa première expédition,
il avait découvert une partie de la terre ferme
(c'était la côte septentrionale de Cuba, depuis
le Cap Maysi, jusqu'au méridien de Nuevitas
del Principe), « mais qu'alors il n'avait pu se
prononcer encore avec toute assurance sur cet
objet (*non declaró affirmativo que fuese la
tierra firme de las Indias, salvo que lo pro-
nunció dubitativo*). » Il est assez curieux de
trouver aussi parmi le grand nombre de témoins complaisans, le célèbre pilote Juan ou,
comme il signe ici, *Johan* de la Cosa, chargé
de tracer les cartes (*maestro de hacer cartas*).
Celui-ci déclare « n'avoir jamais entendu parler
d'une île de 335 lieues de long [1], d'une île
dont on ne peut atteindre la fin; » il est con-
vaincu qu'en naviguant un peu plus loin, on
découvrirait des peuples civilisés et en contact
avec le reste du monde, *gente politica de
saber y que sabe el mundo.* Cette déclaration,
malgré la menace de tant de peines sévères,
n'a pas empêché le même Juan de la Cosa, en

---

[1] Anghiera dit également dans sa troisième décade
des *Océaniques* (lib. IX, p. 306), écrite après 1516 :
« Cuba putata diu continens ob sui longitudinem. »

1500, par conséquent après que Cabot et Colomb eurent découvert les terres fermes du Labrador et de Paria, de figurer dans sa mappemonde Cuba (la *Juana* de Colomb) comme une île. On s'en convaincra en jetant les yeux sur le fragment que j'ai fait graver Pl. 34.

Le même document géographique peut aussi jeter du jour sur la reconnaissance « de la terre ferme de l'Asie » en 1494, si l'on a soin de profiter des renseignemens que M. Washington Irving a tirés le premier de deux copies des mémoires manuscrits de Bernaldez, curé de la Villa de los Palacios. Cet ecclésiastique, comme on sait, était l'ami intime de Colomb, qu'il avait reçu dans sa maison en 1496, et dont il conservait des journaux de route et autres papiers relatifs aux premières découvertes. Il existe vis-à-vis de la côte méridionale de Cuba, depuis le Cabo de Cruz, où Colomb commença la reconnaissance de l'île, le 18 mai 1494, jusqu'au-delà de l'Ile de Pinos, une longue série de cayes et de bas-fonds. Cette série est interrompue, entre les 82° et 83° $\frac{1}{2}$ de longitude, et divisée par l'intervalle d'une mer dépourvue d'écueils en deux groupes séparés. Le premier et le plus oriental de ces groupes de cayes a été nommé de préférence par Colomb les *Jardins de la Reine* [1]. Ce sont les *Cayos de las doze leguas* de nos cartes modernes, car le nom de *Banco de los Jardines y Jardinillos* [2], est restreint aujourd'hui au groupe occidental plus rapproché de l'Isla de

[1] C'est par erreur que quelques cartes portent « Jardins *du Roi* et de la Reine. » Les *Jardines del Rey* ont reçu leur nom par le gouverneur Diego Velasquez ; ils sont opposés à la côte septentrionale de l'île de Cuba, dans le *Vieux Canal de Bahama*, entre les méridiens de la Villa de los Remedios et de Puerto Principe.

[2] Ce groupe porte le nom de Jardin de Saint-Christophe sur de très anciennes cartes, par exemple sur celle de l'Amérique méridionale par Polo Forlani de Vérone, qui a le titre extraordinaire de *Descrittione de tutto il Peru*. Cette même carte figure deux îles de l'Evangelista, l'une sous le véritable nom moderne *Ysola Pini*, l'autre sous le nom de S. Giacomo. Tel a été le mauvais sort de cette partie méridionale de Cuba entre Xagua et le cap Saint-Antoine, que jusqu'en 1821, où le *Diposito hydrografico* de Madrid a publié les relèvemens des capitaines Barcaiztegui et del Rio, la latitude de toute la côte boréale de l'île de Pinos était fausse de 14 minutes, et qu'en 1799, les belles cartes du *Diposito* faisaient encore la largeur de l'île entre la Havane et le Bathabano, de 16 lieues marines au lieu de 8½ (*Relation hist.* t. III, p. 581 et 583.)

IV. 16

Pinos. Au Cap *Serafin*, pointe extrêmement basse, Colomb arrive à l'entrée d'une grande baie « qui s'enfonce profondément dans les terres vers le nord et même vers l'est [1]. » C'est le Golfe du Batabano. La carte de Juan de la Cosa a le nom de Serafin. Je crois que ce cap est ou la Punta Gorda, ou, un peu plus au sud-est, la *P*^ta *Matahambre* dont j'ai fixé la longitude [2] lorsque j'ai parcouru ce petit archipel dans une traversée du Batabano à Trinidad de Cuba et de là à Carthagène des Indes. Le cura de los Palacios fait mention de mangliers (*palétuviers, Rizophora*) et d'un terrain fangeux qui bordent la côte entre la baie de Xagua et le Cap Serafin. Ma carte de l'Ile de Cuba indique dans ces mêmes parages des *manglares altos* et la *Cienega* (marais) *de Zapata*. C'est près de là que dans un endroit boisé un matelot eut cette apparition mystérieuse qui dans l'ardente et poétique imagination de Colomb se liait à l'espérance

[1] *Cura de los Palacios*, cap. 128, d'après IRVING, t. II, p. 176.

[2] HUMB. *Observ. astr.* t. II, p. 66, et la carte de Cuba dans l'*Atlas géogr.* Pl. 23.

qu'il nourrissait depuis long-temps de parvenir bientôt au pays du *Prêtre-Jean* (l'Oung-khan nestorien de Plan Carpin), prêtre-roi qu'un demi-siècle plus tard, Vasquez de Cornado[1] découvrit à Quivira et à Cibola, au nord du Mexique. Il me sera permis, comme naturaliste, de m'arrêter un instant à cette apparition. Le matelot chasseur crut voir des hommes vêtus en blanc, semblables à des religieux de l'ordre de la Merci. Ces longues figures, au nombre de trente, étaient armées de lances. Les historiens modernes de l'Amérique, en dissertant sur ce qui peut avoir donné lieu à ce conte étrange, n'ont vu dans ces moines qu'une bande de grues et de hérons des tropiques[2], hauts sur jambes comme le flamant (*Phœnicopterus*). En effet, ces oiseaux sont appelés *soldados* par les colons espagnols, parce que vus contre le ciel, ils ressemblent à des hommes postés en sentinelle. J'ai raconté

---

[1] *Relation hist.* t. III, p. 157. GOMARA, fol. 115, ANTONIO DE LEON, dans la *Biblioteca oriental y occidental*, 1629, p. 76, le nomment *Coronado*. J'ai suivi l'orthographe d'HERRERA, Dec. VI, lib. IX, cap. 12.

[2] IRVING, t. II, p. 180.

dans un autre endroit [1] comment un jour une ville entière a été alarmée, sur les bords de l'Orénoque, par une bande d'oiseaux *soldados*, et cette méprise justifie, selon moi, l'explication ingénieuse que M. Washington Irving a donnée des spectres-moines de la Merci sur les côtes de Cuba.

Colomb, persuadé qu'on avait trouvé des hommes blancs et vêtus, crut entendre parler aux indigènes d'un puissant cacique *Magon* (Mangon), dont les sujets avaient de longues

[1] *Relat. hist.* t. II, p. 314. Les habitans de l'Angostura, peu après la fondation de leur ville, furent un jour cruellement alarmés par la subite apparition de hérons, de *soldados* et de *garzas*, sur la crête d'une montagne placée vers le sud; ils se crurent menacés d'une attaque d'*Indios monteros* (Indiens sauvages), et malgré l'avis de quelques hommes accoutumés à ce genre d'illusion, le peuple ne fut entièrement rassuré que lorsque les oiseaux s'élevèrent dans les airs pour continuer leurs migrations périodiques. J'ai décrit sur les bords du Rio Magdalena, à Chilloa, un héron à tête noire, voisin de l'Ardea Johannæ, qui, en tenant le bec tout droit en l'air et en alongant le cou, était haut de 4 pieds 3 pouces. L'envergure des aîles était de 5 pieds 2 pouces.

queues [1] et portaient, pour les cacher, des tuniques qui traînaient jusqu'à terre. Ce nom de *Magon* ou *Mangon* rappelait celui de la province chinoise de Mango [2] (Mangi). Fernand Colomb, dans la Vie de son père, dit que le cacique portait des habits sacerdotaux, *se vestia como sacerdote*. Bernaldez en fait

[1] Muñoz, lib. V, § 15. Le conte des hommes à queue, vêtus, se retrouve dans Mandeville, et une note de Bernaldez recueillie par M. Washington Irving (t. II, p. 171), prouve que Mandeville, que j'ai eu tort de ne pas citer (t. II, pag. 247), était connu de Colomb, sans doute dans la traduction italienne imprimée à Venise en 1480. Nous n'avons pas la même preuve pour Marco Polo dont le nom n'a pas encore été découvert dans les écrits de l'amiral. Mandeville explique le conte des hommes à queue en l'attribuant à la malice d'un peuple voisin et tout nu qui se moquait de l'usage des vêtemens d'un peuple plus civilisé. Il est curieux de voir avec quelle naïve crédulité Colomb retrouve dans le Nouvau Monde tout ce que sa mémoire lui rappelle de l'Asie orientale, semblable à quelques voyageurs modernes dont les prétendues observations ne sont dues qu'à la réminiscence des lectures par lesquelles ils se sont préparés en quittant le sol natal.

[2] Un manuscrit de la lettre de Colomb écrite en 1503 a aussi, au lieu de Mango, *Mago* (*provincia que parte con aquella del Catayo*). Nav. t. I, p. 304.

même un saint qui ne parlait que par signes.
Tous ces indices révélaient à Colomb le voisinage du *Prétre-Jean*. Fasciné par ces illusions, Colomb pénétra dans le Golfe du
Batabano, à l'ouest de la grande Ile de Pinos,
si riche en bois d'acajou, jusqu'à une côte
« qui tournait du nord au sud et au sud-sud-
ouest. » Cette direction du littoral ne se
trouve dans ces parages que sur deux points,
d'abord entre l'Estero de Guasimal et l'embouchure du Rio de Diego, de 22° 28′ à 22° 19′
de latitude, puis, quinze lieues plus loin vers
l'ouest, dans la baie ou Laguna de Cortès, de
22° 6′ à 21° 52′. Il est presque hors de doute
que cette dernière courbure de la côte,
vis-à-vis du groupe des Cayes de Saint-Philippe
(lieu célèbre par la réunion de la petite flotte
mexicaine de Fernand Cortez en 1519), fut
le terme occidental du second voyage de
Colomb. Les montagnes vers lesquelles il dit
s'être dirigé, étaient probablement celles de
la Cabra et de Cayaguatege (au N. E. et au
S. O. de la Vega de Filipinas). On les trouvera
marquées sur la carte de l'Ile de Cuba,
publiée dans mon Atlas géographique. On ne
doit pas être surpris de l'importance que

j'attache à une détermination minutieuse de la sinuosité et du gisement de la côte. Ce gisement partiel a singulièrement influé sur les opinions et les projets de Colomb. Le navigateur n'était sûr d'avoir atteint le littoral d'Asie qu'après avoir vu la terre se prolonger du nord au sud « comme dans la Chersonèse d'Or [1]. » Son fils, don Fernando et son ami intime le curé de los Palacios, s'expriment à ce sujet avec la plus grande clarté [2]. « Si l'amiral n'avait pas manqué de vivres, il serait retourné en Espagne *par l'Orient.* » Il aurait par conséquent fait le tour du globe vingt-six ans avant Magellan, il aurait « doublé la *Cherchonesus aurea*, traversé le Golfe du Gange et cherché une nouvelle route, soit autour de l'Afrique, soit en entrant dans la Mer Rouge et en allant par terre à Joppé

[1] Anghiera qui se vante d'avoir reçu des lettres de l'amiral, immédiatement après son retour de Cuba, écrit au mois d'août 1495 au cardinal Bernardino : « Indiæ Gangetidis continentem eam (Cubæ) plagam esse contendit Colonus. » (Lib. VIII, p. 164, ep. 93.)

[2] *Vida del Alm.* cap. 54. Muñoz, lib. V, § 16. Manuscrit de Bernaldez, cap. 123, d'après Irving, t. II, p. 186.

(Jaffa) et à Jérusalem. » Dans le serment que
Colomb fit prêter le 12 juin 1494 pour constater la découverte de la terre ferme d'Asie,
ce prolongement de la côte de Cuba vers le
sud et le sud-sud-ouest, est mentionné quatorze fois. Il se trouve singulièrement exagéré
dans la mappemonde de Juan de la Cosa de
1500, et lorsqu'on supposait ou qu'on savait
déja que Cuba était une île, le prolongement
de son extrémité occidentale, en forme de
grande corne, reparaît encore. Nous retrou-
vons ce type extraordinaire dans les cartes [1]
ajoutées aux éditions de la Géographie de
Ptolémée de 1508 et 1513 comme dans celles
de l'*Isolario di Benedetto Bordone*, dont la
première édition de Venise date de 1528, et
qui présente l'isthme de Panama percé par un
détroit océanique. L'élargissement occidental
défigure même le nord de l'île, et dans Bordone toute l'extrémité vers le cap Saint-Antoine
paraît sous la forme d'un marteau [2]. La sup-

[1] Voyez mon Atlas, Pl. 37 et 39. La dernière carte
place même un Cap S. Marc là où est situé notre Cap
Corientes.

[2] Isolario di dutte l'Isole del Mondo. Venezia, 1533,
p. 14.

position d'un prolongement indéfini de la côte
vers le sud, a exercé une grande influence
sur la véritable découverte du continent
d'Amérique en 1498. Selon le récit d'Anghiera,
Colomb écrivit aux monarques par les vaisseaux d'Antonio de Torres (printemps 1495) :
« *Curvari plurimum ad meridiem ejus terræ
(Cubæ) littora, ita ut se proximum aliquando
reperiret æquinoctio*[1]. » Les indigènes avaient
de plus répété sans cesse à Colomb qu'au sud
d'Haïti il existait une terre de grandeur immense, habitée par ce même peuple caribe
dont d'autres tribus plus dangereuses encore,
s'étaient fixées dans les Petites Antilles. Ces
considérations motivèrent la route si méridionale que l'amiral suivit avec tant de persé-
vérance dans la traversée de l'Atlantique en
1498. Il agissait d'après sa conviction intime
de retrouver le prolongement de Cuba, c'est-
à-dire le continent d'Asie, dans le voisinage
de l'équateur. Colomb, pendant la traversée,
diminua de latitude jusqu'aux 5° nord, et c'est
encore Pierre Martyr qui nous a conservé le
précieux renseignement sur la contiguïté des

---

[1] Epist. ex Tertosia V Idus Aug. MCCCCXCV.

terres découvertes jusque-là : « *Putat (Colonus) has Pariæ regiones esse Cubæ contiguas et adhærentes, ita quod utræque sint Indiæ Gangetidis continens ipsa* [1]. » Telle a été dans ses suites l'importance attachée à la direction des côtes dans une petite baie (*Ensenada de Cortez*) du littoral de Cuba. Une liaison de faits si peu remarquables en apparence, n'avait pas été jusqu'ici suffisamment appréciée. Les géographes se rappelleront d'ailleurs comment, dans des circonstances analogues, la direction d'une petite partie du littoral dans l'Afrique occidentale, entre la rivière de Nun et le Cap Bojador dans l'Afrique orientale, dans le golfe d'Aden, entre le détroit de Bab-el-Mandeb et le Cap Guardafui, en Amérique, au sud du Cap Saint-Augustin [2], ont influé sur les idées que les peuples anciens et modernes se sont formées de la configuration des deux continens.

La carte manuscrite de Juan de la Cosa nomme *Bienbaso* (peut-être *Bienpasso*), le lieu où est placé aujourd'hui le petit bourg du Batabano avec ses *Esteros* remplis de deux

---

[1] Epist. 168 (avec la fausse date d'octobre 1496).

[2] Voyez tom. I, p. 328, 329, et tom. II, p. 371.

espèces de crocodiles [1]. Plus à l'ouest vers la Laguna de Cortez, on lit *Cabo de Bien Espera*, Cap de la Bonne Espérance, nom qui exprime l'importance que Colomb attachait à ce lieu aussi voisin, selon ses idées systématiques, des États du *Grand Khan*, que le promontoire africain découvert par Diaz l'était de Sofala et des états de Zomarin. L'Ile de Pinos, qui produit dans une même plaine des palmiers, des pins [2], et l'acajou (Swietenia), n'a été

[1] *Relation hist.* t. III, p. 461-466.

[2] Cette réunion de formes boréales et tropicales, ces *palmeta* et *pineta* de Cuba, végétant à une même hauteur et sous un même climat, avaient déja frappé Anghiera (*Ocean.* Dec. I, lib. III, p. 40). On peut être surpris de voir que Juan de la Cosa, qui était de l'expédition de Colomb en 1494, ait placé dans sa carte le mot *Abange-lista* (Evangelista) au cap le plus occidental de Cuba, dans l'intérieur des terres, et non près de ces grandes îles qu'il figure confusément au sud. Est-ce un nom mal placé, soit par négligence, soit par un faux système de symétrie d'après lequel tous les noms des lieux, depuis le Cabo de Cruz, sont inscrits uniformément dans l'intérieur de l'Ile de Cuba? Si Colomb s'était arrêté en venant de la Bahia de Xagua aux côtes *orientales* de l'Evangelista (Isla de Pinos), on pourrait croire que la Cosa a regardé les montagnes assez élevées de cette île comme faisant partie du prétendu continent (de l'extré-

découverte que le 13 juin 1494, lorsque l'ex—
pédition de Colomb était sur son retour vers
le sud-sud-est; et cette circonstance fait pré—
sumer qu'en allant à la Laguna de Cortez,
l'amiral avait passé près de la côte septentrionale, par le canal de la Hacha, au-delà du
Placer de Petatillos. Ne pouvant pénétrer
plus avant dans la baie étroite de *Siguanca*
que nos cartes ont figurée long-temps comme
un canal qui sépare l'Ile de Pinos (Evangelista)
en deux îles distinctes, il fut forcé de retourner par le même chemin. Au milieu de la
sonde, il fut singulièrement frappé des diffé—
rences de couleur de l'eau sur des hauts-fonds
dont j'ai trouvé la température très variable
selon la profondeur. Il décrit la mer « blanche
comme du lait, épaisse comme si l'eau était
mêlée de farine. » Une petite portion de cette

mité occidentale de Cuba), mais nous savons positi—
vement que la côte *occidentale* de l'Evangelista a été
découverte la première, et que l'amiral n'a jamais
révoqué en doute que l'Evangelista était une île. Ce
n'est donc pas une illusion d'optique, une supposition
erronée de la contiguité des terres qui a pu motiver cet
élargissement extraordinaire que pendant long-temps
on a attribué à l'extrémité occidentale de Cuba.

eau laiteuse fut même recueillie pour la transmettre aux souverains [1]. On peut être

[1] *Vida del Alm.* p. 56. ANGHIERA, p. 40. IRVING, t. II, pag. 180. J'ai déja exposé (t. III, pag. 64-112) combien Colomb se distinguait des navigateurs de son temps par l'importance qu'il attachait à tous les phénomènes physiques qui frappaient son imagination. Don Fernando a même recueilli dans les journaux de son père une observation remarquable sur le sens dans lequel tourne le vent sur les côtes méridionales de Cuba. Cette observation acquiert surtout de l'intérêt par les ingénieuses recherches de M. Dove, qui le premier a fixé l'attention sur la généralité et les effets de la *direction du tournoiement anémométrique.* « Tous les soirs, dit don Fernando, l'amiral voyait se former vers l'est de formidables orages. D'après la fréquence des éclairs, on aurait cru que de la grêle et des torrens de pluie sortiraient de ces grosses nuées, mais au lever de la lune, tout se dissipait. Régulièrement (et j'ai fait la même observation en 1503, en allant à la découverte de Veragua), le vent souffle du nord, par conséquent du côté de la terre, pendant la nuit. Après le lever du soleil, le vent tourne à l'est, et marchant avec le soleil (*iendo con el sol*), il tourne progressivement (par le sud) vers l'ouest. » (*Vida del Alm.* chap. 55, p. 54.) Il faut rappeler cependant que Colomb, dans ce passage, ne généralise pas le phénomène, comme Bacon de Verulam, dans le chapitre *De successione ventorum* où il est dit : *Si ventus se mutet conformiter ad motum solis, non*

surpris de l'intérêt qu'excitait chez un navigateur si expérimenté un phénomène très
commun dans les eaux de sonde.

J'ai taché d'éclaircir par la connaissance
des localités la question de la prétendue découverte de la terre ferme par Colomb en
1494. C'est la persuasion de la réalité de cette
découverte qui donna tant de célébrité au
second voyage de l'amiral. L'opinion qui

revertitur plerumque. Colomb parle d'un phénomène
qui a lieu sur les côtes, du mode de transition du
terral (vent de terre) en un vent du large. C'est la
marche des petites *brises* ou *vents solaires*, qui soufflent
au mois de mai sur les côtes de Provence. BÉRARD,
Description naut. des côtes de l'Algérie, 1837, p. 50.
Quant à l'examen général de la *loi du tournoiement du
vent* (*Drehungsgesez*) dans les deux hémisphères, effet
de la rotation du globe et de la vitesse des molécules
d'air correspondant à chaque parallèle, voyez CHURRUCA,
Viage al Magallanes, 1793, p. 15, et DOVE, *Meteor.
Untersuchungen*, 1837, p. 124-138. Aristote, Théo-
phraste et Pline ont observé les changemens réguliers
de la direction des vents, mais ils n'ont attribué cette
régularité qu'au mouvement diurne de l'astre calo-
rifiant. Les passages curieux des anciens relatifs au
mode de *succession* des vents, se trouvent réunis dans
UKERT, *Geogr. der Griechen*, II, 1, p. 128, et dans
IDELER, *Meteorologia Veterum*, p. 58.

rattache le nom de *Cuba* à la partie *continentale* de l'Amérique s'est maintenue si long-
temps parmi les géographes, que dans la
mappemonde ajoutée à l'édition de Grynæus
publiée à Bâle en 1532 (carte très analogue
sous le rapport de l'ouverture de l'isthme de
Panama à celle d'Appien de 1520, dans le
Solin de Camers), le Canada et le Mexique
s'appellent *Terra de Cuba*, tandis que l'île de
Cuba y porte le seul nom d'Isabela. Plusieurs
mois après avoir reconnu (le 1er août 1498)
le véritable continent de l'Amérique au sud du
promontoire de Paria, tout en faisant le récit
du troisième voyage, Colomb écrit encore
aux monarques [1] : « Dans la première expédition, j'ai accompli tout ce qui par la bouche
d'Isaïe et en (d'autres) textes des Saintes-Ecri-
tures a été prédit de ces terres où le nom du
Très-Haut serait proclamé par l'Espagne. A
peine de retour, Vos Altesses m'ont envoyé
par-là où j'ai découvert par inspiration divine
(*por virtud divinal*) 333 *leguas* de la *terre*

[1] Probablement du mois d'octobre 1498. (NAV. t. I,
p. 243.) Voyez sur la date de cette lettre qui existe
copiée de la main de Bartolomé de Las Casas, tome II,
p. 292 et 338.

ferme, qui est la *fin del Oriente*[1], et en outre sept cents îles[2]. « Plus loin, en parlant de la cause de son ophtalmie et en comparant le nombre de ses veillées pendant le second et le troisième voyage, Colomb désigne expressément le second comme celui dans lequel « il fut[3] pour découvrir la terre ferme. » L'expédition de 1498 pouvait seulement ajouter à ce qu'il savait déja. Il ne s'agissait que de trouver près de l'équateur, dans ces climats ardens, dont un lapidaire de Burgos, Jaime Ferrer, venait de lui dépeindre l'heureuse influence sur la production de l'or et des pierres gemmes, le *riche pays du guanin*[4]. La côte *continentale* de Cuba, qu'on avait vu

[1] Colomb (Nav. t. I, p. 255) définit cette expression dans la même lettre : « Llamo *yo fin del Oriente* adonde acaba toda la tierra *é las* islas. » C'est la limite orientale de l'οἰκουμένη des anciens, qui forme une seule masse continentale. Voyez aussi le journal du premier voyage, au 21 février 1493.

[2] Dans un seul jour Colomb compta 170 cayes parmi les *Jardins de la Reine*. *Vida del Alm.* cap. 55.

[3] Nav. t. I, p. 252. « En quel viage que yo fui a discubrir la tierra firme. »

[4] Voyez t. II, pag. 45, 46 et 80. Le *guanin* était le métal que possédait la *race noire* redoutée à Haïti.

tourner vers le sud, pouvait se prolonger jusqu'au-delà de l'équateur. Il faut bien distinguer entre la relation de la découverte de Paria, que l'amiral envoya lui-même en Espagne, et les commentaires que le fils don Fernando s'est permis d'ajouter pour le moins quarante ans plus tard, lorsque la configuration de l'Amérique comme continent distinct et séparé de l'Asie était déja suffisamment connue. Le fils paraît peiné des illusions du père, il passe sous silence le serment prêté en 1494, pour prouver que Cuba faisait partie de l'Asie, et ne parle pas des rêveries théologiques sur la situation du Paradis au promontoire de Paria. L'importance du troisième voyage s'est accrue dans les récits de don Fernando, de Las Casas, d'Oviedo et surtout des historiens modernes. Chez eux ce n'est plus un autre point de l'Asie orientale que l'on a reconnu à Paria, appelée d'abord *Tierra de Gracia*, c'est un nouveau continent qu'on a atteint. Le simple récit de Christophe Colomb est bien différent. Comme il veut atteindre la côte asiatique de Mangi, dans le voisinage de l'équateur, il se dirige jusqu'au parallèle de Sierra Leone, qu'il croit par les 5° de latitude

IV.							17

(de 3° ½ trop méridional). C'est la région redoutée des calmes et des pluies, le *Sea of
rains* des navigateurs anglais [1]. Le temps est
constamment brumeux. L'amiral souffre à la
fois de la fièvre et d'un cruel accès de goutte;
mais « sa tête était libre » (*cabeza firme*).
Non abattu par les souffrances physiques, il
notait « les distances et les changemens météorologiques » dans un journal qui n'a pas été
retrouvé. Pour échapper à cette zone ardente,
il chercha à gagner en latitude à mesure qu'il
avançait à l'ouest [2]. Lorsque le 1ᵉʳ août 1498,
il découvrit la terre qui était le continent de

---

[1] Tuckey, *Maritim. Geogr.* t. I, p. 71.

[1] Il croit parvenir de 5° à 7° de latitude. *Vida del
Alm.* cap. 66, p. 76 . Oviedo remarque à cette occasion
(lib. XIX, cap. 1, fol. 154, *a*) que le pilote Hernan
Perez « qui vit encore, » raconte les accidens de cette
traversée d'une manière très différente, et qu'au lieu
« des calmes dont parle don Fernando, il y eut une
horrible tempête pendant laquelle il fallut couper les
mâts. » On conçoit que plus près de l'île de la Trinité,
« lorsque déja on gouverna *al os norueste*, » on a pu
essuyer une bourrasque *après les calmes;* toutefois il est
extraordinaire qu'en 1535 il y eut déja des doutes
sur un événement dont les témoins oculaires existaient
encore.

l'Amérique méridionale, il la crut d'abord composée de deux îles dont la plus basse fut appelée *Isla Santa*, la plus montagneuse, *Isla de Gracia*. C'est en avançant vers la Marguerite qu'il reconnut la contiguité de ces deux terres. Il adoptait alors le nom indien de *Paria* pour tout le pays depuis le delta de l'Orénoque jusqu'aux côtes de Cumana. « Si l'immense rivière, dit-il, qui remplit le golfe de son eau et forme un lac, ne descend pas du Paradis terrestre, elle sort d'une terre d'une immense étendue (*procede de tierra infinita*). » Un autre passage de la même lettre est encore plus expressif[1] : « Je ne crois pas que l'on

[1] *Creo que haya otras muchas tierras en el Austro de que jamas se hobo noticia.* NAV. t. I, p. 259 et 262. Il est assez remarquable que cette idée de l'existence de *terres australes* s'était aussi présentée au roi Jean II de Portugal, décédé trois ans *avant* la troisième expédition de Colomb. Herrera (Dec. I, lib. III, cap. 9) dit : Colomb navigua vers le sud (en 1498), depuis les îles du Cap Vert, parce qu'il voulut savoir si le roi don Juan s'était trompé, lorsqu'il affirmait *que al sur avia tierra firme*. C'était prédire le continent avant les véritables découvertes de la terre ferme de Cabot et de Colomb. Je ne trouve ni dans Barros, ni dans les chroniques de Garcia de Rezende et de Manuel de Faria y

connaisse dans le monde entier une rivière si large et si profonde : je pense que cette terre que Vos Altesses m'ont ordonné de découvrir, est très vaste (*grandisima*) et qu'il y en a vers le sud plusieurs autres dont on n'a pas encore connaissance. » Voilà un vague indice de *terres australes*, une simple conjecture à la manière des anciens : car nous savons par une lettre d'Anghiera (lib. IX, cap. 168) adressée au cardinal Bernardino Caravajal [1] et

Sousa, rien qui explique cette citation d'Herrera. Nous savons que le roi Jean II de Portugal, lors de l'entrée de Colomb, en mars 1493, dans la bouche du Tage, était très effrayé de voir que « les indigènes des nouvelles terres n'étaient pas noirs » (Muñoz, VI, 13). L'aspect de ces Indiens avait peut-être fait naître dans l'esprit d'un monarque si occupé de découvertes géographiques et si heureux dans celles que les Portugais tentaient dans l'hémisphère austral, une hypothèse que Francisco d'Almeida, fils du comte d'Abrantès, devait vérifier. (Barros, Dec. I, lib. III, cap. 11, p. 252.)

[1] Dans cette même lettre, il y a aussi quelques considérations curieuses de géographie zoologique : « Fuit magno nostris argumento terram eam (Pariam) esse continentem, quod animalibus passim nostratibus eorum plena sint nemora, cervis utpote, apris et id genus reliquis, et ex avibus, anseribus, anatibus,

citée plus haut, ce que Colomb même pensait de sa découverte du promontoire de Paria. « Notre amiral revient de certaines côtes méridionales placées sous les 6° de latitude et riches en perles de l'Orient. Il croit ces terres liées et contiguës (*adhærentes et contiguas*) à celle de Cuba, et il les *regarde toutes comme étant le continent même des Indes du Gange*. » Rien n'est plus clair que ce passage, et en 1498, pas plus qu'en 1494, Christophe Colomb n'a pensé avoir découvert un *nouveau continent*. Un pilote de Séville, Pedro de Ledesma, qui avait accompagné l'amiral pendant le troisième voyage, s'exprime avec la même précision lorsqu'il est appelé à rendre témoignage dans le procès du fisc sept ans après la mort du grand homme. Il parle de la terre ferme « que l'on dit être l'Asie, » *de la tierra que dicen que es Asia* [1]. La contiguité de Paria et de Cuba est tellement restée fixée

pavonibus, sed non versicoloribus. A fœminis parum discrepare mares ajunt. » Le manque absolu de grands quadrupèdes dans les Antilles avait sans doute conduit à cette réflexion.

[1] Nav. t. III, p. 539.

dans l'esprit des géographes, que dans la mappemonde d'Appien de 1520 ajoutée au Mela de Vadianus (dans un temps où l'Amérique était déja reconnue comme continent distinct), le Canada et le Mexique sont nommés *Parias*. Ces mêmes pays portent le nom de *Tierra de Cuba* sur la carte du *Novus Orbis* de Grynæus de 1532. Dans le quatrième voyage Colomb cherchait à découvrir ce qui formait la liaison de Cuba avec la côte de Paria. La brièveté du trajet de Cuba aux îles Guanajas et à Honduras, devait favoriser la conjecture de cette liaison. « Colonus (dit Anghiera dans les *Océaniques* [1]) percurrit anno MDII terram quæ occidentem Cubæ ultimum spectat angulum ad leguas centum tringinta ; vertitque se inde ad orientem per ejus littoris oras, versis vestigiis, putans se littus *Pariæ* reperturum. » Je prouverai dans la *Troisième Section*, en publiant une lettre inédite et tirée récemment par M. Ranke des archives de Venise, que même avant le voyage de Colomb à Honduras et à Veragua, au mois d'octobre 1501, on savait déja en Portugal

[1] Dec. I, lib. X, p. 119.

« que les terres du nord couvertes de neiges et de glace sont contiguës aux Antilles et à la Terre des Perroquets nouvellement trouvée (*credeno conjungersi con le Andilie et con la Terra di Papaga noviter trovata*). » Cette divination qui proclame, malgré l'absence de tant de chaînons intermédiaires, une liaison continentale entre le Brésil découvert par Vicente Yañez Pinzon, Diego de Lepe et Cabral (1499-1500), et les terres glacées de Labrador, est très surprenante. Ce n'est pas ici le lieu de discuter les élémens sur lesquels elle a pu se fonder.

Trois grands événemens qui ont exercé une influence durable et puissante sur les destinées du monde, la découverte de l'Amérique continentale du nord par Jean et Sébastien Cabot, celle de l'Amérique continentale du sud par Christophe Colomb, et le voyage de Gama [1], se sont trouvés sinon simultanés,

---

[1] Les avantages de cette simultanéité des grandes découvertes en Amérique, en Afrique et dans l'Inde, sont noblement dépeints par Anghiera dans la lettre adressée à Pomponius Lætus, datée de Medina del Campo en septembre 1498. La lettre se termine par ces mots : Inhient alii divitiis nos autem nostris ingeniis

du moins très rapprochés les uns des autres,
à la fin d'un siècle fécond en choses extraordinaires. Tandis que les deux Cabot, embar-
qués sur le petit navire le *Matthew*, décou-
vrirent le Labrador, Colomb était occupé
(d'avril 1497 à mai 1498) de l'armement des
vaisseaux pour sa troisième expédition. Il se
trouvait déja en Espagne depuis le 11 juin
1496. Une connaissance approfondie des dates
suffit pour prouver que l'expédition de la
côte de Paria ne fut pas basée sur les succès
que les Cabot avaient obtenus vers le nord.
Dans le même été où Sébastien Cabot longea,
pendant sa seconde expédition, la côte des
États-Unis, entre Terre-Neuve ou les Bacca-
laos et l'extrémité australe de la Floride,
Christophe Colomb reconnut la Terre ferme
depuis le promontoire de Paria jusqu'au cap
de la Vela selon Oviedo [1]; jusqu'aux côtes de

has escas præbeamus. » (Ep. CLXXXI.) Anghiera
parle avec chaleur de la jouissance qu'offre l'aspect
d'un rapide agrandissement des connaissances humai-
nes.

[1] Je cite cet historiographe (lib. III, cap. 3, fol. 23, *b*;
RAMUSIO, t. III, p. 78) parce que la question de savoir
jusqu'où Colomb est parvenu à l'ouest n'est pas suffi-

Cumana selon le pilote Andrès de Morales.
Quant au premier voyage de Vespuce, si l'on

samment éclaircie. Oviedo dit clairement « que l'amiral
reconnut Cochen, la *ricca* (et aujourd'hui si misérable),
Isla de Cubagua, vis-à-vis de la saline d'Araya, la
Marguerite, Poregari (?), les Testigos, la Isla de los
Paxaros, Curazao et le cap de la Vela; que de la Boca
del Drago au cap il y a 180 *leguas* et que du cap de la
Vela qui gît sud-nord de l'île Beata, Colomb se dirigea
sur Haïti. » Les évaluations numériques sont assez
précises. Le cap de la Vela n'est en effet que de 50′ à
l'ouest du méridien de la Beata, et la distance du cap de
la Vela à la Boca del Drago est de 184 *leguas* de 17 ½
au degré. Muñoz ne fait parvenir Colomb que jusqu'à
la Marguerite, et lorsque je lis dans la relation du fils
(*Vida del Alm.* cap. 81) que l'expédition se trouvait
encore le 15 août près du Cabo de la Conchas, un peu
à l'occident de la Marguerite, tandis que le 19 du
même mois il atterra à la Beata, sur la côte méridionale
d'Haïti, j'ai quelque peine à concevoir, d'après la connaissance locale que j'ai de ces parages, comment un si
court espace de temps a pu suffire pour longer la terre
ferme jusqu'au-delà du golfe de Maracaybo (Venezuela).
Les courans portant habituellement vers l'ouest et le
nord-ouest (Colomb les évalue une fois, le 15 août, à
60 lieues en 24 heures), leur force aurait aussi retardé
le trajet du cap de la Vela à la Beata. Don Fernando ne
fait aucune mention de ce cap; il dit simplement
« qu'après l'ilot des Testigos on découvrit encore

regardait comme exactes les données d'Hylacomylus, et qu'on supposât sept à huit jours
pour le trajet aux îles Canaries, on trouverait
que la découverte du continent coïncide presque avec le jour de l'atterrage de Cabot au
Labrador. En choisissant parmi les *variantes
lectiones* des différentes éditions, celles qui
sont le plus favorables à l'antériorité de Vespuce, celui-ci aurait vu la partie continentale,

mucha tierra al poniente de Paria, mais que son père
n'en a pu rendre compte avec quelque certitude (*una
puntual cuenta*), son ophtalmie le forçant de noter les
choses principales d'après les rapports des pilotes et des
matelots. » Il est bien extraordinaire cependant que
Gomara (fol. LIV, *o*) désigne le même cap, comme
ayant reçu son nom dans le troisième voyage de
l'amiral. Aurait-il confondu ce voyage avec l'expédition
de Hojeda et de Vespuce en 1499? Les témoignages
recueillis dans le procès du fisc contre les héritiers de
l'amiral confirment cette explication. Pedro de Ledesma,
Alonzo de Hojeda lui-même, et le pilote Andrès de
Morales affirment que Colomb faisait route pour Haïti
lorsqu'il se trouvait en vue de la Marguerite « et qu'il
ne passa pas plus loin sur les côtes de la terre ferme. »
Morales ajoute « que le nom du Cabo de la Vela fut
imposé à un cap de la province Quinquibacoa par
Hojeda et Juan de la Cosa. » (NAV. t. III, p. 539-542
et 544.)

du Nouveau Monde neuf à dix jours avant Cabot. Telles sont les apparences d'après les dates des textes que nous avons sous les yeux.

L'examen des faits dont nous devons la majeure partie aux recherches de M. Navarrete prouve que ces élémens numériques ne méritent aucune confiance. Les dates des relations de voyages attribuées à Vespuce sont en contradiction entre elles, comme je l'ai exposé dans les tableaux qui précèdent. Les documens authentiques trouvés par mon ancien et illustre ami, don Juan Baptista Muñoz, parmi les *Libros de gastos de armadas* [1], établissent que Vespuce, placé en décembre 1495 à la tête de la maison de commerce de Berardi, était chargé de l'armement des navires pour la troisième expédition de Colomb. La fausseté de la date d'un départ de Vespuce au 10 ou 20 mai 1497, est par conséquent démontrée par un *alibi*. Le trésorier Pinelo lui a fait « un paiement de dix mille maravedis le 12 janvier 1496, » et l'armement

----

[1] Bordereaux des comptes sur les frais d'armemens des flottes de l'Inde. Ces bordereaux sont conservés dans les archives de la Casa de Contratacion de Séville.

de l'expédition de Colomb pour Haïti et la
côte de Paria (expédition pour laquelle on
embarqua des missionnaires, des herboristes
et « des musiciens qui devaient divertir les
indigènes »), a occupé Vespuce à Séville et à
San Lucar [1], depuis la mi-avril 1497 jusqu'au
départ de Colomb le 30 mai 1498. Le cosmographe florentin pourrait donc avoir fait une
absence depuis l'hiver 1496 jusqu'au printemps
1497, mais une découverte du continent à la
fin de juin 1497, ou un premier voyage
d'Améric Vespuce du 10 mai 1497 au 18
octobre 1498, est impossible. D'après ces
argumens empruntés aux chiffres, il n'est pas
nécessaire de renouveler la question de la
possibilité des *voyages clandestins*. Je ne
prétends pas que cette possibilité puisse être
niée entièrement entre les années 1495 et 1501.
A la première de ces époques, une permission
générale [2] « d'aller découvrir de nouvelles
terres en sortant du port de Cadix, » augmenta
singulièrement le nombre des expéditions.

[1] Muñoz, lib. VI, § 20. Nav. t. II, Doc. CIII, p. 181.
[2] Real Provision de 10 abril 1495. Nav. Doc.
LXXXVI, t. II, p. 165; t. III, p. 3.

Pour réprimer les abus qui naissaient de cette *licencia general para descubrir* et pour calmer les plaintes de l'amiral qui au retour de son second voyage se vit lésé dans ses privilèges, la permission générale fut retirée [1] par la *cédule* du 2 juin 1497. Quatre années plus tard, de nouveaux désordres forcèrent le gouvernement à promulguer une défense plus sévère encore [2]. Il est donc très probable qu'il y eut entre la seconde et la quatrième expédition de Colomb « quelques voyages obscurs faits furtivement pour ne pas payer des droits au fisc [3]; » toutes les entreprises n'auront pas été inscrites dans ce livre que l'on trouve encore aux anciennes archives de la *Casa de Contratacion* de Séville et qui

[1] HERRERA, Dec. I, lib. III, cap. 9. NAV. t. II, Doc. CXIII, t. II, p. 201.

[2] Provision de 3 set. 1501. NAV. t. II, Doc. CXXXIX, t. II, p. 257.

[3] NAV. t. III, p. 24, et dans la Première Section de l'*Examen Critique*, t. I, p. 353-362. Gomara (fol. 20, *a*), tout en confondant les dates, dit « qu'il n'est pas resté de souvenir de tant de navigateurs qui sont allés faire des découvertes vers le nord aux Bacallaos et au Labrador, ni de ceux qui *de 1495 à 1500 se sont dirigés vers la côte de Paria.*

porte le titre de *Libro de licencias* [1]. J'ai cité plus haut (pag. 59-67), en parlant des navigations que Vespuce exécuta sur des navires portugais, un exemple remarquable de l'insuffisance des preuves négatives [2] : cependant le premier voyage dont la date de 1497 a tant tourmenté les historiens du Nouveau-Monde, ne porte pas le caractère d'un voyage clandestin. La relation en a été adressée au roi Ferdinand même, et s'il avait été antérieur à

[1] Nav. t. III, p. 18. Voyez aussi Anghiera, *Ocean.* Dec. II, lib. VII, p. 179, où il est question en même temps de la difficulté que trouvaient les étrangers à prendre part aux voyages de découvertes. Anghiera cite l'exemple de son compatriote François Cotta, peut-être membre de la famille de ce Jean Cotta qui travailla à l'édition vénitienne de Ptolémée de 1511. Le jeune homme ne put suivre l'expédition de Pedrarias Davila (appelé *el Galan*) au Darien qu'après avoir obtenu des lettres de naturalisation. D'un autre côté, nous voyons Vespuce embarqué en 1499 avec Hojeda et Juan de la Cosa, quoiqu'il ne fût naturalisé Espagnol que le 24 avril 1505, à son retour du Portugal. (Nav. t. III, Doc. IV, p. 292.)

[2] Oserait-on nier l'existence de Cadamosto et la réalité de son voyage, parce que Barros, l'historiographe des découvertes d'Afrique, n'a pas jugé à propos de les nommer. (Zurla, *Viaggi*, t. II, p. 105.)

la découverte de Paria par Colomb, comment
celui-ci qui, par ses liaisons intimes avec la
maison de Juanuto Berardi, connaissait Vespuce bien avant 1495, qui séjournait en Espagne depuis l'été de 1496 jusqu'au printemps
de 1498 et jouissait alors du plus grand crédit à
la cour et dans les villes de commerce, n'aurait-il jamais eu [1] connaissance d'une expédition
dirigée vers cette même terre continentale et
vers ce Golfe des Perles qu'il se vantait d'avoir
vus le premier? Comment aucune trace n'en
serait-elle restée dans le procès du fisc pendant
lequel on accueillait avec malice tous les bruits
défavorables à l'antériorité des découvertes
de Colomb? Comment Alonzo de Hojeda avec
qui Vespuce a indubitablement visité en juin
et juillet 1499, la côte de Paria [2], n'aurait-il

[1] TIRABOSCHI, t. VI, P. I, p. 189. ROBERTSON, *Hist.
of America*, Book II, note 23.

[2] C'est cette certitude que Vespuce a accompagé
Alonzo de Hojeda qui est contraire aussi à toute explication qu'on voudrait fonder sur l'emploi du *style
florentin*. D'après ce style qui n'a été abrogé en Angleterre par un acte du parlement qu'en 1752, l'année
commençait le 25 mars, jour de l'Annonciation. Si donc
on supposait (et j'avoue que cette idée m'a occupé
autrefois) que la date du problématique premier voyage

jamais entendu dire à celui-ci qu'il voyait cette
côte pour la seconde fois, et qu'avant Christophe Colomb il avait parcouru ces mêmes
parages? Hojeda déclare [1] au contraire dans

de Vespuce n'est fausse que pour le mois et non pour
l'année, si on lisait 20 mars 1497 pour 20 mai 1497,
l'expédition aurait commencé effectivement en 1498, et
sa durée (jusqu'au retour, le 15 octobre 1499, selon
Hylacomylus), serait de dix-neuf mois, ce qui coïnci-
derait assez avec les dix-huit mois indiqués dans les
Quatuor Navigationes. (NAV. t. III, p. 196.) Beaucoup
de lettres, par exemple celles de Machiavel et de Pietro
Medici, fils de Laurent, prouvent que le *style florentin*
était en usage dans des correspondances familières;
mais cette explication perd toute sa valeur quand on se
rappelle que Vespuce a été en Espagne jusqu'au départ
de Colomb pour le troisième voyage (30 mai 1498), et
qu'il ne pourrait être parti avec Hojeda le 20 mai
1499, s'il n'était revenu d'un voyage antérieur, que le
15 octobre 1499.

[1] Voici les expressions de cette importante déclaration : « Alonzo de Hojeda es *el primero hombre que vino
à descubrir despues que el Almirante.* » NAV. t. III,
p. 544. Alonzo Niño et Christoval Guerra arrivèrent à
Paria quinze jours après Hojeda, selon le témoignage
de Las Casas, lib. I, cap. 171, et de Nicolas Perez.
NAV. t. III, p. 541. D'autres témoignages paraissent
indiquer que Hojeda précédait Niño dans l'atterrage de
la terre ferme. (L. c. p. 331).

le procès « qu'il est venu le premier *après l'amiral.* »

Il ne faudrait pas d'autres motifs pour rejeter la date du premier voyage : cependant nous en avons donné un plus puissant encore, c'est que Vespuce a été occupé en Andalousie de l'armement de la troisième expédition de Colomb, depuis la mi-avril jusqu'à la fin de mai 1498. Telle est la confusion qui règne dans tous les chiffres qu'offrent les manuscrits et les éditions des voyages de Vespuce parvenus jusqu'à nos jours, qu'elle seule semble déja prouver qu'il n'y a rien eu d'intentionnel dans leur falsification. Si le navigateur même, ou si des éditeurs jaloux de la gloire de Colomb avaient voulu changer les dates pour tromper la postérité, on les aurait mises facilement d'accord entre elles, on n'aurait pas placé le départ pour le second voyage avant le retour du premier, on aurait indiqué la durée de chaque voyage conformément aux dates falsifiées[1]. Partout les chiffres sont alté-

[1] Selon les *Quatuor Navigationes* composées tout d'un jet probablement avant la fin de 1505 et publiées à l'insu de Vespuce en 1507, le second voyage commence

rés comme au hasard et sans qu'il soit possible
de deviner dans quel but la fraude aurait agi.
Il semble plus naturel de n'y voir que des
fautes de transcription et d'impression naissant
de la multiplicité des copies répandues en tant

le 16 mai 1489, quand le premier se termine le 1 octobre
1499. La contradiction est la même, si au lieu de 1489
on lit 1498, et cette substitution s'oppose au fait certain
que Vespuce soignait à San Lucar l'armement de la
flotte de Colomb jusqu'au départ, le 30 mai 1498.
Le texte de Valori fait revenir Vespuce du premier
voyage le 18 octobre 1498, Hylacomylus le 15 octobre
1499. Les textes de Saint-Dié et de Valori évaluent la
durée du premier voyage à dix-huit mois, quand les
dates partielles donnent trente-un et seize mois. La
lettre à Médicis relative au second voyage fait retourner
Vespuce à Cadix le 18 juin 1500, tandis que d'après
Hylacomylus il ne part d'Haïti pour l'Espagne que le
22 juillet, et n'entre dans le port de Cadix que le 8
septembre 1500. Je passe sous silence une infinité
d'autres variantes relatives à la durée des traversées,
les latitudes, les distances, le nombre des prisonniers.
On trouve pour la même traversée, par exemple,
dix-neuf, vingt-quatre et quarante-quatre jours ; 16°
de latitude pour 6°, 5° pour $6^o \frac{1}{2}$ et 8° ; 25 prisonniers
pour 280. Un léger coup d'œil jeté sur les tableaux
des deux voyages que j'ai donnés plus haut, justifiera
ces assertions.

de langues diverses. Un manque d'habitude de transformer les chiffres romains en chiffres arabes, ou plutôt indous, peut y avoir contribué quelquefois[1]. De petits traits qui, dans

[1] On a souvent agité la question de savoir si dans la première lettre de Vespuce dont les dates sont si contestées, on aurait pu confondre en chiffres indous (arabes) 1497 avec 1498 et 1499. Il n'est pas douteux que dans l'Inde même il existe des signes numériques et des méthodes de les grouper qui diffèrent entièrement des chiffres et de la belle méthode de *position* du devanagari. (Voyez mon mémoire sur l'origine de la *valeur de position* dans le Journal des mathématiques de M. Crelle, t. IV, 1829, p. 219.) Lorsque dans le 13e siècle, soit par l'influence d'Albiruni, de Léonard Fibonacci de Planude et de Vincent de Beauvais, soit par les rapports entre les négocians italiens et les douaniers maures du nord de l'Afrique, la *valeur de position* s'est introduite en Europe, les signes devanagari, arabes et persans, n'étaient pas identiques. Le 4 devanagari, par exemple, est notre 8; ce que nous appelons faussement un 8 arabe est chez les Arabes un *v* renversé. Notre 7 ressemble en devanagari à un 9; mais dans de très anciens manuscrits de Boèce dont le système de numération est très rapproché de celui de l'Inde (voyez le savant mémoire de M. Chasles sur un passage de la géométrie de Boèce, 1836, p. 8), nos 8 et 9 paraissent déja ayant leur véritable valeur. Malgré cette diversité primitive des signes numériques que

l'impression du texte de la Bibliothèque Riccardi, précèdent les chiffres, ont fait dire à
Bandini dans le double du second[1] voyage,
au lieu de $5^\circ \frac{1}{2}$ de distance de la lune à Mars,
$15^\circ \frac{1}{2}$; au lieu de 5466 milles à l'ouest de Cadix, 15466. Si les erreurs de chiffres dont
fourmillent les ouvrages imprimés relatifs aux
premières découvertes prouvaient l'artifice et
la mauvaise foi des voyageurs, on pourrait
accuser Cadamosto et Christophe Colomb
comme on a accusé Vespuce. Madrignano,

nous désignons trop vaguement par le nom de chiffres
indoux, rien ne peut nous faire supposer qu'à la fin du
15e siècle, dans des livres imprimés, les 7, 8 et 9 aient
pu être confondus. Il faut ajouter à cela que les chiffres
du texte de Saint-Dié sont des chiffres romains, et des
exemples tirés des voyages de Cadamosto et de Colomb
même, nous prouveront bientôt à quel autre genre
d'erreurs expose le système de *juxtaposition* des Romains. Même des titres d'ouvrages importans en offrent
les traces, par exemple la Géographie de Ptolémée
publiée par Dominicus de Lapis à Bologne, porte 1462
(sans doute pour 1472), et les poésies évangéliques
Etlich Cristlich Lider und Lobgesang, Wittemberg,
MDXIIII (pour 1524).

[1] BAND. p. 72, corrigé par CANOVAI (éd. de 1817),
p. 57 et 381.

dans l'*Itinerarium Portugallensium* publié en
1508, fait dire[1] au célèbre voyageur vénitien
qu'il a *commencé* ses expéditions d'Afrique en
MDIIII, à l'âge de vingt-un ans, et qu'il les a
terminées en MCCCCXCIII. Le texte italien
portait pour le départ MCCCCLIIII, vraie date
qu'ont aussi Ruchamer et Ramusio; mais l'erreur a été conservée dans toutes les éditions
de Grynæus. Un L a été pris pour un C, et
de cette manière 1454 est devenu 1504. Le
retour de Cadamosto à Venise était en février
1463. Cette même troisième expédition de
Christophe Colomb, dont l'antériorité au premier voyage de Vespuce est une question si
ardue, se trouve antidatée de deux ans dans
le grand ouvrage d'Oviedo, et ce qui est le
plus remarquable, cette erreur est répétée
trois fois dans la première édition de Séville
de l'année 1535, l'époque étant indiquée tantôt en chiffres romains, tantôt en toutes lettres. Une seule fois Oviedo ajoute que quel-

[1] Comparez *Itin. Port.* p. 2 *b*, in Aloisii Cadamosti
Nav. cap. 2; JOBST RUCHAMER, *Unb. Landte*, 1508,
cap. 2; GRYNÆUS, *Nov. Orbis*, Bas. 1532, cap. 2 et 50,
p. 3 et 88; RAMUSIO, 1613, t. I, p. 97. (Voyez aussi
tom. III, p. 140 et suiv., et ZURLA, t. II, p. 116.)

ques-uns prétendent « que le troisième voyage
de l'amiral, si important par la découverte de
la terre ferme, a été exécuté non en 1496,
mais en 1497 ! » Ces incertitudes ont de quoi
nous surprendre dans un historien appelé
classique, et qui, selon deux excellens juges,
MM. Muñoz et Navarrete, mettait le plus grand
soin dans la rédaction des matériaux qu'il em-
ployait. Oviedo ne fait nulle part mention
d'Améric Vespuce ; on ne peut donc admettre
qu'il ait lu un ouvrage imprimé en Lorraine,
et que, frappé de la date du premier voyage
du navigateur florentin, il soit devenu incertain sur l'époque de la découverte de Paria
par Colomb[1]. Il existe dans les archives de

[1] Voici les trois passages qui m'ont d'abord causé de
l'étonnement dans Ramusio et que j'ai vérifiés sur
l'*editio princeps* de la *Historia general de las Indias por
el capitan Gonzalo Hernández de Oviedo y Valdes
(Sevilla, en la emprenta de Juam Cromberger,* 1535)
appartenant à la Bibliothèque royale de Gottingue,
lib. III, cap. 3, fol. 23, *a* (RAMUSIO, t. III, p. 77, *b*) :
« En el tercer viage salio el Almirante con seys cara-
vellas de la Bahia de Calix en el mes de março del año
de mill y CCCCXCVI, aunque algunos dicen que era
en el año de XCVII. » — Lib. XIX, Prohemio fol. 154, *a*
RAM. p. 164, *b*) : « La isla de Cubagua que es

Simancas la copie d'une lettre de l'amiral au
trésorier don Luis de Santangel, écrite pendant le retour de la première expédition. L'a-
miral signe en toutes lettres : « Ceci est écrit
à bord de la caravelle *près des îles Canaries*,
le 15 février de quatre-vingt-trois. » Or l'on
sait par le journal du grand homme que ce
jour-là il se trouvait à 220 lieues de distance
des Canaries, près des îles Açores [1]. Le premier

esterilissima, dicen muchos que lo pueden bien saber,
que desde el año de MCCCCXCVI, años que fue por el
primero Almirante don Christoval Colom descu-
bierta. » — Lib. XIX, cap. 1, fol. 153, *b* : « Al tercer
viage y descubriminto que hizo el primer Almirante,
fue en el año de mil y quatrocientos y noventa y seys
años.... » On lit dans la traduction italienne de Ramusio
(t. III, p. 165) 1946 pour 1496, et l'érudit compilateur
n'ajoute aucune note, quoique dans le même volume,
à la page 10, il dise d'après Anghiera, que Colomb a
commencé son troisième voyage en mai 1498.

[1] Comparez Nav. t. I, p. 153 et 174. L'erreur est
d'autant plus singulière qu'elle paraît être à la fois
erreur de temps et de lieu. La lettre, de 8 pages, ne
porte aucun caractère d'agitation, et cependant le 15
février était le lendemain de ce fameux jour où Colomb,
au milieu de la tempête (Nav. t. I, p. 152) jeta à la mer
le parchemin qui renfermait une courte description de
ses découvertes. La mer, il est vrai, commençait déjà à

écrit imprimé par lequel le monde a eu connaissance de la découverte du Nouveau Monde,
est la lettre de Colomb à Raphael Sanchez,
traduite en latin à Rome par Leandro Cosco.
D'après le traducteur, Colomb signe la lettre :
Lisbonne, 14 mars : cependant selon le journal écrit à bord même, le navigateur passa
alors près du cap Saint-Vincent, et M. Navarrete[1] croit que Cosco a lu 14 pour 4. Dans
la *lettera rarissima* et dans d'autres documens, Colomb se trompe singulièrement sur
l'âge qu'il avait en entrant au service d'Es-

se calmer, mais on ne put atterrer à l'île Sainte-Marie
du groupe des Açores, que le 17 février. La lettre
n'aurait-elle pas été écrite pendant le séjour dans cette
île entre le 17 et le 24 février? Dans la traversée à
Lisbonne, Colomb suivit les parallèles de 37° — 39°,
il restait dix degrés au nord des Canaries. Le 15 février,
des pilotes ignorans avaient cru qu'on « était près de la
Roca de Cintra, sur les côtes du Portugal, ou près de
Madère; » mais l'amiral, plus sûr de sa route, n'avait
jamais douté que la terre que l'on vit ne fût une des îles
Açores. Un papier inclus dans la lettre à Santangel (on
donnait alors à ces papiers inclus le nom d'ame, *anima*),
prouve qu'elle ne fut terminée et fermée qu'à Lisbonne,
toujours en laissant subsister l'erreur de la signature.

[1] NAV. t. I, p. 165, 175 et 195.

pagne et sur le temps qu'il séjourna dans ce pays[1]. Fernando Colomb raconte (cap. 64) que son père se trouvait en 1499 à la cour à Medina del Campo, quoiqu'il dise qu'à cette époque l'amiral était à Haïti, de retour de la côte de Paria, depuis sept mois. Il termine même son ouvrage (cap. 108) en avançant d'une année le terme de la vie du père. Cette fausse date de la mort en 1505 a passé dans plusieurs ouvrages modernes, très estimables d'ailleurs. L'histoire des Indes de Gomara place[2] le départ pour la troisième expédition en mai 1497, ce qui est précisément l'époque du premier voyage de Vespuce dans l'édition de Saint-Dié. Nous avons déjà fait remarquer plus haut que le même écrivain ose affirmer que les Espagnols ont beaucoup fréquenté la côte de Paria de 1495 à 1500. Ces exemples, trop détaillés peut-être, suffisent pour rap-

[1] Voyez tom. III, p. 353 et suiv.

[2] Il y a en toutes lettres : « Se partio el Almirante en el terzero viage de San Lucar de Barremeda en fin de mayo del *año de noventa y siete sobre mil y quatro cientos*. (GOMARA. fol. 14, *a*, et 20, *a*.) Sur d'autres erreurs de dates de Colomb, voyez NAV. t. I, p. 167 et 224.

peler combien il est injuste de voir de la fraude
partout où il y a confusion de dates. Cette
confusion règne par malheur au plus haut
degré dans l'intervalle qui sépare le premier
et le second voyage d'Améric Vespuce. Les
cinq expéditions si rapprochées de Colomb,
d'Alonzo de Hojeda, de Niño, de Vicente
Yañez Pinzon et de Lepe, expéditions si semblables dans leur but et dirigées vers les mêmes
côtes de la terre ferme, ont contribué à em-
brouiller la chronologie des événemens. Il
faut considérer ces points de discussion sous
un point de vue plus général. Les différentes
expéditions de Sébastien Cabot[1], de Hojeda[2],

[1] BIDDLE, *Mem. of Seb. Cabot*, p. 10, 13, 71 et 85.

[2] Muñoz par exemple place le second voyage de
Hojeda en 1501. Voyez Nav. t. III, p. 318 et 593. Las
Casas (lib. II, cap. 2) et Herrera (Dec. I, lib. IV,
cap. 2 et 4, t. I, p. 84 et 99) disent par erreur que
Hojeda fut accompagné par Vespuce dans le *second*
voyage, celui de janvier 1502 à janvier 1503. Oviedo
(lib. III, cap. 8, fol. 28, *b*) mêle en un seul voyage les
événemens de l'expédition de Hojeda et de Vespuce en
1499 avec ceux de l'expédition de 1502, faite par Hojeda
et Vergara. Le même auteur place en 1502 le voyage de
Rodrigo de Bastidas avec Juan de la Cosa, voyage qui
ne commença qu'en 1500. J'entre dans ce minutieux

de Pinzon, au nombre de deux (1497 et 1498)
pour le premier, de quatre (1499, 1501,
1505 et 1509) pour le second, et de trois
(1499, 1506 et 1509) pour le dernier de ces
célèbres navigateurs, ont été confondues ensemble comme cela a eu lieu pour les voyages
de Vespuce. Cependant on n'a jamais argu-
menté de cette confusion des dates à la non-
existence des voyages de Cabot, de Hojeda
et de Pinzon, ou à l'altération des faits qu'ils
rapportent. Tout me semble indiquer que de
maladroits rédacteurs ont publié, à l'insu du
cosmographe florentin, ce que nous possédons
de lui. Est-il probable que Vespuce lui-même
eût appelé, dans la lettre d'envoi qui précède
les *Quatuor Navigationes*, le roi d'Aragon
Ferdinand le Catholique, roi de *Castille*[1], et
que dans le troisième voyage qu'il raconte
avoir entrepris aux frais et par ordre du roi
Emanuel de Portugal, il eût pris possession

détail pour prouver le désordre qui règne dans la
chronologie des expéditions qui ont été entreprises à la
fin du quinzième et au commencement du seizième
siècle.

[1] Texte de Baccio Valori, chez BANDINI, p. 3.

du continent *pro Serenissimo Castiliæ rege*[1]? Les discussions qu'ont fait naître récemment les nombreux voyages de Sébastien Cabot, devraient surtout rendre plus circonspects ceux qui traitent Vespuce avec une si grande sévérité. Ramusio[2] fait dire à Cabot même que son premier voyage était de 1496 (au lieu de 1497). D'autres admettent un voyage de 1494, et malgré les variantes de ces dates, on n'a jamais accusé de fraude le grand navigateur vénitien.

En réunissant dans les deux tableaux qui précèdent (p. 195-213) l'analyse des faits qu'offrent les différens textes des premier et second voyages d'Améric Vespuce et en comparant ces faits aux voyages d'Alonzo de Hojeda et de Vicente Yañez Pinzon, j'ai placé sous les yeux du lecteur les élémens mêmes de la question. On jugera si les conséquences auxquelles je me suis arrêté sont exactes et si elles sortent du domaine des simples conjectures. Pour procéder par induction, il a fallu chercher un point fixe de départ : ce point,

[1] Texte de Saint-Dié, chez Nav. t. III, p. 267.
[2] T. I, p. 374, *b*.

c'est l'évidence de l'association de Vespuce et de Juan de la Cosa dans l'expédition dirigée par Hojeda vers la terre ferme, depuis le 20 mai jusqu'au 30 août 1499. Le témoignage formel de Hojeda dans le procès du fisc et les manuscrits de Las Casas ne laissent aucun doute sur l'association et sur l'époque du dé-part. On demande alors lequel des deux voyages de Vespuce ressemble le plus à celui de Hojeda, ou si, comme on l'a avancé sou-vent, et comme Las Casas', Charlevoix et Herrera l'ont déja soupçonné, le rédacteur

' LAS CASAS, *Ms.* lib. I, cap. 164 et 168. Selon NAV. t. III, p. 7 et 332. CHARLEVOIX, *Hist. de Saint-Domingue*, t. I, p. 241. Voici les paroles de Herrera (Dec. I, lib. IV, cap. 4) : « La ida a la Española la aplica Americo Vespucio al segundo viage de Ojeda y assi con mucha cautela va Vespucio trastornando las cosas que a acontecieron en un viage con el otro por oscurecer que el Almirante don Christoval Colon descubrio la tierra firme. » Pour comprendre ce der-nier passage, il faut se rappeler que Vespuce parle, non dans le premier, mais dans le second voyage, « de son arrivée à la Isla *Antiglia* ou Spagnuola » (textes de Saint-Dié et édition Riccardi), et que Herrera admet que les premier et second voyages de Hojeda sont aussi les premier et second de Vespuce.

des *Quatuor Navigationes* a forgé le premier voyage en se servant des mêmes matériaux pour les deux relations qui portent les dates de 1497 et 1499. Or ce qui caractérise essentiellement les deux relations, prouve que les voyages qu'elles retracent ne sont pas identiques. Dans le premier, le navigateur reste dans l'hémisphère boréal : il ne voit pas la côte de l'Amérique au sud des parallèles de 5° ou 8° nord. Le second voyage est dirigé vers l'hémisphère austral, jusqu'aux 8° de latitude sud[1]. La découverte du cap Saint-Augustin, celle de l'embouchure de la rivière des Amazones, les courans qui portent avec violence au nord-ouest et la vue des constellations du ciel austral y jouent un rôle principal. Vespuce dit clairement que pendant cette seconde

[1] Si l'auteur de la *Corografia brazilica* (Rio de Janeiro, 1817, t. I, p. 34) avait connu les témoignages de Vicente Yañez Pinzon et de Hernandez Colmenero dans le procès du fisc (NAV. t. III, p. 547-549), il n'aurait pas ôsé prétendre que le Cabo Santa Maria de la Consolacion, loin d'être le cap Saint-Augustin, est le Cap Nord, situé par les 1° 52′ de latitude nord. Pinzon arriva au cap de la Consolation après avoir coupé l'équateur du nord au sud. (HERRERA, t. I, p. 90.)

expédition il a coupé deux fois l'équateur : il tâche en vain de découvrir une étoile qui marque le pôle antarctique. Il regarde comme une chose très importante d'avoir été si loin [1] vers le sud, dans l'autre hémisphère.

Le caractère d'une navigation australe entièrement étrangère au premier voyage d'Améric Vespuce, est aussi spécialement indiqué dans la lettre très importante publiée pour la première fois en 1827 dans l'édition de Marco Polo du comte Baldelli, et à laquelle on a fait

[1] Dans le double de la relation du second voyage (lettre à Médicis, texte Riccardi), Vespuce, après avoir parlé du célèbre passage du Dante appliqué à la Croix du sud, ajoute : « Si Dieu me conserve la vie, je compte retourner bientôt dans cet hémisphère (austral) et ne pas le quitter sans découvrir le pôle (l'étoile polaire antarctique). Cette fois-ci nous avons navigué dans la direction du méridien 60° $\frac{1}{2}$; car à Cadix le pôle s'élève de 35° $\frac{1}{2}$, et nous avons été au-delà de l'équateur 6° (la lettre à Soderini, texte de Baccio Valori, dit 8°) vers le sud. » BAND. p. 33 et 71. CANOVAI, p. 56. Il est clair que Vespuce ou son éditeur confondent la latitude de Cadix avec la distance zénithale du pôle ou la hauteur de l'équateur : ils ont pris 54° $\frac{1}{2}$ pour 55° $\frac{1}{2}$. La distance parcourue exprimée par la différence de latitude, a été 41° $\frac{1}{2}$, non 60° $\frac{1}{2}$.

peu d'attention jusqu'ici. Cette lettre est écrite
au Cap Vert le 4 janvier 1501, lorsque Vespuce, au commencement de son troisième
voyage, rencontre la flotte de Cabral qui,
après avoir atterré accidentellement au Brésil
à la Terre de la *Sainte-Croix*, le 22 avril 1500,
en allant aux Grandes Indes, se trouva sur
son retour à Lisbonne. Vespuce, au milieu
des souvenirs de l'autre hémisphère que firent
naître cette rencontre et des conversations
avec les pilotes de l'expédition, rappelle que
dans le voyage qu'il fit pour le roi de Castille,
il toucha à la même côte (du Brésil) que Cabral avait vue après lui.

Des deux relations du navigateur florentin,
il n'y a donc que la première dans laquelle on
puisse reconnaître le voyage qu'il fit conjointement avec Hojeda et Juan de la Cosa. Le
détail des événemens partiels et leur comparaison sont consignés dans les tableaux qui
précèdent. Il serait inutile d'insister de nouveau sur ces analogies. Le nombre des navires est le même chez Hojeda et chez Vespuce : il diffère dans le second voyage de
Vespuce. D'après ce que j'ai rapporté sur l'incertitude des dates et des chiffres en général,

il ne faut pas être surpris qu'ils n'offrent pas d'accord. On n'en trouve dans le départ au premier voyage que pour le jour du mois (20 mai). Le retour au 15 octobre 1499 peut être exact, car Hojeda dit avoir terminé son voyage de découverte à la Terre ferme le 30 août de la même année. Il arrive à Haïti[1], au port de Yaquino, dès le 5 septembre 1499 :

[1] Je n'insisterai pas sur l'unique et petite barque dans laquelle Hojeda et Juan de la Cosa doivent être venus à Haïti, selon le témoignage que rendit dans le procès du fisc en 1515, Cristobal Garcia, domicilié à Palos. « Vinieron, dit-il, de Tierra firme en un *barquete* que habian perdido los navios y con obra de 15 o 20 hombre que los ostros se les habian muerto o quedado. » NAV. t. III, p. 545. Vespuce est moins positif. Le texte de Saint-Dié porte, en parlant de ce beau port où l'on resta trente-sept jours pour réparer les vaisseaux : « In terra autem illa *naviculam unam* cum reliquis naviculis nostris ac doliis novam fabricavimus. » NAV. t. III, p. 234. Le texte de Baccio Valori passe cette construction sous silence et fait établir un bastion ! « In terra facemmo un *bastione* con li nostri battelli e con tonelli e botte e nostre artiglierie che giocavano per tutto. » BANDINI, p. 28. CANOVAI, 1817, p. 46. La lettre que Francisco Roldan écrivit à Colomb en lui annonçant l'arrivée de Hojeda et de Juan de la Cosa à Yaquimo, nomme plusieurs caravelles de l'expédition : « Yo ove

IV. 19

des affaires particulières l'y retiennent si long-
temps qu'il n'atteint Cadix qu'en juin de l'année suivante. Je soupçonne que Vespuce s'est
séparé de Hojeda pour retourner seul en Espagne où, arrivé en octobre 1499, comme
porte le texte de Saint-Dié, il est venu à temps
pour s'embarquer en décembre dans l'expédition de Vincente Yañez Pinzon. D'après ce
que je viens d'exposer, tout le premier voyage
de Vespuce (20 mai—15 octobre 1499) aurait duré cinq mois, et cette opinion est aussi
celle d'Herrera, fondée sans doute sur des
motifs très différens[1]. Nous avons déja rappelé
plus haut que les copistes et les éditeurs des
relations de Vespuce ne se sont pas donné la
peine de mettre d'accord les époques du dé-

de ir *a las carabelas* y fallé en *ellas* á Juan Viscaino
y Juan Velazquez.... » (LAS CASAS, lib. I, cap. 164).

[1] Voici ce passage : « Y aunque Vespucio dize que
avia 13 meses que endava por alli, fue en el segundo
viage que hizo con Ojeda, porque *en el primero no
estuvo sino cinco* como el fiscal real lo provó y lo confesso
con juramento Alonso de Ojeda y otros. » (HERRERA,
Dec. I, lib. IV, cap. 2.) Les parties du procès que
renferme l'ouvrage de Navarrete ne justifient pas la
conclusion d'Herrera que je fonde sur d'autres combinaisons.

part et de l'arrivée avec la durée des voyages. Peut-être a-t-on reculé le premier départ jusqu'en 1497 pour essayer de justifier le chiffre de la durée de l'expédition, en prenant la date du retour pour terme fixe et certain? Quant aux degrés de latitude, je dois rappeler que les nombres en sont quelquefois, et même dans les journaux de Christophe Colomb, le double trop grands, non à cause des erreurs que causaient les chiffres indiens ou des traits en forme d'unités ajoutés, comme dans le texte de Riccardi, mais parce que l'on confondait la latitude avec la double hauteur lue sur la division des *cuadrantes* ou instrumens d'astronomie nautique. On trouve dans le journal de Colomb[1] pour la côte de Cuba 42° de hauteur du pôle au lieu de 21°. En quittant la terre ferme Vespuce eut à soutenir un combat dans une île que l'édition d'Hylacomylus appelle Iti, nom que l'évêque Geraldini donne à l'île Saint-Domingue, et qui paraît identique avec Haïti. Ce que Vespuce dit de l'esprit guerrier et du courage des insulaires qui ont blessé vingt-deux Espagnols, ne ressemble

[1] Journal des 30 octobre et 2 novembre 1492.

guère aux mœurs paisibles des Haïtiens. Six ans après que les Espagnols eurent fondé leur colonie à Saint-Domingue, les indigènes ne pensaient pas à s'opposer à un débarquement ni à se montrer si belliqueux. Je persiste à croire[1] qu'il n'y a pas plusieurs îles *Iti*, et que le synonyme d'Haïti et d'Antiglia, n'a été ajouté qu'en faveur de la fin de la relation du second voyage. Pour résumer l'ensemble de ces considérations, nous rappellerons les principaux points dans lesquels les expéditions de Vespuce et de Hojeda offrent de l'analogie. Ce sont : la date du jour du mois pour le départ; le nombre des navires; l'atterrage au sud-est du golfe des Perles, mais toujours au nord de l'équateur; les noms de Paria et de Venise; le combat de vingt à vingt-deux blessés et d'un seul mort; les incursions dans l'intérieur des terres pendant lesquelles les naturels reçoivent les Espagnols avec des honneurs extraordinaires; le séjour dans le beau

[1] Voyez tome III, pag. 222. Le doute qui y semble exprimé sur le « prétendu » premier voyage n'a rapport qu'à l'époque de 1497. J'aurais dû appeler problématique ce voyage d'une date contestée.

port (de Mochima) pendant trente-sept jours ;
le manque de perles pendant une expédition
assez infructueuse, et l'enlèvement des esclaves dont le nombre (222) est sans doute
énormément exagéré et peut-être calqué sur
le nombre des deux cent vingt-trois captifs de
la seconde expédition. Les événemens, je
pourrais dire les matériaux, sont les mêmes
dans les deux voyages de Vespuce et d'Hojeda ; mais dans la relation confuse du premier leur succession est altérée. C'est plutôt
une description des mœurs qu'un itinéraire.

S'il y a nécessité, pour ainsi dire, que le
premier voyage soit celui qu'Alonzo de Hojeda
fit avec Juan de la Cosa et Vespuce, il me paraît pour le moins probable que le second qui
embrasse l'hémisphère austral est le voyage
dans lequel Vicente Yañez Pinzon découvrit
le cap Saint-Augustin et l'embouchure de la
rivière des Amazones. On pourrait d'abord
hésiter dans le choix entre les expéditions de
Pinzon et de Lepe si rapprochées pour le temps,
et embrassant toute la côte orientale de l'A-
mérique méridionale, depuis les 8° — 9° sud
jusqu'à Paria et la côte ferme de Venezuela.
Il ne peut être question de Per Alonso Niño

et de Cristoval Guerra, qui ne dépassèrent
pas l'équateur et n'avaient qu'un seul navire,
tandis que pour le second voyage de Vespuce
la lettre à Médicis en indique deux, la lettre
à Soderini trois. Aussi le départ de Niño n'é-
tait que de quelques semaines postérieur à
celui d'Hojeda et de Vespuce. Rodrigo de Bastidas avait deux caravelles; il ne partit qu'en
octobre 1500; mais, loin de reconnaître l'A-
mazone et le cap Saint-Augustin, il atterra sur
la côte de Cumana (« d'abord à *Isla Verde*,
entre la Guadeloupe et la Terre ferme »), et
se dirigea vers le Rio Sinu, la *Culeta* d'Urabà,
et l'itshme de Panama. C'est pendant le cours
de cette navigation de Bastidas que les Espagnols furent frappés pour la première fois,
dans la province de Citarma, de l'imposant
spectacle de montagnes couvertes de neiges
perpétuelles situées sous la zone torride. La
Sierra Nevada[1] de Santa Marta n'aurait pas

---

[1] Ce groupe de montagnes neigeuses dont les points
culminans portent aujourd'hui les noms de la Horqueta
et du Picacho, a probablement près de 3000 toises
d'élévation. Il est isolé, également séparé des Andes
d'Antioquia et de la chaîne de Pamplona et Merida
(voyez ma carte des Cordillères, n° 5 de l'*Atlas géogra-*

été passée sous silence par Vespuce s'il avait été de cette expédition. En argumentant par exclusion on arrive aux voyages de Lepe et de Pinzon si semblables sous tant de rapports; mais l'expédition de Lepe, dans laquelle il n'y avait que deux navires, se termine déja après six mois, en juin 1500; tandis que Vespuce fixe le retour de son second voyage au mois

phique et *Relation hist.* t. III, p. 214), par conséquent beaucoup moins étendu que, sans doute sur les renseignemens de Rodrigo de Colmenares et d'Alonzo de Hojeda (second voyage en 1502), ne l'a décrit Enciso dans la *Suma de Geografia* imprimée à Séville en 1519. La *tierra nevada* de Citarma (*Saturmæ regio* d'Anghiera) me paraît aussi le premier point où les Espagnols ont reconnu que la *limite des neiges* est fonction de la latitude et s'élève rapidement vers l'équateur. Je trouve dans les *Oceanica* (Dec. II, lib. II, p. 140) : « Defluebat inter portum Carthaginis et regionem Cuchibacoa flumen Gaira ex alto nivali monte quo altiorem nemo ex ducis Roderici (Colmenaris) comitibus aïebat se vidisse unquam. Neque aliter putandum est, si nivibus albescebat in ea regione, quæ intra decimum gradum distat ab æquinoctiali linea. » Ceci a été écrit entre 1510 et 1514. Anghiera tirait ses notions sur les montagnes neigeuses de Sainte-Marthe, en partie des conversations qu'il avait avec Jean Vespuce, le neveu d'Améric. Voyez Dec. III, lib. V, p. 258.

de septembre de la même année[1], ce qui est exactement l'époque du retour de Pinzon. D'autres points de ressemblance des deux expéditions de Vespuce et de Pinzon sont : le lieu du premier atterrage dans l'hémisphère austral; la découverte importante du cap Saint-Augustin et d'une partie du Brésil rappelée lors de la rencontre avec la flotte de Cabral; la reconnaissance de l'embouchure de la rivière des Amazones et des basses terres de

[1] Selon les textes de Saint-Dié et de Baccio Valori. L'édition Riccardi donne 18 juin 1500, ce qui, combiné avec le départ de Vespuce, indiqué en mai 1499, offre les mêmes dates que le départ et le retour pour le premier voyage, d'ailleurs entièrement dissemblable de Hojeda. Cette coïncidence est-elle accidentelle, ou a-t-on modifié dans le texte Riccardi l'époque du retour de Vespuce, parce que, sans réfléchir à la différence des latitudes parcourues, on a supposé que le second voyage de Vespuce, dont la lettre à Médicis évalue la durée à treize mois, pouvait être le premier d'Alonzo de Hojeda. Mais ces treize mois prouvent de nouveau le peu de confiance que méritent les chiffres cités dans les différens textes. De mai 1499 à septembre 1500 (textes de Saint-Dié et de Valori), il y a seize mois. La date du retour fixé au 18 juin est-elle établie sur la simple supposition des treize mois?

l'île Marayo, la mer d'eau douce, les courans qui longent la côte du S. E. au N. O. ; l'expression d'un vif intérêt marqué pour les constellations du ciel austral dont plusieurs paraissaient à de si grandes hauteurs au-dessus de l'horizon ; l'époque de l'arrivée à Haïti (Pinzon y arrive le 23 juin 1500, et Vespuce dit que lui quitte cette île le 22 juillet de la même année, après un séjour de deux mois et deux jours) ; la navigation vers le nord et le nord-ouest d'Haïti, à des îles entourées de bas-fonds (îles Bahames, Saometo, Maguana et écueils de Babueco) ; des esclaves enlevés pendant la navigation ; enfin de belles perles et des pierres gemmes rapportées comme fruit de l'expédition.

Ces traits de ressemblance que je viens de citer sont certainement aussi nombreux que frappans. Le voyage de Pinzon acquit sa grande importance par la découverte du cap Saint-Augustin[1] et par la vaste étendue de mer et

[1] Anghiera revient jusqu'à quatre fois sur cette importance d'un cap, qui se trouve à l'est de la *ligne de démarcation* du pape Alexandre VI, et que malgré la différence de latitude, il considère comme une forme symétriquement analogue au cap de Bonne-Espérance :

de côtes qui avait été parcourue. C'était la
première fois que les Espagnols sur le littoral
de l'Amérique avaient pénétré dans cet hémisphère austral qui, du côté de l'Afrique, était
depuis long-temps devenu le domaine des
navigateurs portugais. Aussi Vespuce, dans la
longue et intéressante lettre qu'il adresse à

« Cuspis ea quam Vicentius Annez attigit, Atlantem
videtur velle impetere. Illam quippe Africæ partem
spectat quæ a Portugallensibus caput Bonæ Sperantiæ
dicitur Atlantici montis squallentia in Oceanum pro-
tenta promontoria. Sed Bonæ Sperantiæ caput gradus
antartctici colligit quatuor et triginta (en effet 33°
56′ 3″) : cuspis autem illa (Sancti Augustini caput)
septem tantum. Puto terram hanc esse, quam apud
Cosmographiæ scriptores Atlanticam dici magnam insu-
lam reperio, sine ulteriore de illius situ exploratu. »
Ocean. Dec. II, lib. VII, p. 185, lib. VIII, p. 186;
Dec. III, lib. X, p. 324. La majeure partie de l'Amérique méridionale était regardée comme un prolongement du cap Saint-Augustin. « Solisius (Juan Diaz
de Solis) sex centum lequas processit. Reperit Sancti
Augustini frontem adeo in latum distindi ad meridiem
trans æquinoctium, ut trigesimum amplius gradum
antarctici præhenderit. » Dec. III, lib. X, p. 317.
Telles étaient les vues de géographie comparée jusqu'en
1516, époque à laquelle (p. 323) Pierre Martyr d'Anghiera termine cette troisième décade.

Médicis, relève sans cesse ce mérite particulier de l'expédition à laquelle il s'était associé. Il se persuade avoir navigué 5000 lieues, *discoprendo infinitissima terra dell' Asia*, car comme Pinzon, il répète toujours[1] que la

[1] Dans la même lettre, cette opinion qui exclut toute prétention à la découverte d'un *Nouveau Continent*, est énoncée trois fois. « Mia intenzione era di vedere se potevo volgere uno cavo di terra que Ptolomeo nomina il *cavo di Cattegarà* (che è giunto con il *Sino magno*) che per mia opinione, non stava molto discosto da esso secondo i gradi della longitudine e latitudine, como qui a basso si darà conto. » (Band. p. 66. Canovai, p. 51 et 367.) — « Di poi d' aver navicato al pie di 400 leghe di continuo per in costa concludemmo che questa era terra firma che la dico, e' confini dell' Asia per la parte d'oriente e il principio per la parte d'occidente. » (Band. p. 76.) J'ai cité plus haut dans le texte le passage dans lequel Vespuce désigne l'ensemble des découvertes faites dans le second voyage : « Stemmo in questo viaggio 13 mesi, correndo grandissimi pericoli e discoprendo infinitissima terra del Asia e gran copia d'isole. » Band. p. 83. Il termine la lettre en annonçant à Pier Francesco de' Medici que « l'on arme pour lui (*qui m'armano*) trois navires qui seront prêts vers la mi-septembre ; il espère continuer les découvertes *e trar nuove grandissime e discoprir l'Isola Trapobana che è infra il mar Indico, et il mar Gangetico*, et puis rentrer dans sa patrie pour soigner sa vieillesse. » Ces vaisseaux

terre qu'il a découverte fait partie de l'ancien continent de l'Asie orientale. Il compare l'expédition qu'il vient de terminer à celle de Gama, et la trouve bien plus courageuse. « Votre Magnificence, écrit-il à Médicis, aura entendu parler de la flotte que le roi de Portugal a envoyée il y a deux ans (il fallait dire trois ans) vers la Guinée. Un tel voyage, je ne puis l'appeler un voyage de découverte, c'est se traîner le long des côtes qui étaient déja découvertes. Ces navigateurs n'ont pas perdu de vue la terre, et ils ont fait le tour de l'Afrique par le sud, comme tous les auteurs de Cosmographie l'avaient indiqué. Cette navigation à Calicut est cependant d'une grande richesse, et *récemment* le roi de Portugal a envoyé une *nouvelle flotte* de douze[1] navires dans ces mers. » Comme la lettre est datée du 18 juillet

que l'on armait n'étaient-ils pas de l'expédition de Bastidas et Juan de la Cosa qui sortirent en effet de Cadix, mais avec deux caravelles seulement, et déja en octobre 1500?

[1] Gomara, après avoir exposé d'une manière très satisfaisante les vicissitudes du commerce des épiceries et proposé en 1551 la réunion des deux mers par des canaux à Chagre dans l'isthme de Panama, à Nicaragua

1500, je ne doute pas que Vespuce n'ait voulu désigner, en parlant de la nouvelle flotte, l'expédition de Pedro Alvarez Cabral, qui en effet partit de Lisbonne le 9 mars 1500, mais avec treize navires.

Jusqu'ici tout paraît favorable à la proposition que je hasarde relativement à l'identité du second voyage de Vespuce avec le premier voyage de Vicente Yañez Pinzon; mais il me reste à parler d'une date astronomique qui paraît détruire tout l'édifice de mes combinaisons. La lettre à Médicis si souvent citée parle de la conjonction de Mars et de la Lune observée (on ne dit pas sur quel point du littoral) le 23 août 1499, par Vespuce, pendant le cours du second voyage. J'ai vérifié le phénomène sur les Éphémérides de Régiomontanus que cite le navigateur florentin. Il n'y a pas le moindre doute que le phénomène n'ait eu lieu à l'époque indiquée. Or, le voyage de Pinzon n'ayant commencé qu'en décembre 1499, la conjonction ne peut pas avoir été

et à Huasacualco (fol. 58, *b*), ne donne aussi que douze navires à Cabral (fol. 59, *b*). La flotte de Gama était de quatre navires.

observée pendant la durée de ce voyage ; elle
appartient au contraire à la première navigation de Hojeda, commencée le 20 mai 1499 :
un voyage pendant lequel on prétend avoir
vu la conjonction est ou cette première expédition de Hojeda, ou un voyage entrepris à la
même époque. Ce raisonnement [1], basé sur un
phénomène astronomique, nous forcerait
donc à regarder comme exacte la date du départ de Vespuce pour le second voyage (mai
1499), selon les textes de Valori et de Riccardi ; il nous condamnerait à considérer
comme identique le second voyage avec le
premier d'Alonzo de Hojeda, sauf à admettre
l'existence d'une première expédition de Ves-

---

[1] Pour faciliter l'intelligence de la discussion qui
suit, il sera utile de replacer sous les yeux du lecteur
le tableau des voyages qui ont été comparés ensemble.

VESPUCE. Premier voya-ge, du 20 mai 1497 au 15 octobre 1499.	VESPUCE. Deuxième voya-ge, du 16 mai 1499 au 8 septembre 1500.
COLOMB. Troisième voya-ge, du 30 mai 1498 au 25 novembre 1500.	HOJEDA. Premier voyage, du 20 mai 1499 à la mi-juin 1500.

PINZON. Premier voyage, du 30 décembre 1499 à
septembre 1500.

(Vespuce, d'après le texte de Saint-Dié.)

puce (mai 1497–octobre 1498), dans un temps où on le voyait occupé à Cadix et à Séville de l'armement de la flotte de Colomb, qui mit à la voile le 30 mai 1498.

On éprouve d'abord un grand découragement à la vue de ces contradictions qui n'avaient pas encore été pesées ; mais les chiffres ne sont inexorables qu'autant qu'ils sont exacts et dûment employés. C'est un fait positif, et dont personne jusqu'ici ne s'est avisé de douter, que Vespuce et Juan de la Cosa ont accompagné Hojeda dans le voyage qui a commencé le 20 mai 1499. Les trois navigateurs ont quitté la terre ferme à la côte de Venezuela, située entre les 10° et 11° de latitude boréale, le 30 août 1499. Ils se sont donc trouvés sur cette côte sept jours avant, au moment de la conjonction de Mars et de la Lune. Il est certain, de plus, que l'expédition de Hojeda n'a jamais été au sud des parallèles des 3° nord ; il est par conséquent également impossible d'admettre que le second voyage de Vespuce dans lequel on atterre par les 8° de latitude australe, on coupe deux fois l'équateur, et l'on reconnaît l'embouchure de l'Amazone, soit le premier voyage de Hojeda, et de supposer un phénomène du 23 août 1499 observé sur les côtes d'Amérique par des personnes qui ne partirent d'Europe avec Pinzon qu'au mois de décembre de la même année. Comment appliquer à une expédition vers l'hémisphère austral et dont l'itinéraire ressemble à la navigation de Pinzon, les dates[1] de départ

[1] Si l'on fait attention aux *variantes lectiones*, on trouve pour le second voyage de Vespuce, selon le texte Riccardien (mai 1499-juin 1500), les véritables dates de l'expédition de Hojeda, selon les textes de Valori et d'Hylacomylus (mai 1499-septembre 1500), le départ de Hojeda combiné avec le retour de Pinzon. Les rédacteurs des écrits de Vespuce auraient-ils altéré les dates en croyant les rectifier? Nous voyons des traces de ce genre de rectifications dans l'époque du retour du premier voyage. (Voyez plus haut, p. 215.) Il serait possible que Vespuce eût conservé dans ces dates en écrivant à des Florentins, l'ère restée en usage dans son pays natal. D'après cette ère que l'on peut prouver avoir été employée dans les lettres familières (Fabroni, *Vita Laurentii Medici*, t. II, p. 47), les jours de l'année 1498 jusqu'au 25 mars, appartenaient à 1497, le commencement de l'année, d'après le style florentin, étant (Ideler, *Chronologie*, t. II, p. 330) le jour de l'Annonciation de la Vierge. Comme tous les départs de Vespuce sont entre les 10 et 18 mai, le style florentin ne change pas l'année.

et de retour qui appartiennent au voyage de
Hojeda avec Vespuce et Juan de la Cosa? Pour
sortir de ce dangereux dilemme on ne peut
recourir à aucune combinaison qui permette
de supposer un séjour de Hojeda dans l'autre
hémisphère. Selon les documens les plus authentiques, ce fameux navigateur n'a dépassé
l'équateur dans aucune de ses quatre expéditions[1] de 1499 à 1510. Il ne reste donc plus
qu'à admettre que, soit accidentellement, soit
par des motifs dont la cause nous est inconnue,
l'observation de la conjonction de Mars et de
la Lune a été transportée du premier voyage
de Vespuce dans le second. Je dois à cette
occasion appeler l'attention des savans sur les
différences très remarquables qui se trouvent
entre les deux relations que nous possédons
du second voyage; d'abord dans la lettre à
Médicis, et puis dans la lettre au roi René,

[1] Voyez la vie de Hojeda dans Nav. t. III, p. 163-176.
J'ai déja rappelé dans un autre endroit que si pour le
nombre des navires (4) le premier voyage de Vespuce
correspond à celui de Hojeda, le nombre des navires du
second voyage (2 ou 3) est moins conforme au nombre
des navires de Pinzon qui sur quatre en perdit deux.
Voyez plus haut, p. 195, 200 et 221.

IV.   20

insérée dans les *Quatuor Navigationes*. Cette dernière, rédigée[1] après l'an 15o4, ne parle ni de la conjonction, ni du hameau construit sur pilotis, et offrant l'aspect de Venise[2], ni

[1] Il faut distinguer entre la date des lettres et l'époque où elles ont été publiées. Les lettres doivent être rangées selon l'antériorité de leur rédaction dans l'ordre suivant : *a*) Double du second voyage, lettre à Médicis du 18 juillet 15oo. *b*) Lettre à Médicis du 4 juin 15o1, écrite au Cap Vert, au commencement de la troisième expédition. *c*) Double du troisième voyage, lettre à Médicis écrite à la fin de 15o2. *d*) Les *Quatuor Navigationes*, parmi lesquelles se trouve le premier voyage, rédigées à la fin de 15o4. Le double du troisième voyage a été imprimé le premier de tous les écrits de Vespuce, en 15o4; le premier et le quatrième n'ont paru qu'en 15o7.

[2] L'ouvrage rare et très remarquable de Fernandez de Enciso, alguazil major dans la *Castille d'Or*, dit : « Par les 10° de latitude, près du Cap Coquibacoa (aujourd'hui Chichibacoa), il y a un golfe très large dans lequel on trouve un hameau (*lugar de casas de Indios*) construit sur une roche (*peña*) très grande et à sommet plat. Ce hameau s'appelle *Veneciuela*. » Cette description diffère un peu de celles données par Hójeda et par Vespuce. L'un et l'autre parlent de troncs d'arbres (*estacas*, pilotis) sur lesquels les maisons étaient construites. Un hameau placé sur une roche à fleur d'eau aurait pu paraître de loin « fondé dans l'eau, »

de l'enlèvement de 222 captifs. Venise et l'enlèvement des captifs sont nommés au contraire dans la relation du premier voyage adressée au roi René. Il ne serait pas extraordinaire que dans différentes navigations faites le long du même littoral on ait été frappé de la vue des mêmes sites et qu'on ait combattu les mêmes tribus; mais les analogies que l'on remarque pourraient aussi indiquer que les

mais les navigateurs virent lever de près les ponts par lesquels les habitans communiquèrent les uns avec les autres (NAV. III, 219) et ils entrèrent dans les maisons qui étaient remplies de coton et de bois de Brésil. (BAND. p. 80.) Venezuela, Curiana et la *ville de Coquibacoa* étaient, selon Enciso (*Suma de Geographia*, 1519, fol. *g* IV), autant de petits centres de civilisation et de commerce. « Dans la ville de Coquibacoa les Indiens ont *peso e toque* de l'or : on y porte l'or de tous les cantons voisins pour le *peser et l'essayer à la touche.* » Les Indiens distinguaient à la couleur de la trace métallique sur la pierre de touche le *guanin* (*Relat. hist.* t. III, p. 400) de l'or pur. Je ferai observer en même temps ici que dans le premier voyage de Vespuce le hameau sur pilotis est nommé avant le promontoire de Paria, et que dans le second, ce qui paraît plus naturel d'après la direction des courans le long de ces côtes, le hameau « bâti comme Venise » est nommé après Paria. (Voyez plus haut, p. 195 et 211.)

passages d'un itinéraire ont été transportés dans l'autre. Dans la lettre à Médicis tout paraît naturellement lié, comme le prouve la manière dont l'observation astronomique est amenée dans le récit[1]. Je fais remarquer de plus que cette lettre à Médicis n'offre aucune allusion à un voyage antérieur ; il n'y est pas dit, comme dans les *Quatuor Navigationes*, que la terre à laquelle s'est fait le premier atterrage dans l'hémisphère austral, « est liée[2] à celle qui a été découverte dans la première expédition. » Y aurait-il eu intention du rédacteur de réunir dans une même lettre à Médicis datée du 18 juillet 1500, les résultats du premier et du second voyage ? Aussi le commencement de cette lettre, écrite un mois

----

[1] Band. p. 66, 68, 71 et 72.

[2] J'ai déja cité plus haut l'expression (*terram quandam novam tenuimus contra illam de qua facta in superioribus mentio est*) qu'offre la lettre au roi René (Nav. t. III, p. 243). Ce rapport de position entre deux points d'atterrage du premier et du second voyage, est désigné presque de la même manière par Anghiera (Dec. III, lib. X, p. 317). Il dit que le cap S. Augustin est « *a tergo Capitis Draconis et Pariæ jacentium ad boream et arcticum inspectantium.* »

après le retour de Vespuce à Cadix, est assez bizarre. « Je ne vous ai pas écrit depuis si long-temps, parce qu'il ne s'est rien présenté à moi qui soit *degno di memoria*; mais le 18 mai 1499 je partis pour faire des découvertes vers le nord-est [1]. On ne conçoit pas le but de cette réticence sur le premier voyage, car si Vespuce avait voulu, comme on l'a prétendu souvent, n'user de fraude qu'après la mort de Christophe Colomb, mort qui eut lieu en 1506, il n'aurait pas parlé, à la fin de 1502, dans la seconde lettre à Médicis, c'est-à-dire dans celle qui renferme le double de la troisième expédition, « des deux voyages antérieurs faits par ordre [2] du roi de Castille, » il n'aurait pas rédigé en 1504, deux mois avant la mort de son ami Christophe Colomb, le livre des *Quatre navigations*. J'expose ces difficultés avec la réserve qu'exige une matière singulièrement embrouillée. Si pour conserver à l'observation de la conjonction de la Lune et de Mars sa place dans la seconde expédition,

[1] Une de ces innombrables erreurs des textes; nord-est pour sud-ouest. (BAND. p. 65.)

[2] Voyez plus haut, p. 91 et 98.

on voulait supposer que ce second voyage était véritablement celui d'Alonzo de Hojeda, mais que le vaisseau sur lequel était embarqué Vespuce a fait seul un atterrage beaucoup plus méridional vers le cap Saint-Augustin, et qu'ainsi Vespuce a pu voir à lui seul, dans un même voyage, tout ce que Hojeda et Pinzon ont découvert séparément, on se trouverait en opposition directe avec les témoignages nombreux que nous présente le procès du fisc. La découverte de cette partie de la côte de l'Amérique du sud, qui est comprise entre le promontoire de Paria et le cap S. Augustin, était, à l'époque de ce procès, un point de contestation des plus importans. Vicente Yañez Pinzon, Colmenero, le célèbre Sébastien Cabot et Juan Vespucio, le neveu d'Améric, n'ont pas varié dans leurs dépositions à ce sujet[1]. Améric Vespuce est nommé de la manière la plus uniforme, comme celui qui a fixé avec certitude la latitude du cap S. Augustin, et cependant, à cette occasion, aucune des personnes qui avaient eu d'intimes

[1] Nav. t. III, p. 319 et 547-552. Voyez aussi plus haut. p. 135.

liaisons avec Vespuce, ne parle de ses prétentions à une découverte du cap, antérieure
au voyage de Pinzon, à une découverte faite
pendant l'été de 1499. Le *fiscal* regarde comme
prouvé, par les témoignages réunis des pilotes
appelés à déposer, que la découverte de tout
le littoral (*parte de levante*) qui s'étend de
Paria au cap S. Augustin « n'appartient à aucune autre personne qu'à Vicente Añez, qui
a tout fait seul *por su industria*. » Le second
voyage de Vespuce ne peut donc pas être
celui de Hojeda, même si l'on voulait admettre
qu'un des navires ait atterré au sud de l'é-
quateur.

Le calcul grossier de la conjonction de la
Lune et de Mars (le 23 août 1499) a déja été
discuté par l'abbé Canovai dans son édition
posthume des voyages de Vespuce[1]. Voici le

[1] Édition de 1817, p. 56, 189 et 371-374. « Quanto
alla longitudine (dit Vespuce selon le texte de Riccardi)
dico che in saperla trovai tanta difficoltà, che ebbi
grandissimo travaglio in conoscer certo il camino che
aveva fatto per la via della longitudine; e tanto travagliai
che al fine non trovai miglior cosa che era a guardare et
veder di notte le opposizioni dell' un pianeta coll' altro
e massime della *Luna con gli altri pianeti perche il*

raisonnement du navigateur florentin : au lever de la lune, une heure et demie après le

*pianeta della Luna è piu leggier di corso che nessum
altro;* e riscontravalo con l'Almanacco di Giovanni da
Monteregio che fu composto al meridiano della città di
Ferrara, accordandolo con le calcolazioni delle Tavole
del Re don Alfonso. La conjunzione aveva a esser a
mezza notte o mezza ora prima. » Les Éphémérides de
Régiomóntanus pour les années 1484-1505 que j'ai
consultées, indiquent la conjonction du 23 août 1499 à
minuit juste. Les Éphémérides sont calculées pour le
méridien de Nuremberg, comme dans le grand ouvrage
de Jean Schoner (*Tabulæ astronomicæ quas vulgo
resolutas vocant,* Nor. 1536) publiée par Melanchthon ;
mais quoique Nuremberg soit de 2′ 8″ en temps à l'est
de Ferrare, ces deux villes, Milan, Erfurt, et Brunswick
étaient alors regardés comme situés sous le même méridien. Tel était l'état déplorable de la connaissance des
positions à la fin du 15e siècle, que dans les tables de
Régiomontanus l'erreur de longitude s'élevait, pour la
différence des méridiens de Milan et de Ferrare, à
2° 25′ en arc. (REGIOMONT. *Ephem.* 1575-1530, Norimb.
1473. *Id.* 1475-1525, Venet. 1476 *et* 1483. *Id. Kalend.*
August. Vindel. 1485, 1489, 1492 *et* 1496 *apud Erh.
Ratdolt.*) On peut être d'autant plus surpris de voir
accolées dans la lettre de Vespuce les Éphémérides de
Régiomontanus et les tables Alphonsines, que l'astronome allemand se plaint constamment des faux calculs
du roi de Castille. « Ne nimium confidas inani calculo,

coucher du soleil, donc à peu près à sept heures et demie, la lune se trouvait placée 1° (proprement *un grado e alcun minuto*) à l'est de Mars. A minuit la lune était éloignée de Mars 5° ½ (*proco più o meno*) à l'est. Le mouvement de Mars avait donc été de 4° ½ en quatre heures et demie. Cette planète avait employé cinq heures et demie pour arriver du point de la conjonction 5° ½ vers l'est, ce qui donne (*fatta la proporzione : se 24 ore mi vagliano* 360°, *che mi varanno* 5 *ore et mezzo*) 82° ½ de longitude. M. Encke observe avec raison « que pour plus de clarté Vespuce aurait dû dire que la lune, selon ses observations, avait eu un mouvement de 1° par heure, et qu'en attribuant, plus tard dans la même lettre, après avoir calculé d'après le méridien de Ferrare, la longitude de 82° ½ au méridien de Cadix (*città di Calis*), Vespuce s'est cru justifié par la supposition un peu arbitraire que la conjonction était à Ferrare à

quasi somnio Alfonsino et facilius intelligas quam frivola sit illa Regis compago. » (*Scripta clar. Mathematici Joannis Regiomontani de Torqueto et Astrolabio armillari*. Norimb. 1544, p. 43.)

minuit ou minuit et demi. » Il y a en effet 1ʰ 11′ 36″ de différence de longitude entre Cadix et Ferrare. Ce désir de substituer l'observation de la conjonction des planètes et de la lune aux éclipses lunaires et d'augmenter ainsi les moyens de déterminer la longitude du navire, était dû à l'influence que l'astronomie arabe exerçait en Espagne et en Italie. Depuis le siècle d'Albategni jusqu'aux travaux d'Ebn Jounis, une longue suite d'occultations d'étoiles et d'oppositions de planètes avaient été observées dans une vaste étendue de pays, depuis le Caire jusqu'à Bagdad et Racca. Les changemens qu'avait subis la direction des navigations vers la fin du quinzième siècle, faisaient sentir la nécessité de multiplier les méthodes astronomiques. On concevait la possibilité de leur emploi, mais l'imperfection des instrumens nautiques s'opposait au succès plus encore que l'imperfection des tables. Nous avons déja vu que, selon le journal du premier voyage de Colomb dont Las Casas nous a conservé la majeure partie, l'amiral « cherchait, le 13 janvier 1493, à Haïti un port sûr pour observer tranquillement (*para ver en que paraba*) la conjonction du soleil et de la

lune et l'opposition de la lune et de Jupiter[1],
qui (généralement) cause beaucoup de vent. »
Après les tentatives d'Améric Vespuce signa-
lées dans sa seconde navigation, un grand
nombre de conjonctions furent observées dans
le voyage de Magellan. Le pilote Andrès de
San Martin s'adonna surtout à ce genre d'observations en février et en avril 1520, sans
doute d'après les conseils de l'astronome Fa-
leiro dont Barros possédait par fragmens le
manuscrit du *Traité des longitudes*[2]. Lorsque
les résultats de ces observations lunaires paraissaient dénués de toute vraisemblance, « on
était incertain si l'on devait accuser la régularité du mouvement des planètes ou supposer
de fréquentes erreurs typographiques dans
les Éphémérides de Régiomontan. » Comme il
ne s'agissait de rien moins que de la véritable
position de la *ligne de démarcation* et de

---

[1] Le manuscrit de Colomb fait aussi mention « de la
conjonction de Mercure et de la lune, » mais Las Casas
ajoute prudemment : « Quoiqu'il paraisse que l'amiral
savait un peu (*algo*) d'astrologie, les noms des planètes
sont mal placés, sans doute par la faute du copiste. »

[2] Voyez les renseignemens que j'ai donnés tom. I,
p. 302.

la question de savoir si les Iles Philippines appartenaient à l'Espagne ou au Portugal, ces prétendues fautes d'impression dans la *Connaissance des temps* de Nuremberg paraissaient d'une gravité imposante aux yeux d'un grand historien portugais de ce temps[1].

Le témoignage de Pierre Martyr d'Anghiera m'a déja servi[2] pour rappeler combien Vespuce et Pinzon insistaient simultanément, dans le récit de leur voyage, sur les merveilles de la voûte étoilée du ciel austral. Les marins qui avaient accompagné Vicente Yañez Pinzon, affirmaient n'avoir trouvé aucune étoile qui marquât le pôle antarctique, mais « l'apparition d'une obscurité nébuleuse et dense près

---

[1] João de Barros. Il dit « que levava Andres de San Martin errados os numeros das Taboas do Almanach per que se regia. » Barros suppose de plus qu'il y a eu quelque supercherie dans les calculs astronomiques des Espagnols, et il se fonde sur le témoignage d'un mourant (Bustamante), compagnon de Magellan. San Martin ne pouvait se persuader que « os Almanaches de Joannes de Monte Regio da impressão de João Liertestim (Lichtenstein?) abondan de tantos vizios da impresão. » *Asia*, Dec. III, P. I (éd. 1777), p. 650 et 658-662.

[2] Voyez plus haut, p. 205.

de l'horizon, vers le sud, » les avait singulièrement frappés. *Interrogati a me nautæ (qui
Vicentium Agnem Pinzonum fuerant comitati)
an antarcticum viderent polum: stellam se nul-
lam huic arcticæ similem quæ discerni circa
punctum (polum?) possit, cognovisse inquiunt.
Stellarum tamen aliam, ajunt, se prospexisse
faciem densamque quandam ab horizonte va-
porosam caliginem, quæ oculos fere obtene-
braret*[1]. Ces mots me paraissent offrir la plus

[1] *Ocean.* Dec. I, lib. IX. La rédaction de ce passage
est probablement de 1510, l'observation des marins est
de 1499. C'est donc bien à tort que le père jésuite
Richaud (*Mém. de l'Acad.* t. VII, p. 823) se vante
d'avoir vu le premier les *sacs de charbon.* Le père
Acosta (*Hist. natural de las Indias*, lib. I, cap. 2)
disserte aussi sur la cause des *taches noires* du ciel
austral qu'il a observées au Pérou et qui « ressemblent
à la figure et portion de la lune éclipsée par leur noirceur et obscurité. » Ces taches, ajoute Acosta, se meu-
vent « dans le même rapport que les étoiles dont elles
sont voisines et ne se séparent jamais d'elles. De même
que la voie lactée est plus resplendissante, parce que,
composée de parties du ciel (des espaces célestes) plus
denses, elle reçoit plus de lumière, les *taches noires*
qu'on ne voit pas en Europe, sont privées de lumière
pour être des régions composées de parties plus rares et
plus transparentes. » On a de la peine à concevoir

ancienne description des *taches noires* (sacs de charbon, *coalbags*), région du ciel austral dont la noirceur variable ne m'a aucunement paru l'effet du contraste et sur laquelle sir John Herschel va bientôt répandre de grandes vues de philosophie naturelle. Vespuce ne fait

comment un astronome célèbre (M. de Zach, dans BODE, *Iahrbuch*, 1788, S. 167) a pu conclure de ce passage très remarquable d'Acosta que cet auteur dont l'ouvrage parut à Séville en 1590, parle « de *taches du soleil* que l'on voit au Pérou et *non en Europe*. » Il n'est pas douteux qu'à Lima, lorsque dans la saison de la *garua* (brumes), pendant des mois entiers, le disque du soleil paraît voilé, tantôt rouge, tantôt blanc, on pourrait apercevoir à l'œil nu et sans l'interposition d'un verre de couleur, de grandes taches du soleil, comme par exemple du 19 au 20 mars 1612, Galilée en a vues à l'œil nu : cependant je n'ai jamais ouï dire pendant mon séjour au Pérou que les indigènes eussent parlé de taches solaires aux premiers *conquistadores*. M. Rigaud, dans son intéressant Mémoire sur le peu de droits que Harriot peut s'arroger à la décou= verte des taches du soleil qui est due à Galilée et à Fabricius Phrysius, rend probable que M. de Zach a confondu le père Joseph Acosta, auteur de l'histoire naturelle des Indes, avec Alvarus Telles Dacosta, qui en 1734 a publié une dissertation *de maculis solis*. (*Account of Harriot's astron. papers*, Oxf. 1833, p. 37.)

mention des *taches noires* que d'une manière très vague dans le troisième voyage (dans la lettre à Médicis de l'année 1502), où il parle d'un *Canopo fosco*. Le voyage qui nous occupe ici n'offre aucune trace de ce genre d'observation. Il s'y extasie sur la beauté des quatre étoiles qu'il croit être celles qu'on trouve désignées dans un célèbre passage de la *Divina Comedia*. « Tandis que j'étais occupé, dit Vespuce, à chercher vainement une étoile polaire du sud, je me rappelai des paroles (*de un detto*) de notre poète le Dante, qui dans le premier *chapitre* du *Purgatoire*, en feignant de sortir d'un hémisphère pour entrer dans l'autre, veut décrire ce pôle antarctique et chante : *Io mi volsi a man destra e posi mente....* Il me paraît à moi que dans ses vers le poète a eu l'intention de décrire par les quatre étoiles le pôle de l'autre firmament et jusqu'ici je n'ai aucun doute que cela ne soit ainsi, parce qu'en effet je vis quatre étoiles qui figuraient (ensemble) *una mandorla*, et avaient peu (!) de mouvement. » Vespuce, comme le prouvent ses deux lettres à Pier Francesco de' Medici, ne connaît point encore le nom de la constellation : au lieu d'une croix

qui inclinée au lever et au coucher, est droite
ou perpendiculaire[1] sur l'horizon au moment
du passage par le méridien, il y voit très pro-
saïquement la forme d'un rhombe ou d'une
amande[2]. Ces circonstances méritent quelque

[1] Cette position perpendiculaire au moment de la
culmination, tient à la très petite différence d'ascension
droite (4′ 25′) qu'ont les étoiles α et γ placées aux deux
extrémités de l'arbre de la Croix du Sud, dont β et δ
forment les bras. Dès la fin du seizième siècle (ACOSTA,
Hist. nat. y moral de las Indias, Sevilla, 1590, lib. I,
cap. 5), les colons européens, habitans des tropiques,
se servent de cette constellation australe comme d'une
espèce d'horloge. Ils oublient seulement quelquefois
que c'est une horloge qui avance de 3′ 56″ par jour.
J'ai rappelé ailleurs (*Relat. hist.* t. I, p. 209) l'allusion
heureuse que Bernardin de S. Pierre, auquel rien
n'échappe de ce qui peut caractériser la localité ou la
nature d'un site, a faite de la mesure du temps par la
position de la Croix du Sud dans l'admirable ouvrage
de *Paul et Virginie*.

[2] Ce mot de *mandorla* a en effet en italien deux
significations. Aussi obtient-on deux figures distinctes,
le rhombe et un ovale alongé à une de ses extrémités,
selon que l'on tire les lignes droites de γ à β, de β à α,
de α à δ, et de δ à γ, ou que l'on projette une courbe qui
part de α, traverse β, γ, δ et revient vers la pointe
inférieure α. Il me paraît plus probable que Vespuce a
pris *mandorla* pour losange ou *figura di rombo*.

explication. Le grand nom du Dante, les doutes que ses commentateurs les plus célèbres ont fait naître et l'intérêt qui se rattache au développement de *l'astrognosie* du ciel austral répandue progressivement parmi les peuples de l'occident, justifieront les éclaircissemens dans lesquels je dois entrer. Malgré le jour que M. Ideler, dans son ouvrage classique : *Recherches sur l'origine des noms des étoiles*, et plus récemment MM. Reinaud, Artaud et l'astronome Cesaris, ont répandu sur cette matière, il reste encore à discuter le degré de probabilité dont sont susceptibles les résultats auxquels on s'arrête.

Les quatre étoiles qui forment la Croix du Sud étaient, au siècle de Ptolémée, visibles dans la partie la plus méridionale de la Méditerranée. Du temps de cet astronome, α (le pied de la Croix) atteignait à Alexandrie, lors de son passage par le méridien, une hauteur de 6° 54′; aujourd'hui cet astre, à cause de l'effet de la précession des équinoxes, y reste plus de 3° sous l'horizon[1]. Dans le cata-

---

[1] IDELER, *Untersuchungen über der Ursprung und die Bedeutung der Sternnamen*, 1809, p. 277.

logue de Ptolémée, les belles étoiles α et β de
la Croix du Sud appartiennent à la constellation
du Centaure. Elles sont placées, selon l'expression de Ptolémée, dans le *sabot du pied
gauche* et dans la *cheville du pied droit*[1].
Alors, 150 ans avant notre ère et plus encore,
du temps d'Eudoxe, on découvrait en allant
vers le sud, d'abord α du Centaure, et plus
tard Canopus : aujourd'hui on voit progressivement Canopus, α du Centaure, la Croix du
Sud et les Nuages de Magellan. Dans un même
lieu l'aspect du ciel change partiellement par
la suite des siècles : entre les parallèles de

[1] D'après Delambre (*Hist. de l'astronomie ancienne*,
t. II, p. 282) ce sont les n°s 34 et 32 de la traduction de
l'abbé de Montignot (*État des étoiles fixes, par Claude
Ptolémée*, Strasb. 1787, p. 149), en suivant l'analogie
du texte grec, mais non l'application qu'en fait le traducteur à la constellation de la Croix. Comparez aussi
l'*Almageste*, édit. de Halma, t. II, p. 80. M. Ideler
suppose que la constellation désignée sous le nom de
tróne de César, dans le curieux passage de Pline (lib. II,
c. 70) : « Nec Canopum Italia (cernit) et quem vocant
Berenices crinem (!), item quem sub Divo Augusto
cognominavere *Cæsaris thronon*, insignes ibi stellas, »
est aussi notre Croix du Sud. A la cour des Ptolémées
(IDELER, p. 260 et 295), la flatterie des astronomes avait
déja changé le nom de Canopus en *Ptolemæon*.

Rhodes et d'Alexandrie ces changemens phy-
sionomiques du ciel sont devenus d'autant
plus frappans, qu'ils affectaient la déclinaison,
et par conséquent l'apparition des plus res-
plendissantes étoiles australes au-dessus de
l'horizon. Du temps de S. Athanase et de
S. Basile, au quatrième siècle, les chrétiens
de la Thébaïde voyaient encore la Croix du
Sud à 10° de hauteur. Nous ignorons à quelle
époque la figure d'une croix a été signalée
pour la première fois dans la partie inférieure
du Centaure de la sphère grecque ; il est probable que la dénomination est due à des navigateurs chrétiens soit dans la partie septentrionale de la Mer Rouge, soit sur les côtes
occidentales de l'Afrique, où les Catalans, sous
Jayme Ferrer, étaient déja arrivés en 1346
jusqu'au Rio del Oro par les 23° 40′ de latitude
nord. Kazwini et d'autres astronomes arabes
connaissaient aussi des croix dans la constellation du Dragon et du Dauphin [1]. On ne
peut douter que le Dante, dont l'érudition
égalait le génie poétique, a pu avoir notion
des quatre étoiles de la Croix du Sud, soit par

---

[1] Et Salib. (IDELER, p. 35, 110 et 419.)

les voyageurs pisans ou vénitiens qui visitaient l'Égypte, l'Arabie et la Perse, soit par des globes de construction arabe semblables à ceux de Dresde et de la collection du cardinal Borgia à Veletri [1]. Si donc les *quatro stelle* du Dante sont celles de la Croix, ce que la plupart des commentateurs [2] admettent, on

[1] Ce globe céleste, qui a passé de Veletri à Rome, a été dressé dans la Haute-Egypte par les 28° de latitude (*Purgat.* trad. par Artaud, 1830, p. 167), l'an 622 de l'hégire, pour l'usage du sultan d'Egypte, Malek-Kamel, fils du célèbre Malek-Adel. (*Globus cufico arabicus Veliterni Musei Borg. a Simone Assemano illustr.* 1790.) Le Dante a pu avoir ce globe en main, comme il a pu avoir vu, selon l'observation de M. Reinaud, la tente que le même sultan d'Egypte envoya, en 1232, à l'empereur Frédéric II, et dont la partie supérieure mise en mouvement par un clepsydre, comme nos toits tournans d'observatoire, offrait la configuration des constellations. Cette recherche de luxe indique une civilisation singulièrement avancée. Le globe céleste arabe de Dresde a été décrit par Beigel. (BODE, *Jahrb.* 1808, p. 97.)

[2] Lettre écrite à Cochin dans l'Inde, le 6 janvier 1515 (RAMUSIO, t. I, p. 177). Corsali raconte ce qu'il a vu par les 37° sud, en naviguant de Lisbonne au Cap de Bonne-Espérance : « Au-dessus de deux *nuages* (*nugolette*) qui circulent autour du pôle antarctique,

n'a pas besoin d'attribuer au poète un *esprit prophétique* comme le faisait au commencement du seizième siècle le voyageur florentin Andrea Corsali.

Pour bien juger de l'astrognosie du Dante, il faut considérer à la fois plusieurs passages des chants I, VIII, XXIX et XXXI du *Purgatoire*, qui ont d'intimes rapports entre eux. Aux *quatre* étoiles *non viste mai fuor ch' alla prima gente*, se trouvent diamétralement opposés, et ce fait est très important, *trois* flambeaux, *facelle*, « dont la lumière semble embrasser toute la région du pôle austral [1]. »

paraît, à 30° de distance du pôle, une croix merveilleuse (*croce maravigliosa*) au milieu de cinq étoiles qui l'entourent (peut-être α, ρ, ε, γ et δ du Centaure), comme le chariot entoure notre étoile polaire. Cette croix est si belle qu'on n'ose la comparer à aucun autre signe céleste. Si je ne me trompe pas, c'est de ce *crusero* qu'a parlé le Dante, *con spirito profetico*, dans le commencement du Purgatorio, quand il dit : « *Io mi volsi......* »

[1] Dans Purg. VIII, 85-93 :

> Gli ochi miei ghiotti andavan pure al cielo,
> Pur là dove le stelle son piu tarde
> Si come ruota più presso allo stelo.
> El duca mio : figliuol, che lassù guarde ?

Ces dernières brillent au firmament lorsque les premières sont couchées. Parmi les constellations que l'antiquité nous a transmises, et parmi celles que les astronomes modernes y ont ajoutées, il y en a qui, par leur isolement, par un certain agroupement symétrique, ou par un rapprochement d'étoiles de première, seconde et troisième grandeur, *s'individualisent* pour ainsi dire, et forment un tout, même aux yeux des hommes qui sont les plus inattentifs à ce que l'on pourrait appeler la composition du *paysage* du firmament. Telles sont la Grande Ourse, Cassiopée, la Couronne ou le Scorpion. En faisant, dans les forêts de l'Orénoque, à la vue même de la voûte étoilée, interroger par mes interprètes quelques Indiens à demi-sauvages, j'ai constamment trouvé qu'ils isolaient ces mêmes groupes d'étoiles et les désignaient dans leur langue par un nom particulier. D'autres constellations de notre sphère, et c'est le plus grand nombre, sont des

> Ed io a lui : a quelle tre facelle
> Di che' l polo di quà tutto quanto arde.
> Ed egli a me : le quattro chiare stelle
> Che vedevi stàman, son di là basse
> E queste son salite ov' eran quelle.

groupes formés artificiellement, et que l'observateur exercé a quelquefois de la peine à se représenter en entier en contemplant le firmament. Or, dans la partie du ciel austral que voit le Dante au sommet de la montagne du Purgatoire, aux antipodes de Jérusalem, il n'y a pas quatre étoiles qui forment un groupe plus naturel que celles de la Croix du sud. C'est ce motif qui a guidé Vespuce, Corsali et les commentateurs, en comparant la Croix aux quatre étoiles du Dante; mais un raisonnement analogue ne peut s'appliquer « aux trois flambeaux » qui brillent quand les quatre autres sont couchés. D'après la supposition de l'astronome de Milan, l'abbé de Cesaris, insérée dans le Commentaire de Portirelli, les trois *facelle* sont les trois belles étoiles du Navire, de l'Éridan et du Poisson austral : ce sont Canopus, Achernar et Fomahaut. De ces trois étoiles, celle du milieu est séparée des deux extrêmes de $72°\frac{1}{4}$ et de $40°\frac{3}{4}$. Cependant si l'on se rappelle qu'Achernar passe au méridien supérieur quand la Croix n'est éloignée que de 18° du méridien inférieur (le Dante dit : « Les quatre étoiles que tu as vues ce matin sont à présent là-bas d'où sont sorties ces trois »), lorsqu'on considère que sur les globes arabes que peut avoir vus le Dante, tout l'espace entre le pôle austral et les trois belles étoiles de Canopus, Achernar et Fomahaut, reste vide, l'explication de l'astronome de Milan acquiert beaucoup de vraisemblance. Il ne faut pas être trop difficile sur le « cours ralenti des astres, comparés à ces parties de la roue qui sont le plus près de l'essieu. » Fomahaut et Canopus n'ont, il est vrai, que $30°\ 29'$ et $52°\ 36'$ de déclinaison australe ; mais on ne cherchera pas une précision de détail dans un morceau de poésie où domine, quant à la description de localité, l'idée de la proximité du pôle antarctique et de l'axe du monde.

Le mysticisme philosophique et religieux qui pénètre et vivifie l'immense composition du Dante, assigne à tous les objets, à côté de leur existence réelle ou matérielle, une existence idéale. C'est comme deux mondes, dont l'un est le reflet de l'autre. Le groupe des quatre étoiles représente, dans l'ordre moral, les *vertus cardinales*, la prudence, la justice, la force et la tempérance ; elles méritent pour cela le nom de « saintes lumières, » *luci santi* [1]. Les trois étoiles « qui éclairent le pôle » représentent les *vertus théologales*, la foi, l'espérance et la charité. Les premiers de ces êtres nous révèlent eux-mêmes leur double nature [2]; ils chantent : « Ici nous sommes

[1] *Purg.* I, 38. Un vieillard vénérable (Caton d'U-tique) s'approche. Il porte une longue barbe à moitié blanchie, ses cheveux tombent par flocons sur sa poitrine :

Li raggi delle quattro luci sante
Fregiavan sì la sua faccia di lume
Ch' io 'l vedea, come' l sol fosse davante.

[2] *Purg.* XXXI, 106. Tel est le chant des *quattro belle*:

Noi sem qui Ninfe, e nel ciel semo stelle
Pria que Beatrice discendesse al mondo.
Fummo ordinate a lei per sue ancelle.

Près des roues du char traîné par le griffon, on voit danser les groupes des trois et des quatre. « Tre donne in giro dalla destra ruota, venien danzando. » (*Purg.* XXIX, 121.) « Dalla sinistra quattro facean festa in porpora vestite. » (*Purg.* XXIX, 130.) Il y a plus encore : Dans la *Terre de la vérité*, le Paradis terrestre, sept nymphes sont réunies. « In cerchio le facevan di se claustro le sette Ninfe. » (*Purg.* XXXII, 97.) C'est la réunion des vertus cardinales et théologales. Sous ces formes mystiques, les objets réels du firmament, éloignés les uns des autres, d'après les lois éternelles de la

des nymphes; dans le ciel nous sommes des étoiles. »

Un traducteur récent du Dante, dont les opinions sont d'un grand poids, se trouve tenté de reléguer ce que je crois appartenir au monde réel, les *quatre stelle*, dans le seul domaine de l'imagination. M. Streckfuss [1] ne nie pas que le Dante ait pu avoir connaissance de la Croix du Sud ou d'autres [2] étoiles voisines du pôle austral, mais il met en doute que le poète ait voulu désigner des étoiles réelles vues par des voyageurs ou des peuples méridionaux. Dans la précision de son langage, le Dante, selon M. Streckfuss, n'aurait pas nommé les quatre étoiles « non viste mai fuor de la prima gente. » J'ose opposer à ce raisonnement, que, d'après les idées de cosmographie systématique que la *Divina Comedia* a empruntées [3] aux Pères de l'Église, l'hémis-

Mécanique céleste, se reconnaissent à peine. Le monde idéal est une libre création de l'ame, de l'inspiration poétique.

[1] *Die göttliche Komödie des Dante Alighieri*, 1834, p. 179 et 228.

[2] *Infierno*, XXVI, 127.

[3] L'île du Purgatoire n'est par conséquent pas l'île

phère inférieur du globe est tout aquatique.
Comme par la chute du premier homme, l'îlot
montagneux du Paradis qui s'élève au milieu
de l'immensité de l'Océan, a perdu ses premiers et seuls habitans, « la prima gente, »
Adam et Eve, cet hémisphère est resté entièrement dépeuplé [1]. C'est « un mondo senza
gente. » Cette circonstance ne justifie-t-elle
pas les paroles du Dante, qui sans doute ne
veut pas parler de navigateurs venus accidentellement de la partie du globe dont Jérusalem
est le centre, mais de la partie qui est déserte
depuis qu'Adam et Eve ont été chassés du
Paradis ?

On pourrait croire aussi que Vespuce, en
se flattant d'avoir vu près du pôle austral les
quatre célèbres étoiles du Dante, ait pris pour
telles quatre autres grandes étoiles éparses,
très éloignées les unes des autres, et non la
Croix du Sud ; sans doute il ne connaissait pas

Antilia, comme l'a pensé M. Ginguené. La connaissance de l'Antilia ne date que de la première moitié
du quinzième siècle, et le poème du Dante est composé entre 1298 et 1315.

[1] *Infierno*, XXVI, 117.

plus que le poète cette dénomination [1]; mais
la comparaison qu'il fait de la figure des quatre étoiles, à une *mandorla*, prouve qu'il a vu
un *groupe*, et un *groupe isolé*, la Croix même.
Nous avons déja dit plus haut que la même
analogie avec les vers du Dante s'est présentée, seize ans plus tard, au compatriote de
Vespuce, à Corsali. A mesure qu'au commencement du seizième siècle, les navigations des
Portugais, des Espagnols et des Italiens,
devinrent plus fréquentes autour du Cap de
Bonne-Espérance et dans la Mer du Sud, la
célébrité de la beauté du ciel austral devait
grandir de jour en jour. On trouve souvent la
Croix du sud mentionnée dans les journaux
de route; par exemple, dans Pigafetta [2], le

[1] Si le Dante avait entendu prononcer le nom de
Croix, le sens allégorique des *quattro stelle* aurait été
nécessairement changé, et ce changement aurait été
suivi de graves altérations dans quelques parties du
poème.

[2] RAMUSIO, t. I, p. 355. Pigafetta (1520) vit *una
croce di 5 stelle* chiarissime diritto per ponente. Les cinq
étoiles étaient, selon lui, également espacées. Il compte
sans doute ε Cruc. (entre α et δ) pour la cinquième
étoile.

compagnon de Magellan, et dans les notices qu'un pilote portugais [1] donnait à Fracastoro, sur son voyage à l'île Saint-Thomas, placée 24 minutes au nord de l'équateur. Telle était la prédilection [2] que les voyageurs marquèrent pour cette constellation, qu'Oviedo, qui passa trente-quatre années de sa vie (1513-1547)

[1] *Lettera di un pilotto portoghese al conte Raimondo della Torre* (Ram. t. I, p. 116.) Le pilote anonyme dit : « Nous commençâmes à voir quatre étoiles d'une surprenante grandeur en forme d'une croix, vis-à-vis du Rio del Oro, et nous les appelâmes le *Crusero*, comme la plus belle d'elles, *il piede del Crusero*. L'année n'est pas indiquée, mais le contenu de la lettre indique qu'elle est postérieure à la découverte de l'Amérique ; je doute que l'expression nous appelâmes (*chiamiamo*) doive être prise très rigoureusement comme *première* dénomination de la constellation. Le pied de la croix (α) est une étoile double, comme l'ont déja observé les pères jésuites Fortunay, Noël et Richaud (*Mém. de l'Acad.* t. VII, p. 822 et 841) ; en 1681 et 1687, Fortunay croyait même l'étoile triple.

[2] L'ancien poème de Stella, publié en 1590, à Rome, sous le titre de *Columbeidos*, offre (p. 136) des vers descriptifs très remarquables sur la *Crux aurata*. Bembo (*Hist. Venetæ*, lib. XII, fol. 83) est, comme de coutume, plus élégant qu'exact dans la description du ciel austral.

en Amérique, obtint de l'empereur Charles V de pouvoir ajouter aux armes de sa famille, pour les *améliorer* (les embellir), à ce qu'il dit, les quatre grandes étoiles de la Croix du sud, qu'il considère comme les *gardes* du pôle antarctique [1]. *Changeant* en parcourant le monde, d'après l'expression heureuse d'un poète [2], *de pays et d'étoiles*, le vieillard voulut laisser à sa race le souvenir d'une constellation à laquelle il attachait un culte religieux. Nous avons vu plus haut que Christophe Colomb plaça dans ses armes d'*Amiral de la Mer Océanique* le tracé des terres qu'il avait découvertes, comme Diego de Ordaz la figure du volcan d'Orizaba qu'il avait gravi avec une hasardeuse intrépidité. Le blason accordé au

[1] Gonzalo Oviedo y Valdes, *Hist. gen. de las Indias*, Sevilla, 1535, lib. II, c. 11, fol. 16, *b*. Il parle d'une chose très notable « que ne peuvent avoir vue que ceux qui sont allés vers le sud jusqu'aux 22° de latitude, de ces estrellas en cruz que andan al derredor del circulo de las guardas del polo antartico : las quales la Cesarea Majestad me dio, *por mejoriamento de mis armas*, para que io y mis successores las pusiessimos juntamente con las nuestras antiguas armas de Valdes. » Ces armes se trouvent gravées à la fin de l'ouvrage.

[2] Garcilasso de la Vega.

pilote Sébastien del Cano [1] lorsqu'il ramena un des vaisseaux de Magellan, montrait le globe terrestre avec la magnifique inscription : *Primus circumdedisti me.* Quel siècle que

[1] GOMARA, p. 56. (Voyez aussi tome I, p. 299.) Cano, ou comme il est plus souvent nommé dans les documens conservés dans les archives d'Espagne, Juan Sebastian de *Elcano* (NAV. t. IV, p. LXVII, 17 et 360), en ramenant le *Nao Victoria* de Tidore à San Lucar de Barrameda (21 décembre 1521-4 septembre 1522), eut la gloire de la première circumnavigation du globe, dont Strabon (lib. I, p. 11, Alm.) avait entrevu la possibilité. Au départ de Magellan, le 10 août 1519, *la Victoria* avait été commandée par le capitaine Louis de Mendoza, et non par Magellan, qui arborait le pavillon d'amiral sur le vaisseau *la Trinidad*. A cette époque, Cano n'était que simple contre-maître du navire *la Conception*. Il ne paraît malheureusement que trop certain que ce marin, devenu si célèbre, avait trempé dans la conjuration de Gaspar de Quesada, qui éclata contre Magellan, dans la baie de St-Julien, en avril 1520. Les documens qui viennent d'être publiés (été 1837) à Madrid, par les soins infatigables de M. Navarrete (t. IV, p. LXXXVII et 192), jettent beaucoup de jour sur cette participation. Cano, comblé des faveurs de Charles V, qui lui donna audience à Valladolid, eut part aux succès de l'importante expédition du commandeur Garcia Jofre de Loaysa, auquel est indubitablement due la première découverte du Cap de Horn.

celui où l'histoire contemporaine pouvait offrir de telles images à l'orgueil des races, perpétuer par d'ingénieux emblèmes le souvenir de cet esprit chevaleresque qui, en frayant de nouvelles routes et en agrandissant la sphère des idées, a accéléré puissamment les progrès de l'intelligence et de la civilisation humaine!

FIN DU QUATRIÈME VOLUME.

Librairie de Gide, Editeur,

RUE SAINT-MARC, N. 23.

Prochainement rue de Seine S.-Germain, n. 6 bis.

———— ◆ ————

PUBLICATIONS NOUVELLES.

———— ◆ ————

Peyssonnel et Desfontaines.

VOYAGES DANS LES RÉGENCES DE TUNIS ET D'ALGER, publiés par M. Dureau de La Malle, membre de l'Institut, 2 forts vol. in-8° avec 6 planches, et une grande carte sur laquelle l'itinéraire des deux voyageurs est tracé. — Prix : 18 fr.

Le tome 1ᵉʳ contient : — *Relation d'un voyage sur les côtes de Barbarie, fait par ordre du roi, en 1724 et 1725, par* Jean-André Peyssonnel.

Le tome 2 : — *Des fragmens d'un voyage dans les régences de Tunis et d'Alger, fait de 1783 à 1786, par* Louiche-René Desfontaines.

EXAMEN CRITIQUE DE L'HISTOIRE DE LA GÉOGRA-PHIE DU NOUVEAU CONTINENT et des Progrès de l'Astronomie nautique, aux quinzième et seizième siècles, par Alexandre de Humboldt.

Cet ouvrage du plus haut intérêt pour la science, est divisé en quatre sections.

La première traite des causes qui ont préparé et amené la découverte du Nouveau Monde;

La 2ᵉ de quelques faits relatifs à Christophe Colomb et à Amérigo Vespucci, comme aux dates des découvertes géographiques;

La 3ᵉ traite des premières cartes du Nouveau Monde et de l'époque à laquelle on a proposé le nom d'Amérique;

La 4ᵉ des progrès de l'astronomie nautique et du tracé des cartes dans le quinzième et le seizième siècle.

Les deux premiers volumes renferment la première section. Il est impossible, à moins d'avoir lu ce beau travail, de se faire une idée de la vaste et consciencieuse érudition développée par l'auteur. Il y discute avec cette supériorité, cet esprit de judicieuse critique qu'on lui connaît, les traditions plus ou moins obscures qui peuvent avoir révélé à Christophe Colomb l'existence d'un grand continent occidental et l'avoir guidé dans sa noble et courageuse entreprise. Cette discussion jette aussi un grand jour sur les prétentions de la Norvège et de l'Islande à une ancienne colonisation du nord de l'Amérique.

L'ouvrage sera enrichi de cartes qui paraîtront avec les prochaines livraisons.

Mise en vente des tomes 3 et 4. Prix: 14 fr.

VOYAGE EN CRIMÉE, AU CAUCASE, EN GÉORGIE ET EN ARMÉNIE, fait de 1831 en 1835, par Frédéric Dubois de Montpereux.

L'atlas de cet ouvrage sera publié sur papier colombier, et paraîtra tous les deux mois par livraisons de 9 à 10 planches avec leur explication.

Prix de chaque livraison. 20 fr.

La première livraison est en vente.

Le texte se publiera par volumes in-8º de 500 pages. Prix. 8 fr.

Le 1ᵉʳ volume est sous presse.

(*Voir le prospectus.*)

LE MONDE PRIMITIF ET L'ANTIQUITÉ EXPLIQUÉS PAR L'ÉTUDE DE LA NATURE, par le Dr H. F. Link, professeur de médecine à l'Université de Berlin, membre de l'Académie des sciences de cette ville et d'autres sociétés savantes, traduit de l'allemand sur la deuxième édition, par M. Clément Mullet, secrétaire de la Société géologique de France, membre de la Société de géographie, etc. 2 vol. in-8. 12 fr.

Aujourd'hui que les sciences d'observation ont fait de si grands progrès, qu'on s'est occupé avec tant d'ardeur de l'étude de la terre et des modifications qu'elle a éprouvées, nous avons pensé qu'il ne serait pas sans utilité d'offrir au public la traduction d'un ouvrage dont l'objet principal est l'histoire des modifications ou des révolutions éprouvées par les habitans du globe. Ce livre, qu'on doit à un savant dont le nom est devenu célèbre par ses travaux sur la physiologie végétale, a obtenu un grand succès en Allémagne. Un pareil travail manquait en France. Le véritable but de l'auteur est de prouver que la nature, dans la création successive des êtres, a toujours tendu à la perfection. Pour appuyer sa thèse, il invoque les observations faites par la géologie, il cite des considérations tirées de la physiologie animale et végétale et de la philologie. Ce sujet, comme on le voit, est vaste, il embrasse le monde physique et le monde intellectuel.

PROVINCE DE CONSTANTINE. — Recueil de renseignemens pour l'expédition ou l'établissement des Français dans cette partie de l'Afrique septentrionale, par M. Dureau de La Malle, président de l'académie des inscriptions et belles-lettres. In-8°, avec une carte. — Prix : 6 fr.

Ouvrages de M. le baron de Humboldt.

VOYAGES AUX RÉGIONS ÉQUINOXIALES
DU NOUVEAU CONTINENT.

RELATION HISTORIQUE. 4 vol. grand in-4.

Il en a paru 3 vol. en 6 livraisons.
    Liv. 1, 2, 3, 4 (*chacune*) prix 24 fr. pap. ord. 36 fr. pap. vélin.
    Liv. 5.   30   id.   42   id.
    Liv. 6. 1re partie.   16   id.
    Liv. 6. 2e partie.   24   id.

Il y a une édition in-8. de la *Relation historique*, dont il a paru 13 volumes.
  Les 6 premiers avec les *Monumens des peuples indigènes* (2 vol.). 66 f.
  Les tomes 7 à 13. 49 fr.

ATLAS GÉOGRAPHIQUE ET PHYSIQUE, grand colombier vélin. Prix de la livraison : 36 fr.

Les livraisons 1 à 17 sont en vente. La livraison 18 est sous presse.

RECUEIL D'OBSERVATIONS DE ZOOLOGIE ET D'ANATOMIE COMPARÉE. 2 vol. in-4.

En 14 liv. — Prix de la liv.: 30 fr. pap. ord. 36 fr. pap. vélin.

MONOGRAPHIE DES MELASTOMES ET DES RHEXIES. 2 vol. in-folio, avec 120 planches coloriées.

En 24 liv. — Prix de la liv. : 48 fr. pap. jésus. 60 fr. pap. colombier.

MIMOSES ET AUTRES PLANTES LÉGUMINEUSES DU NOUVEAU CONTINENT. In-folio, avec 60 pl. color.

En 14 liv. — Prix de la liv.: 48 fr.

NOVA GENERA ET SPECIES PLANTARUM quas in peregrinatione ad plagam æquinoxialem orbis novi, etc. 7 vol.
avec plus de 700 planches.

En 36 livraisons. — La liv.   36 fr. in-4. planches noires
                id.   100   in-folio. id.   jésus.
                id.   180   id.   pl. coloriées. id.
                id.   200   id.   id.   colombier.

RÉVISION DES GRAMINÉES publiées dans le *Nova genera*.
3 vol. in-folio, avec 220 planches coloriées.

En 44 liv. — Prix de la liv. : 48 fr. pap. jésus. 60 fr. pap. colombier.

ESSAI POLITIQUE sur l'île de Cuba, 2 vol. in-8, avec une
grande carte et un Supplément qui renferme des considérations sur la population, la richesse territoriale et le commerce de l'archipel des Antilles et de Colombia. 17 fr.

TABLEAU STATISTIQUE DE L'ILE DE CUBA, pour les
années 1825 à 1829. In-8. 3 fr.

TABLEAUX DE LA NATURE, ou Considérations sur les
déserts, sur la physionomie des végétaux, sur les cataractes
de l'Orénoque, sur la structure et l'action des volcans dans
les différentes régions de la terre, etc., traduits de l'allemand par J.-B. Eyriès. 2 vol. in-8. 12 fr.

**EXAMEN CRITIQUE DE L'HISTOIRE DE LA GÉOGRA-
PHIE DU NOUVEAU CONTINENT** et des progrès de
l'Astronomie nautique aux quinzième et seizième siècles.
Tomes 1 à 4. (Voyez page 2.) 28 fr.

Beaux-Arts.

VOYAGES PITTORESQUES DANS L'ANCIENNE FRANCE, par MM. Ch. Nodier, J. Taylor et A. de Cailleux. 18 vol. grand in-folio, sur papier vélin, contenant plus de 2,500 planches tirées sur papier de Chine, lithographiées par MM. *V. Adam, Gentil Alaux, Alaux le Romain, Arnout, Athalin, Baltard, Bernard, Bergeret, Bichebois aîné, Ph. Blanchard, Bonington, Bourgeois, Bouton, Boys, Brascassat, Chapuy, Charlet, Aimé Chenavard, Ciceri, Coignet, Courtin, Daguère, Dassy, Dauzats, Debez, Deroy, Deveria, Dupressoir, Auguste Enfantin, Fielding, Foussereau, Fragonard, T. Fragonard, Fries, Gale, Gauci, Gericault, Gigoux, Gosse, Granet, Grevedon, Gudin, Gué, Oscar Gué, Guiaud, Guillemot, Haghe, Harding, Harris, Hostein, Hubert, Paul Huet, Ingres, J. Isabey, Eugène Isabey, Jacotet, Jaime, Jaubert de Passa, Joly, Jorand, Justin, Lacroix, Langlois, Laurence, Leblanc, Leborne, Lecamus, Hipp. Lecomte, Aubry Lecomte, Léger, Lemaître, Leroux, Lesaint, Llanta, Marnotte, Massé, Mauzaize, Mayer, Michalon, Mœnch, Monthélier, Muller, C. Nanteuil, Nouveaux, Percier, Perlet, Picot, Poupart, P. Povlet, Proust, Regnier, Rémond, Renoux, Robert, Sabatier, Signol, Smith, Taylor, Théophile, Thienon, Thomas, Thompson, Tirpenne, Truchot, Turpin de Crissé, Vagner, Valton, Vauzelle, Carle Vernet, Horace Vernet, de Vèze, Vigneron, Villemin, Villeneuve, Viollet Le Duc, Visconti, Watelet, Weber* et plusieurs autres illustres artistes. des écoles française, anglaise, allemande et italienne.

Provinces qui ont paru:

LA HAUTE-NORMANDIE, 2 vol. en 39 livraisons, contenant 290 planches ou vignettes.

LA FRANCHE-COMTÉ, 1 vol. en 28 livraisons, contenant 180 planches ou vignettes.

L'AUVERGNE, 2 vol. en 55 liv., contenant 270 planches ou vignettes.

A mesure qu'une province est terminée, la livraison est portée de 12 *fr.* 50 *c. à* 18 *fr.* pour les personnes qui n'ont pas souscrit.

Provinces sous presse:

LE LANGUEDOC (comprenant le HAUT et le BAS LANGUEDOC, le ROUS-SILLON, le ROUERGUE, le QUERCY et le VIVARAIS), environ 100 liv.

81 *livraisons sont au jour.*

LA PICARDIE, environ 35 livraisons.

Les 21 *premières livraisons sont en vente.*

Nota: Le texte de ces deux nouvelles provinces est orné d'un entourage d'une grande richesse, et qui varie à chaque page.

VOYAGE PITTORESQUE EN ESPAGNE, EN PORTUGAL ET SUR LA COTE D'AFRIQUE DE TANGER A TÉTOUAN, par J. Taylor. 2 vol. avec 110 planches, gravées par MM. Barber, Byrne, Cooke, Finden, Goodal, Greatbatch, Hollis, Lekeux, Lewis, J. Pye, Redaway, Skelton, Smith, Wallis, etc.

La première série de	32 livraisons.
La deuxième d'environ	20 livraisons.

Un tableau de cette vieille terre qui rappelle tant de gloire et tant de revers, qui présente à la fois les monumens des Grecs, des Romains, des Goths et des Arabes, doit offrir un puissant intérêt aux savans, aux artistes et aux hommes de lettres.

M. le baron Taylor, dont les vastes études ont déjà produit l'un des ouvrages les plus importans qui se publient en Europe (les VOYAGES PITTORESQUES DANS L'ANCIENNE FRANCE), a bien voulu mettre à notre disposition ses dessins et ses notes sur un pays aussi riche en souvenirs qu'en beautés pittoresques.

Dans la vue toute patriotique d'introduire parmi nous le genre de gravure dans lequel se distinguent si éminemment les Anglais, nous avons confié ces dessins aux plus habiles graveurs de Londres, et c'est avec des noms aussi recommandables dans les arts, que nous donnons au public une production neuve, dont le genre de gravure et le format excluent toute comparaison avec les ouvrages déjà publiés sur l'Espagne.

Le dernier voyage de M. le baron Taylor en Espagne et en Portugal, consacré à une mission toute artistique, non moins glorieuse pour la France que pour son auteur, en lui fournissant l'occasion d'explorer en tout sens les parties romantiques et monumentales de cette contrée jusqu'ici peu connue, même des Européens, a de beaucoup augmenté la collection de ses richesses. Nous croyons faire un vif plaisir à nos souscripteurs en leur annonçant que nous agrandirons le cadre de notre publication, afin de leur communiquer les découvertes imprévues dont M. le baron Taylor vient si heureusement enrichir son ouvrage, qui deviendra un musée complet de tout ce que la péninsule renferme de beau, de pittoresque et de merveilleux.

Chaque planche est accompagnée de sa description.

La Relation du voyage paraîtra après la dernière livraison de gravures.

La 20e livraison vient de paraître.

Le prix de chaque livraison de cinq planches est:

In-8. colombier .... 12 f.
In-4. pl. sur papier de Chine ... 30
Grand in-4. pl. avant la lettre ... 40

Ouvrages de M. Auguste de Saint-Hilaire,

Membre de l'Institut.

VOYAGES DANS L'INTÉRIEUR DU BRÉSIL.

1re PARTIE. **VOYAGE DANS LES PROVINCES DE RIO-JANEIRO ET DE MINAS GERAES,** 2 vol. in-8. Prix 15 fr.

2e PARTIE. **VOYAGE DANS LE DISTRICT DES DIAMANS ET SUR LE LITTORAL DU BRÉSIL,** suivi de Notes sur quelques plantes caractéristiques, et d'un Précis de l'histoire des révolutions de l'empire brésilien, depuis le commencement du règne de Jean VI jusqu'à l'abdication de don Pédro. 2 vol. in-8. 15 fr.

Ouvrages de M. F. Ancillon.

ESSAI SUR LA SCIENCE ET LA FOI PHILOSOPHIQUE. 1830, in-8. 6 fr.

ESSAIS DE PHILOSOPHIE, DE POLITIQUE ET DE LITTÉRATURE. 1832. 4 vol. in-8. 24 fr.

Ouvrages de Roch.

TABLEAU DES RÉVOLUTIONS DE L'EUROPE, DEPUIS LE BOULEVERSEMENT DE L'EMPIRE ROMAIN D'OC-CIDENT JUSQU'A NOS JOURS, 3ᵉ édition, continuée jusqu'à la restauration de la maison de Bourbon, par l'auteur de l'*Histoire des traités de paix*. 1823, 3 vol. in-8, avec 7 cartes coloriées, représentant les divisions de l'Europe à sept différentes époques, des tables généalogiques de toutes les maisons souveraines de l'Europe ; et une chronologie depuis le commencement du monde jusqu'en 1821. 24 fr.

Cette édition, qui a un tome de moins que la précédente, contient un demi-volume de plus, grace à un emploi mieux entendu des caractères d'impression.

TABLES GÉNÉALOGIQUES DES MAISONS SOUVERAI-NES DU NORD ET DE L'EST DE L'EUROPE. Grand in-4. 1815. 60 fr.

Ouvrages de M. Planche.

DICTIONNAIRE DE LA LANGUE ORATOIRE ET POÉTIQUE, suivi d'un vocabulaire de tous les mots qui appartiennent au langage vulgaire. 3 vol. grand in-8, à 2 colonnes petit texte : ensemble 2452 pages. 30 fr.

ESPRIT DE SAINT JEAN-CHRYSOSTOME, de saint Grégoire de Nazianze et de saint Bazile, ou Choix des plus beaux passages de ces trois orateurs sacrés, suivi des meilleures pièces de vers de saint Grégoire de Nazianze. In-12 en grec. 3 fr. 50 c.

ESPRIT DE SAINT BAZILE, de saint Grégoire de Nazianze et de saint Jean-Chrysostôme, traduit du grec. In-12. 3 f. 50 c.

CHOIX DE POÉSIES et de lettres de saint Grégoire de Nazianze avec le texte grec en regard. In-12. 3 fr. 50 c.

MANUEL DU VERSIFICATEUR LATIN, précédé de la prosodie latine. In-12. 3 fr. 50 c.

Nouvelle Souscription.

DISTRIBUTION MÉTHODIQUE DE LA FAMILLE DES GRAMINÉES, contenant 218 descriptions de graminées nouvelles, par Charles-Sigismond Kunth, professeur de botanique à l'Université de Berlin, directeur du jardin de botanique et membre de l'Académie des sciences de la même ville, correspondant de l'Institut, de la Société Linnéenne de Londres, etc., etc. 2 vol. in-folio sur Jésus vélin.

L'ouvrage de M. Kunth contient deux cent dix-huit descriptions de graminées nouvelles ou peu connues et un *Genera* complet de la famille, où les genres, caractérisés avec plus de précision, se trouvent rangés d'après une méthode naturelle. Adoptant des principes nouveaux pour la fixation des genres, l'auteur s'est vu forcé d'en établir plusieurs nouveaux; mais il en a supprimé un grand nombre d'autres admis jusqu'ici dans tous les ouvrages, et qui, par l'incertitude de leurs caractères, ne contribuaient pas peu à obscurcir l'étude, déja si difficile, des graminées.

Comme en histoire naturelle les meilleures descriptions ne dispensent pas quelquefois d'avoir recours à de bonnes figures, M. Kunth a jugé nécessaire d'accompagner ses observations délicates et souvent difficiles à vérifier, d'un grand nombre d'analyses. Des planches gravées avec le plus grand soin présentent toutes les espèces décrites dans l'ouvrage. Madame Eulalie Delile, dont les beaux dessins pour la *Flore brésilienne* rivalisent avec ce que l'on a produit de plus parfait dans ce genre, a été chargée de leur exécution et en a surveillé la gravure; les détails des parties de la fructification ont été dessinés par M. Kunth lui-même.

L'ouvrage formera deux volumes in-folio de 170 feuilles d'impression, sur papier jésus vélin, accompagnés de 220 planches. Il sera divisé en 44 livraisons qui paraissent le 1 et le 15 de chaque mois, depuis le mois de juin 1837.

Le prix est de 12 fr. la livraison.

Ouvrage périodique.

NOUVELLES ANNALES DES VOYAGES ET DES SCIENCES GÉOGRAPHIQUES, publiées par MM. Eyriès, Alexandre de Humboldt, Larenaudière, Auguste de Saint-Hilaire, Walckenaer et Dureau de La Malle. (1838, vingtième année, cinquième année de la troisième série.)

Ces Annales, commencées avec l'année 1819, par MM. EYRIÈS et MALTE-BRUN, continuées par MM. EYRIÈS, KLAPROTH et LARENAUDIÈRE, le seront à l'avenir par MM. EYRIÈS, DE HUMBOLDT, LARENAUDIÈRE, AUGUSTE DE ST.-HILAIRE, WALCKENAER et DUREAU DE LA MALLE.

Elles offrent un utile délassement à toutes les classes de lecteurs. On y passe successivement en revue tous les peuples de la terre : les relations, quelle que soit la langue dans laquelle elles paraissent, y sont aussitôt reproduites en tout ou en partie, selon leur degré d'importance ou d'intérêt. Les voyages imprimés en français y sont impartialement analysés; on y lit, en outre, une foule de morceaux inédits que l'on chercherait vainement ailleurs; car des savans qui ont consacré leurs études aux recherches de la géographie et des langues des peuples anciens et modernes, d'autres qui ont été porter un œil observateur dans différentes contrées du globe, veulent bien seconder les rédacteurs dans leurs travaux; et un grand nombre d'étrangers, qui se sont fait un nom dans le monde littéraire, se font un plaisir de concourir à cette publication.

Le prix de l'abonnement est de 30 fr. pour Paris, 36 fr. pour les départemens et 42 fr. pour les pays étrangers. On ne peut souscrire pour moins d'une année qui commence toujours avec le cahier de janvier.

Il en paraît une livraison tous les mois; trois livraisons forment un volume in-8. de 400 pages, avec cartes et gravures.

Les lettres, paquets, ouvrages à faire annoncer, ainsi que le montant des abonnemens doivent être envoyés francs de port au directeur des ANNALES DES VOYAGES, *Librairie de Gide, rue Saint-Marc, n. 23.*

Ouvrages de divers Auteurs.

COLLECTION D'ANTIQUITÉS ÉGYPTIENNES recueillies par le chevalier de Palin et publiées par M. Klaproth, précédées d'Observations critiques sur l'alphabet hiéroglyphique découvert par M. Champollion le jeune, et sur les progrès faits jusqu'à ce jour dans l'art de déchiffrer les anciennes écritures égyptiennes. 1 vol. in-folio avec 36 planches. 60 fr.

VOYAGE PITTORESQUE DANS LE TYROL, aux Salines de Salsbourg et de Reichenbach et dans une partie de la Bavière, par M. le comte de Bray. In-folio avec 24 planches gravées au lavis. 120 fr.

VOYAGE PITTORESQUE AUTOUR DU LAC DE GENÈVE. In-folio avec 11 planches lithographiées et une carte. 30 fr.

TABLEAU DE L'ADMINISTRATION intérieure de la Grande-Bretagne, et régime de ses contributions. 1819. In-8. 6 fr.

RECHERCHES sur la dette publique de la Grande-Bretagne, par Hamilton, traduit de l'anglais. In-8. 7 fr.

ŒUVRES COMPLÈTES DE MOLIÈRE, avec les Commentaires de Petitot. 6 vol. in-8. 30 fr.

GILBLAS DE SANTILLANE, suite de 24 estampes in-4. offrant les scènes les plus remarquables de ce roman. 40 fr.

COURSES EN SUISSE ET DANS LE PAYS DE BADEN, avec des Notices sur plusieurs anciens manuscrits des bibliothèques publiques ou particulières relatifs à l'histoire littéraire ou politique de la France, par J.-A.-C. Buchon. In-8. 8 fr.

HISTOIRE DE LA LITTÉRATURE GRECQUE SACRÉE, par Schœll. In-8. 1832. 7 fr.

DESCRIPTION DES PLANTES cultivées à la Malmaison et à Navarre, par Bonpland. 1 vol. in-folio avec 64 planches coloriées. 528 fr.

DE L'ESPRIT D'ASSOCIATION, par A. de la Borde. Troisième édition. 1834. In-8, 8 fr.

NOUVEAU RECUEIL D'OUVRAGES ANONYMES ET PSEUDONYMES, par de Manne. In-8. 1834. 8 fr.

DESCRIPTION DE L'ILE D'ÉGINE, par M. Puillon-Boblaye. In-8 avec une carte. 4 fr.

RECHERCHES sur la montagne de Roses et le cap de Creus, par M. Jaubert de Passa. In-8 avec une carte. 4 fr.

ANALYSE D'UNE CARTE DES ILES BRITANNIQUES dressée pour la lecture des historiens anciens, par le baron Walckenaer. In-8 avec une carte. 1 fr. 50.

OBSERVATIONS SUR LE DROIT DE SOUVERAINETÉ DE LA FRANCE SUR SAINT-DOMINGUE et sur les droits des colons propriétaires de cette île, par M. Dard, ancien jurisconsulte. In-8. 2 fr.

NOUVELLES ANNALES DES VOYAGES ET DES SCIENCES GÉOGRAPHIQUES.

1re série, par MM. Eyriès et Malte-Brun ; 3o vol. in-8,   prix : 225 fr.

2e série, par MM. Eyriès, La Renaudière et Klaproth ;
3o vol. in-8,   prix : 225 fr.

3e série (voir page 13), 1834 à 1837 ; 12 vol. in-8,   prix : 120 fr.

Nota. On fournit les années détachées au prix de souscription.

A. PIHAN DE LA FOREST, Imp. de la Cour de Cassation,
rue des Noyers, 57.